LES MERCENAIRES ALLEMANDS AU QUÉBEC

du XVIIIe siècle et
leur apport à la population

Jean-Pierre Wilhelmy

LES MERCENAIRES ALLEMANDS AU QUÉBEC

du XVIIIe siècle et leur apport à la population

MAISON
DES
MOTS

Cet ouvrage a bénéficié d'une subvention du Conseil des Arts du Canada au titre de l'aide à la publication.

Les dessins et les cartes sont de l'auteur.

Maquette de la couverture :
Marc Leclerc

MAISON
DES
MOTS
1153 Desmarais
Beloeil, Qué.
J3G 5A9
(514) 464-7957

© 1984 Maison des Mots

Dépôt légal :
Bibliothèque nationale du Canada
Bibliothèque nationale du Québec
2e trimestre 1984

ISBN : 2-920414-10-0

IMPRIMÉ AU CANADA

À ma femme et
mes deux enfants,
Karine et Martin.

Préface

Chez les six millions actuels de Canadiens français, il en reste combien qui, dans leur double lignée paternelle et maternelle, peuvent inscrire uniquement des ascendants d'origine française? Dans un peuplement formé en Amérique par des éléments qui se sont, pendant trois siècles, recrutés au hasard des campagnes publicitaires ou des crises économiques, il ne pouvait que se produire un mélange d'origines et d'ethnies.

Il y eut donc, dès le régime français, des individus arrivés de divers pays (Anglais de la Nouvelle-Angleterre, Écossais catholiques réfugiés d'abord en France puis au Canada, immigrants de pays portugais, espagnol, italien, suisse ou allemand); ils se sont mariés parmi nous, ils ont laissé une descendance. Et n'oublions pas, bien sûr, tous ces mariages entre Canadiens et Amérindiens, encouragés un temps par l'État et par l'Église, ou facilités par la proximité des Montagnais, des Abénaquis et autres, dont les esclaves panis.

Ce mélange de populations s'accentue après la conquête, il s'accélère au XIXᵉ siècle avec l'arrivée massive d'Irlandais, il s'accroît plus rapidement encore, au XXᵉ siècle, par l'ouverture définitive de notre société sur le monde. Le jeu généalogique n'est plus désormais de savoir seulement de quelle province de France nous venons, mais quel est le pays ou quels sont les pays d'Europe et d'ailleurs qui ont contribué à notre arbre familial. Retenons-le surtout, ce qui compte en l'affaire, ce n'est pas le nombre, petit ou grand, des individus qui s'amènent, mais le nombre de leurs descendants.

C'est à l'un de ces pays, le pays allemand, que M. Jean-Pierre Wilhelmy, Canadien français comme n'importe qui d'entre nous, a consacré sa recherche. Son point de départ particulier: ces contingents militaires fournis par l'Allemagne à l'Angleterre, lors de la Révolution américaine. De 1776 à 1783, ces Allemands seraient venus, selon ses calculs, plus de trente mille en Amérique; le tiers a vécu durant sept ans dans notre société canadienne-française: il en serait resté au Canada deux ou trois mille. De descendance allemande comme nos Pozer, Ebacher, Dickner, Molleur (jadis Muller) et Caux, M. Wilhelmy a voulu raconter la venue de ces immigrants allemands du XVIIIe siècle, leur fixation au pays, leur contribution démographique, celle-ci rarement visible parce que le temps a transformé bien des patronymes. Il restera ensuite à faire un travail d'envergure: combien de Canadiens français ont aujourd'hui une part d'allemand? Et quand nous le saurons, il faudra poser de nouveau la même question à l'adresse de bien d'autres pays.

Marcel Trudel
O.C., D. ès L.
Professeur émérite à l'Université d'Ottawa

Avant-propos

Lorsqu'on se nomme *Wilhelmy* dans une province à très grande majorité francophone, avec ses Tremblay, Gagnon et Bouchard et que, par surcroît, aussi loin que remonte la tradition orale familiale, on est de père en fils Québécois et Canadien pure laine, voilà un paradoxe qui, à mon avis, méritait d'être expliqué.

Néanmoins, grâce à la généalogie, je suis parvenu à trouver la clé de cette énigme: Christian Ernst Diederich Wilhelmi, mon premier ancêtre de ce nom au Canada. Ernst, selon les registres de la paroisse de Lachenaie, faisait alors partie d'un groupe de mercenaires allemands, loués par la Couronne britannique, beaucoup plus riche en deniers qu'en soldats, dans le but de combattre la Révolution américaine. Il était donc venu, à titre de sergent-major du Corps des Chasseurs de Hesse-Hanau, l'un des six États allemands qui souscrivirent à ces marchés.

Cependant, j'étais encore loin de me douter que 30 000 mercenaires allemands, à la solde de la Couronne anglaise à la fin du XVIIIe siècle, avaient sauvé le Canada de la griffe américaine; que 10 000 d'entre eux avaient alors séjourné au pays et que près de 2 400 de leurs camarades avaient choisi, à la fin des hostilités, de s'y établir; qu'au Québec seulement, 1 300 à 1 400 de ces mercenaires avaient partagé la vie des habitants, uni leurs destinées à l'une des belles de chez nous et laissé des milliers de descendants.

Nos écrivains et nos historiens ayant toujours été assez avares de leur plume à ce sujet, rares sont ceux et celles de nos compatriotes qui peuvent se vanter de bien connaître l'histoire de ces mercenaires : leur recrutement, leur lutte contre les rebelles, leur séjour en nos murs et leur contribution à l'essor de notre pays.

Bien que ce livre s'adresse d'abord à tous les Canadiens avides de leur histoire, au bénéfice de ces descendants qui s'ignorent et, peut-être, avec l'intention de leur mettre la puce à l'oreille, voici donc quelques noms qui furent, un jour, celui d'un mercenaire allemand qui immigra au Canada.

A

Abbesté
Abraham
Abt
Achilles
Ackermann
Adel
Adelsheim
Adlon
Adolph
Ahdenstel
Ahrenns
Albert
Alberti
Albrecht
Albus
Allé
Almis
Alsdorff
Alter
Amberg
Amman(n)
Ammon
Angenant
Angerer/Angever
Angever/Angerer
Appel
Arens
Armbrecht
Arnold
Asmus
Assmer
Astmann
Aul
Aut

B

Baacke
Bach
Bader
Baehr
Bähr
Baier
Bail
Baker
Baldau
Bangert
Barban

12

Barnickel
Barth
Barthel
Bartholomae
Bartholomai
Bartram
Batz
Bauer
Bauernfeind
Bauernfreund
Baugert
Baumann/Bowmann
Beauclair
Bebendorff
Becker
Beddiger
Behr
Behrbom
Behrens
Beichert
Beithnitz
Bemanne
Bender
Benecke
Benedict
Bengle
Benoth
Bentz
Berck
Berg
Berger/Nunberger/
    Nünrberger
Berghalser
Berglasen
Bergstraeser
Berk
Berling

Berner
Bernoth
Bésette/Beyssert
Besner
Besré/Besserer
Besselmann
Besserer/Besré
Bethge
Beukert
Beuschill
Beust
Beuter
Beyer/Payeur/Payer
Beyssert/Bésette
Bickell
Bicker
Biehler
Bielefeld
Bielstein
Biennommé
Biller
Billhard
Billion
Binder
Birscher
Bischoff
Bishop
Blech
Bleck
Bleich
Block
Blödecker
Blum(e)
Blumberg
Blümchen
Blumhart
Blüminell

Blumke
Blummell
Böbe
Bödecker
Bodenbinder
Boehm(e)
Boehmreüther
Böetger
Bohle
Böhling
Bohnsack
Bojack
Boland
Bollmann
Bonckell
Bonde
Böning
Bonte
Boos
Bormann
Boss
Bosse/Bossé
Böttcher
Bottmann
Bowmann/Baumann
Braatz
Brandan
Brand(t)
Braun/Brown
Braunbronn
Braune/Brown
Brecht
Breitenbach
Breitschuh
Brendel
Brennecker
Brenneke

Brenneker
Brown/Braun(e)
Bruchhausen
Bruckhof
Brückner
Bruder
Bruns
Brunsteidell
Büchs
Buckell
Buhler
Burchard
Burchhard
Burckard
Burgy
Busch
Büttner

C

Calnec
Carl/Karl
Catchhof
Caux/Koch
Champier
Cheffer
Chenaille/Schenaille
Chink/Schink
Choulz
Christa
Claick
Clan
Claprood/Klapproth
Claude/Claus
Claudius
Claus/Claude
Clearla
Cleing/Kleing

14

Coache / Kuwatsch /
  De Kovadchy
Coll
Cölling
Collius
Collon
Conrad
Conradi
Coppay
Cramer / Kramer
Creutznacher
Cronne

D
Dahler / Dallaire
Dallaire / Dahler
Dalwingh
Dandoff
Dandorff
Dantz
Daudorf
Dauth
David
De Bold
Decker
De(s) Coudre(s)
Deffner
Degen
Degenhard
Dehne
Dehnert
Dehnhardt
Deissinger
De Kovadchy / Coache [1]

Dell
Demuth
Dengen
De Pencier
Deschmer
Deseindre
Desider
Dessinger
Detrie
Detrui
Dettmer
Deülher
Deuther
Dhoren
Dickhaut
Dickner
Diedrichs
Diehl
Dieler
Dietrich
Dietzel / Tittsel
Dillemann
Diller
Dillman(n)
Discher
Dittlie
Ditzel
Döenges
Dohmprobst
Dohren
Donny
Dorder
Dören
Dörffer

---

1. De Kovadchy / Koustash / Kovash / Kovadchy / Kuwatsch

Dörffler
Dörge
Döring
Dormeyer
Dorsch
Dosselberger
Drechsler
Dreher
Dreyer
Drill
Dudloff
Duff(t)
Dümmler
Duniess
Dupenack
Durdÿ
Duvinet(t)
Duynes

E

Ebacher
Ebenhardt
Eberhard
Ebert/Hébert
Eberths/Hébert
Eckhard(t)
Egell
Egner
Ehlers
Ehrecke
Ehrensperger
Ehrenstein
Eichelmann
Eichenberg
Eidam
Eidman
Eigell

Eimecke
Eisenkolben
Eldam
Elsner
Eltzer
Emmerich
Emong
Engel
Engelhard
Ensenberger
Eppinger
Erck
Erdmann
Erdner
Eschenbach
Estdo
Etzner
Euler(s)
Everhard
Eyberts/Hébert
Eydam

F

Fabricius
Fail/Faille
Fasnacht
Fatchell
Faulstroth
Fausel
Fausse
Faust/Fost
Feith
Felz
Femmeling
Ferbitz
Ferdinand
Ferries

Fessner
Fetter
Fiedler
Fiffre/Pfeiffer
Filsoffer
Fink
Finsterer
Finsterwald
Finsterwalt
Fischer
Fitzhofen
Fleckstein
Fleischer
Flemme
Flonius
Florer
Flührer
Föhr
Foser
Francisca
Franck(e)
Franisco
Frantz
Franz
Fratschell
Frazer
Frédéric/Friedrich
Freel
Frees
Freund
Frey
Freyenhagen
Freyensöner
Freymuth
Fricke
Fride(l)
Friderici

Friedemann
Friedrich/Frédéric
Frinbrecht
Friser
Froebe
Fromme
Fröstler
Frunsteidell
Fuchs
Fuhrmann
Fütterer

G
Gabriel
Gagné
Galland(t)
Gammerdinger
Gans
Gastens
Gauers
Geffre/Schaeffer
Geiger
Gelpke
Genger
Genthaler
George
Gerbig
Gerecke
Gerger
Gerhard/Guérard
Gerlach
Gerlig
Gerner
Gerthmann
Gertman
Gervais
Gescheidle

17

Geschke
Gessler
Giesler
Gildner
Gille
Gimble
Gislow
Glackemeyer
Glaser
Gleissenberg
Globenskindt [2]
Gödecke
Godiché
Godschal
Göebell
Goeckell
Goedick(e)
Goekel
Goëtz
Goetze
Gohse
Gossart
Götze
Gräeff
Gräeter
Graetsch
Grau
Grauling
Greben
Grennwats
Gress(e)
Grichel

Griesinger
Griesman(n)
Griesser
Grimm
Grimming
Grimpe
Grope
Gross
Grossman
Grothe/Grothé
Grubenstein
Gruber
Gruendler
Gründler
Grüne
Grünewald
Grutschmit
Grysingher
Gschwind
Gue
Guérard/Gerhard
Gullery
Gundlach
Gunn
Günter
Guntermann
Gutcke
Guttschmitt

H
Habermann
Hachenberger

---

2. Globenskindt/Globensky

18

Haeberlein
Haemel/Hamel/Hammell
Hagemann
Hagen
Hahn(e)
Haller
Halm
Hamann
Hamel/Hammell/Haemel
Hamerla
Hamm
Hammell/Hamel/Haemel
Handell
Hanekratt
Haner
Harbec/Harbique/Herbecke
Harbique/Herbecke/Harbec
Harbord/Harborth
Harlowe
Harman
Harnekratt
Harries
Hartline
Hartman(n)
Hartog
Harton
Hartung
Hasselmann
Hasslinger
Hasstinger
Hatschenberger
Haue
Hauf
Haumann
Haveline
Hayn
Hébert/Ebert/Eberths/Eyberts

Heckenroth
Heckerott
Heer
Hegenberg
Heh
Heil
Heill
Heillmann
Hein(e)
Heinecke
Heinecker
Heineman(n)/Heynemand
Heiniger
Heinllein
Heinman
Heinnemann
Heinrich
Heinze/Hinse
Heischman
Heise
Heiss
Held
Hellberg
Heller
Hellmuth
Hemann
Hemmerle
Henckel/Inkel
Hendorf
Henkel
Henneman
Henning
Henschell
Henss(e)
Henssell
Henzell

19

Herbeck [3]
Herchfield
Herchner
Herdt
Hermann
Hermsdorff
Herner
Herricke
Herterich
Herth
Hertlein
Hertz
Hespeden
Hesper
Hesse
Hessing
Hessler
Hettig
Hettler
Hetzer
Hetzler
Heuer
Heusse
Heydefuss
Heyne
Heynemand / Heinemann
Heynert
Hiep
Hildebrant
Hildehand
Hildner
Hille
Hiller

Hind
Hinderkarker
Hinderkirchen
Hinse / Hintze
Hintze / Hinse
Hirschbach
Hirschmann
Hittel
Höber
Hock
Hoefer
Hoehn
Hoen
Hoffenrath
Hoffman(n)
Hoffmeister
Höh
Holland
Holle
Hollwege
Holtögel
Holzberger
Holzer
Holzhausen
Holzmeister
Holzwerter
Homann
Homermar
Hommelmann
Hommerich
Hopffenrath
Hoppe
Horn

---

3. Herbeck(e) / Harbique / Harbec

20

Hornburg
Horneber
Hortus
Hottelmann/Hotte
Houff
Hoyer
Hubert/Huberth
Huberth/Hubert
Huck
Hufschmidt
Hummerich
Hund
Hunstedt
Hunter/Jaeger
Hupenden
Huppert
Hurd
Hutner
Hütting
Hüttinger
Hüttner

I
Ifland
Ifflandt
Immenthal
Immhoff
Inkel/Henckel
Iserhof
Isten

J
Jacobs/Jacques
Jacques/Jacobs
Jäeckell
Jaeger/Hunter
Jahn

Jatscheck
Jean/John(s)
Jenot
Jockell/Yockell
Jocks
John(s)/Jean
Jomphe/Schumpff
Jordan
Jost/Just
Juinque/Schenck
Jung/Young
Jürgens/Yurgens
Just/Jost

K
Kahmann
Kalb
Kalck
Kalkoff
Kappe(s)
Karpe
Karpey
Karsch
Karweil
Kascho
Kassmann
Kauffmann
Kaufman
Kaune
Kayser
Keaning
Kegle
Keldermyer
Kellarmann
Keller
Kellermann
Kellerstein

Kenns
Kepper
Kerchner
Kerm
Kerth
Kertzner
Kescho
Kesler
Kessler
Ketler
Kettner
Kiebonitz
Kiehron
Kielburg
Kinstler
Kirsch
Kizer
Klahold
Klapproth/Claprood
Klatterer
Klauber
Klebonitz
Kleemann
Kleenmann
Klein
Kleinert
Kleing/Cleing
Kleinschmidt
Klenzmann
Kletcher/Kletscher
Kletscher/Kletcher
Kling(e)
Klingenbrunn
Klinger
Klingsoerh
Klosterbauer
Kludius

Kluge
Klusmann
Klussmann
Knab
Knabenschube
Knap
Knauff
Knipschild
Kniratsch
Knust
Koch/Caux
Kock
Köehler
Köelscher
Koenig
Kohle
Kohlep
Köhler
Kohlmeyer
Koller
Kölscher
König
Kopp(e)
Körber
Korn
Kotte
Kouel
Kowald
Kraatz
Krafft
Krähane
Kraig
Kraigie
Kramer/Cramer
Krass
Krässane
Kratikofsky

Kratz
Krauss
Krautwurst
Krebs
Kreissler
Krendel
Kreutzer
Krieg
Kroekel
Kroeser
Krug
Krüger
Krull
Krumm
Kruse
Kuffener
Kugeler
Kuhlman
Kühn
Kuhne
Kühron
Kulong
Külp
Kümmel
Kummerle
Kumpff
Kunckell
Kundelach
Kunigers
Künstler
Kunz
Kunztmann
Kupffer
Kurnerle
Küten
Kuttman
Kuwatsch/Coache

L

Laick/Lake
Lake/Laick
Lamar/Lamarre
Lamarre/Lamar
Lambert
Landwehr
Lang(e)
Langemeyer
Langerjahn
Langins
Langkop
Lans
Lanzinger
Laparé/Neuberger
Larsch
Laterman
Lattmann
Latz
Lauer
Launhard
Lauter
Laws
Lebrecht
Lederer
Leffert
Lehincter
Lehn
Leibenrider
Leibenzeder
Lemaire
Lemberger
Lenhard
Lentz(e)
Lentzinger
Léonard/Leonhard
Leonhard/Léonard

Lerche
Lessard / Lessart
Lessart / Lessard
Lessert
Ley
Leydolff
Leyer
Lichtenwalter
Liebau
Liebegott
Liebenhaar
Liedell
Lieder
Lieffert
Liesert
Lilly
Linch
Lindau
Lindgrün
Lindworm
Lindwurm
Linne
Liry
Lishler
Livy
Löde
Lödell
Loedel
Loeder [4]
Löfferer
Löhmann
Loiseau / Vogel

Lonx
Lotherer
Lotz
Loz
Loux
Löw(e)
Loyd
Lucht
Lückel
Ludecke
Ludwick / Ludwig
Ludwig / Ludwick
Ludwing
Lüters
Lüttge
Lutz

M
MacGraw
Mack
Maher [5]
Mahr
Maillé / Mayer / Maheu / Maher
Maisch
Major
Manecke
Manike
Marreck
Martin
Maschweg
Matthaes

---

4. Loeder / Lettre / Laître / Letter
5. Maher / Mayer / Maillé / Maheu

Mauck/Mauk
Mauk/Mauck
Mayer/Maillé/Maheu/
   Maher
Mayne
McDonald
Mebius
Mecker
Meffert
Meinecke
Meinen
Meinone
Meixner
Melsch
Menske
Mentzel
Mentzer
Merckel
Merckle
Mertens
Messenger
Messing
Metch
Metsch
Metzdorff
Metzger
Metzler
Meyer(s)/Mayer
Meyn
Michael/Mittchell
Michaelis
Miller/Müller
Millon
Milton
Mines
Minicke

Minoni
Mittchell/Michael
Mogl
Molithor
Molle
Möller
Mongel
Mönnecke
Montreal
Mordt
Moro
Morr
Moses
Most
Mouché
Muess
Müller/Miller
Mund
Munich

N

Naacke
Nack
Nebel
Nehrengardt
Neisele
Neitz
Nenzell
Neuburger/Laparé
Neuheimer
Neumeister
Neuwald
Newmann
Nickel
Nickner
Nieding

Nietz
Nisski
Nissky
Nix
Noe
Noigh
Nol
Nongesser
Noth
Nunberger / Berger
Nürnberger / Berger

O

Obrick
Oelschläger
Oertel
Offeney
Ohle
Ohme
Oldendorf
Olivier
Opitz
Orbel
Ornal
Orpet
Orth
Orthner
Ortner
Osterodt
Osterott
Osterwald
Othmann
Ottman
Otto
Ottobusch

Outerhart

P

Paar
Page / Pagé
Pambrun
Pangart
Pape
Pasche
Paster
Pattingall
Pätzel
Paul
Paulsen
Pausé / Pfotzer / Pauzé
Pauzé / Pfotzer / Pausé
Payer / Beyer / Payeur
Payeur / Beyer / Payer
Peitsch
Pelz
Penz
Perlinger
Peters
Petersdorff
Petersen / Peterson
Peterson / Petersen
Peutz
Pfänder
Pfanner
Pfannkuchen
Pfaud(t)
Pfeiffer / Fiffre
Pfitzer
Pforius

Pfotzer [6]
Pfuhl
Phillips
Pickell
Picket / Piquet / Piquette
Pieper
Piquet / Piquette / Picket
Piquette / Piquet / Picket
Pisand
Piscand
Piuze
Plasse
Plate
Platner
Platte
Plätz
Plettner
Poetner
Porth
Prach
Preller
Prerea
Presser
Presson
Prosig
Prossmann
Prosy
Proth
Puckel
Pückel

Q
Querl

Quert

R
Raabe
Rach
Rakman
Ramler
Rapp
Rasch
Rasehorn
Rath
Ratzmann
Raubenheimer
Rauch
Raul
Rausch
Rauschenberg
Raimond / Raymond
Raymond / Raimond
Regenbogen
Reges
Rehse
Reiche
Reichenbach / Reinchenback
Reichenback / Reinchenbach
Reichenberg
Reiffert
Reill
Reinboth
Reineck(e)
Reinhard
Reinhart
Reissig

---

6. Pfotzer / Poser / Pausé / Pauzé

Reitz
Reitzenstein
Remerck
Remhoff
Remler
Remmeck
Ren
Rennert
Resch(e)
Ressing
Reussing
Reussner
Rhein
Rheinart
Rheinhard
Richter
Ridschefsky
Riech
Riemenschneider
Riesenkirch
Ringe
Ringeling
Rinier
Rinne
Rittberg
Ritter
Röbbel
Robin
Rocktreschler
Roderfeld
Roehling
Rogge/Roggie
Roggie/Rogge
Rohde
Rohmann
Rolfs
Rolshaussen
Römerman

Romm
Roose
Rooth/Roth
Ropp
Roppert/Ruppert
Rörer
Rose
Rosencrantz
Rosenthal
Rosshausen
Rossmann
Rost
Roth/Rooth
Rouche/Rust
Roussell/Russel
Röver
Rullmann
Ruppert/Roppert
Rusk
Russel/Roussel
Rust/Rouche

S
Sabora
Sagus
Saillie
St-Pierre
Sander
Sandhagen
Sangerhausen
Sarges
Sasse
Sauer/Sawer
Saupe
Saust
Sawer/Sauer
Sayer
Scalaipahe

Schacht
Schade
Schaeffer/Geffre
Schäfer
Schaffalisky
Schäffer/Geffre
Schammel
Schaper
Schaphardt
Schaudt
Schaum
Schawack
Scheede/Scheid
Scheid/Scheede
Scheidt
Scheinemann
Schel(1)
Schellhammer
Schenaille/Chenaille
Schenck/Juinque
Schentzell
Schepner
Scherkoffsky
Scherneck
Scherrer
Scheuerlein
Schiebel
Schiffer
Schiller
Schilling
Schinck/Chink
Schipper
Schlabaum
Schlamilch
Schlauderbeck
Schlechtleitner
Schleiffer

Schleiter
Schlerett
Schliecker
Schliephake
Schliphache
Schlirff
Schlirth
Schloczmacher
Schlossmacher
Schlüter
Schmidt
Schmidtmeyer
Schmiedel
Schmit
Schmith
Schmitt
Schmitz
Schmoll
Schmorr
Schmotter
Schmut
Schnabel
Schnaebill
Schnee
Schneider
Schnitter
Schnödler
Schnurr
Schoeil
Schoepner
Schollhammer
Schomberg
Schondorff
Schönecker
Schrader
Schrankemüller

Schreiber
Schrempf
Schröder
Schrodt
Schroeder
Schroot
Schroth
Schubart
Schubert
Schudlett
Schukard
Schueltes
Schüler
Schultz(e)
Schumann
Schumpff/Jomphe
Schünemann
Schuoter
Schuster
Schut(t)
Schütz
Schwaab
Schwack
Schwalm
Schwan
Schwarze
Schwieger
Schwimmer
Scidleir
Seelander
Seibert
Seidenzahl
Seidler
Seissner
Seitz
Seiz
Semler

Semmigen
Sempf
Sereny
Severin
Severt
Shabash
Shaver
Sheilheimer
Sherman
Shirelant
Shrenell
Shumann
Siebenhaar
Siebetslie
Simonie/Simony
Simony/Simonie
Singer
Siry
Skinner
Slieneman
Small
Smith
Söllig
Sommer(s)
Sonnerthat
Spahn
Spath
Spatz
Specht
Spitter
Spoeder
Springer
Spulit
Stadermann
Staggmann
Stainger
Stam

30

Stamin
Stangell
Stanze
Starch
Stauber
Staughmill
Steckhane
Steger
Steiger
Stein/Stone
Steinmann
Steinmetz
Steme
Stengel
Stenger
Stenzell
Sterne
Sterner
Stenke
Stiber
Stiern
Stilling
Stirner
Stock
Stolte
Stolzenberg
Storr
Straderick
Strafsman
Straub
Stricker
Strötz
Stube
Stubenhauer
Stübenitzky
Stüber
Stübinger

Suh
Summer
Süss(e)
Sussner
Sweet

T
Täger
Tappe
Tarlouse
Tauschmann
Teffner
Tehtmeyer
Temme
Thanweber
Theilheimer
Thesser
Thiele
Thielebein
Thienel
Thiess
Thisser/Tyssère
Thoene
Thomae
Thomas
Thun
Thunel
Tieckman
Tielecke
Tieleke
Tillert
Tip
Tiry
Tittsel/Dielzel
Töelle
Tornier
Tost

Trabant
Trauth
Trautner
Treller
Trestler / Troestler
Treutz
Triff
Trith
Troestler / Trestler
Trottmann
Trümper
Tuchscheer
Tude
Turnau
Tyssère / Thisser

U
Ulrich
Unschück

V
Vatterott
Venert
Verdries
Vernau
Verner
Veuth
Viano
Vicario
Vieth
Viger
Vodine
Voelger
Vogel / Loiseau
Vogeler
Vogelsberg
Voges

Vogler
Voigt
Volchmann / Vollmann
Vollmann / Volchmann
Volmer
Vondenvelden
Voss

W
Wacker
Wagemann
Wagener
Wagenknecht
Wagner
Wahl
Walch
Walling
Warleck
Warnecke
Weber
Weddig
Wedding
Wegelein
Wegelin
Wegener
Wehling
Wehmeyer
Wehr
Weibell
Weigand
Weihte
Weiland
Weinem
Weinküber
Weipert
Weiss(e)
Weissenborn

Weissenstein
Welling
Weltz
Wendel
Wenderich
Werner
Werneri
Wesche
Westerkamp
Wetter
Weyand
Whitsack
Whitsell
Whittaker
Wideman
Wieg
Wiegman
Wiesell
Wiesener
Wiesner
Wilhelmi
Will
Willner
Wimmer
Winckelmann
Winckelvoss
Winckler
Windill
Winkeifer
Winkelmann
Winterberg
Withsack
Wittemann
Witthun
Wittig
Wittlacken
Wittlacker

Woberich
Wolf(e)
Wolfart
Wolfert
Wolff
Wolfs
Wöllendorf
Wollmann
Wolmand
Wolss
Würfel
Würtel

Y

Yockell/Jockel
Young/Jung
Yurgern/Jurguns

Z

Zehnert
Zeillmann
Zellmann
Zick
Ziegenhain
Ziegenstiel
Ziegler
Ziermann
Ziliac
Zips
Zischler
Ziten
Zollenger
Zorn
Zwicker
Zyprian

Archives du Canada, *War Office MG13*, 28, Vol. 10.

Exemple d'un « return » d'un régiment allemand. On y retrouve les informations suivantes : 1. prénom, 2. nom, 3. pays d'origine, 4. âge, 5. taille, 6. nombre d'années de service.

Les noms proviennent des archives allemandes, anglaises, américaines et canadiennes. Ils ont également été puisés dans les listes nominales de Mme Virginia Easley De Marce et de M. Hebert Wilhelm Debor.

Liste de patronymes de Brunswickers qui ont fort probablement immigré au Canada.

A
Adam
Adrian
Ahl/All/Hall
Alberg
Aiot/Ayotte
Alin/Alain
All/Ahl/Hall
André
Arnoldi
Ayotte/Aiot

B
Bampf
Baner
Béchard/Beschard
Beck
Benth/Benther
Benther/Benth
Bernard/Bernhard

Bernhard/Bernard
Beschard/Béchard
Bobart
Bolt
Bonge
Boutton
Bleneau
Brennecki

C
Carpenter/Zimmerman
Casselman(n)
Chattoni
Christ
Christiny
Ciliak(c)
Classen
Coje
Cordes
Corneli

Crescent/Cressent
Cressent/Cressent

D
Dahle
Dangerro
Dehue
Delamarre
Donné
Dufais
Durr

E
Eckel/Eykel
Eykel/Eckel

F
Fabet
Faber
Fix
Fleischmann
Fleurant
Forcade
Forest/Forrest
Forrest/Forest
Furgens

G
Gahbert
Gärtner
George
German
Glass
Gottsschalck/Gottsshall
Gottsshall/Gottsschalck
Grey
Gürtler/Gürttler

Gürttler/Gürtler

H
Habich
Hall/Ahl/All
Hamburger
Herport
Hibo
Hubuk
Hugo

J
Jacobi
Jansen
Jarosh
Jasper

K
Kabitzky
Kamerla
Kenner
Krafft
Küchenthal
Kuoth

L
Lehman
Leimer
Lemmert
Leipold
Léo
Liemon
Lime
Lobbes
Lohr
Lorensen/Lorenzen
Lorenzen/Lorensen

Lucas
Lucke
Luther / Lutter
Lutter / Luther

M
Mahler / Maller
Mahlo / Malo
Malo / Mahlo
Maller / Mahler
Marchand
Maurer
Meiners
Melcher(s)
Michel
Mischky
Moche
Modell
Mory

N
Nantel
Nick
Nicolai / Nicolas
Nicolas / Nicolai
Noel
Nohra
Nolte
Norman(n)
Noster

O
Ohlman / Ullman
Olrich / Ulrich

P
Pannier

Paro
Penser
Pétri(e) / Pettry
Pettry / Pétri(e)
Pfaff
Pierri
Presse
Pulver

R
Reese
Remi / Remy
Remmy
Remy / Rémi(y)
Robert
Roch
Rochenberger
Roman(n)
Romer
Rosemeyer
Rosenberger

S
Sauter
Seltzer
Siegmund
Simon
Spuck
Stande
Steineck
Suder

T
Tauge
Theopold

U
Ullman/Ohlman
Ulrich/Olrich
Unger

V
Viane/Vianne
Vianne/Viane

W
Walker

Walter
Waltz
Westphal
Wilhelm
Winter

Z
Zacharia
Zimmerman/Carpenter
Zoo
Zorbach

À la suite de multiples recherches, je constatai qu'aucun volume et même aucune étude historique exhaustive sur ces mercenaires allemands et leur rôle au sein de notre société canadienne n'avait, jusque-là, été publié chez nous. Aussi, poussé par je ne sais trop quelle témérité, mes activités se limitant depuis toujours au génie civil, j'entrepris, peut-être même inconsciemment, de relever le défi. Mais le défi était de taille puisqu'il fallut y consacrer plusieurs milliers d'heures de travail au cours des sept dernières années.

Guidé par le destin, j'eus l'opportunité, au cours de mes fouilles, de contacter des gens vraiment exceptionnels. L'un deux, l'historien canadien M. Marcel Trudel, un amant de l'histoire doublé d'un grand professionnel, accepta de m'apporter support et encouragement à la réalisation de ce rêve.

Grâce à ses judicieux conseils, il m'est permis aujourd'hui de vous raconter l'histoire de ces mercenaires, nos ancêtres pour des milliers de descendants, mais également des gens qui contribuèrent à l'essor de notre pays.

Toutefois, je m'en voudrais de vous présenter ce livre sans avoir, au préalable, remercié grandement :

M. Marcel Trudel, O.C., D.ès L. — Historien canadien et professeur émérite au Département d'histoire de l'Université d'Ottawa sans lequel ce livre n'aurait fort probablement jamais vu le jour.

M. Benoit Poirier	Collaborateur et recherchiste.
MM. Bruce Wilson et Brian Driscoll	Respectivement Acting Chief, section des archives britanniques aux Archives publiques du Canada, et archiviste au même endroit, pour leur très grande disponibilité et leur étroite collaboration.
M. Lent, Dr	Archivoberrat du Niedersächsisches Staatsarchiv, Wolfenbüttel, Allemagne de l'Ouest.
M. Klubendorf, Dr	Archivoberrat du Hessisches Staatsarchiv, Marburg, Allemagne de l'Ouest.
Mme Karine Gürttler, Dr	Chef de la section des études allemandes et professeur agrégé de l'Université de Montréal, pour ses corrections et ses encouragements.
R. Père Julien Déziel, o.f.m.	Président de la Société généalogique canadienne-française qui m'accorda, le premier, la chance de faire connaître les Brunswickers.
Mme Virginia Easley De Marce, Ph.D., Stanford University, U.S.A.	Pour ses traductions des poèmes de Gottfried Seume et sa grande gentillesse à mon égard.
M. Pierre Heynemand	Fier descendant d'un Brunswicker, pour ses nombreuses traductions de textes allemands.
M M. Daniel Olivier et Normand Cormier	Respectivement bibliothécaire en charge de la salle Gagnon, à la bibliothèque centrale de la ville de Montréal, et à la bibliothèque nationale du Québec.
M. Joachim Brabander, Dr	Pour le grand intérêt qu'il a porté à ce travail.
M. Daniel Lavoie	Pour son assistance technique concernant les tableaux de l'état des troupes allemandes au Canada de 1776 à 1783.

Et non les moindres, ma femme et mes deux enfants à qui j'ai emprunté de nombreuses heures de loisirs à des taux vraiment très bas.

Jean-Pierre Wilhelmy
Montréal, le 7 janvier 1984.

Introduction

Fondées entre 1607 et 1733 par des groupes de diverses origines, les treize colonies anglaises de l'Amérique du Nord
avaient des traditions politiques et religieuses très différentes.
Le Nord arborait des allures économiques et sociales semblables à celles de l'Angleterre mais fortement teintées d'une
influence puritaine; le Centre reflétait une société cosmopolite
de grande ville tandis que l'on retrouvait, au Sud, une bour-
geoisie de petits planteurs. Toutes ces populations n'avaient
donc rien en commun si ce n'était leur but ultime d'atteindre ce
qu'elles croyaient indispensable dans l'optique qu'elles s'étaient
faite de leur nouvelle vie : la liberté.

Débarrassées au Nord, suite à la défaite française de 1760,
de ce qui constituait une menace de tous les instants, les
colonies du Sud devaient néanmoins en faire les frais. En effet,
la dette nationale avait considérablement augmenté depuis la
dernière guerre et la mère patrie n'était plus en mesure d'en
supporter seule le lourd fardeau. Aussi exigeait-elle des coloniaux, et cela par voie d'impôt, leur juste part des dépenses
encourues.

43

Durant les années qui suivirent, le Parlement anglais vota une série de lois, plus impopulaires les unes que les autres, qui soulevèrent le mécontentement général et provoquèrent la tenue d'un premier Congrès général à Philadelphie, le 4 septembre 1774. Bien qu'il en résultât une Déclaration des Droits qui niait l'autorité du roi anglais dans les affaires américaines, « No Taxation Without Representation », le Congrès tenta un dernier rapprochement avec la Couronne anglaise et lui offrit la négociation. Cependant, George III, dont l'orgueil dépassait largement la raison, n'avait que faire d'une négociation et était fermement décidé à en finir par la force. Aussi fit-il déambuler dans les rues de Boston la petite armée provocatrice du général Gage.

Puisque le Congrès américain voyait d'un très bon oeil l'appui des Canadiens à sa cause, il fut décidé de leur adresser un message dont la résolution finale fut adoptée le 26 octobre 1774. Maladroitement synchronisé toutefois, l'envoi de ce dernier suivit de quelques jours à peine la dénonciation américaine du «Québec Act»; ce qui fit dire à François-Xavier Garneau : «Le langage n'aurait été que fanatique si ceux qui le tinrent eussent été sérieux, il était insensé et puéril dans la bouche d'hommes qui songeaient alors à inviter les Canadiens à embrasser leur cause.»

Au Canada, la noblesse et le clergé réagirent mal à ce double jeu américain qui ne tarda pas à être mis à jour. D'autant plus qu'ils étaient particulièrement bien servis par la «Loi du Québec» et que Mgr Briand avait une dette de reconnaissance envers Carleton et le gouvernement anglais.

Le peuple canadien était donc sollicité de toutes parts. D'un côté, la voix du clergé, et surtout de son évêque, lui rappelait les générosités de ses nouveaux maîtres ainsi que les obligations dictées par sa religion et ses serments; de l'autre, on lui faisait miroiter, à l'aide d'une formidable propagande, les avantages et les bienfaits d'un gouvernement représentatif. Au bout du compte, ne sachant plus à quel saint se vouer, la majorité des Canadiens se refermèrent sur eux-mêmes et adoptèrent une attitude d'indifférence.

Dès le 19 avril 1775, avec les premiers coups de feu de la Révolution, la guerre de l'Indépendance était déclarée dans les colonies du Sud. Le 20 suivant, 16 000 hommes assiégeaient Boston.

Retenus dans Boston, les soldats britanniques ne constituaient pas une véritable menace pour les rebelles américains. Cependant, la possibilité d'être attaqués à revers par une armée anglaise venant du Canada était un danger beaucoup plus sérieux. Aussi, après s'être vu accorder la mission de s'emparer du Fort Ticonderoga [1], Arnold [2] et Allen [3] posèrent-ils officieusement les premiers gestes d'agression à la frontière canadienne.

---

1. Construits par les Français, Ticonderoga et Crown Point, que l'histoire nomme aussi Carillon et Saint-Frédéric, étaient les ouvrages avancés du système de défense du Canada et, bien que la ligne frontière officielle eût été reportée au nord par George III en 1763, les deux forts veillaient toujours sur la sécurité militaire du Canada. George F.G. Stanley, *Canada Invaded*, 37.

2. Arnold était un commerçant de drogues, de livres et de chevaux de New Haven, Connecticut, qui, avec quelques hommes promptement recrutés, avait offert ses services aux patriotes du Massachusetts. Il reçut un brevet de colonel du Congrès provincial ainsi que l'autorisation, les fonds nécessaires et les pleins pouvoirs d'attaquer les positions anglaises du lac Champlain. *Ibid.*, 37.

3. Allen était très populaire dans le Vermont alors qu'il était à la tête de semi-proscrits (*The Green Mountains Boys*) qui, depuis quelques années, terrorisaient les habitants du nord de la colonie de la Nouvelle-York. De tels aventuriers, querelleurs et indisciplinés, semblaient tout indiqués pour nuire aux Anglais. Aussi reçut-il l'autorisation du Connecticut d'attaquer Ticonderoga. *Ibid.*

Embarrassé par les dernières actions entreprises par Arnold et Allen, le Congrès adressait une seconde lettre aux Canadiens qui ne connut guère plus de succès que la précédente malgré son ton menaçant. À la suite de la réaction canadienne, le Congrès général acceptait, le 27 juin 1775, la proposition d'Arnold d'envahir le Canada et, le 6 décembre suivant, commençait alors le siège de Québec. La nuit du 30 au 31 décembre 1775 devait être le théâtre d'une double attaque américaine, laquelle se solda par la mort de Montgomery. Quant à Arnold, malgré une blessure à la jambe, il reprit tant bien que mal le siège de la ville grâce, en partie, à la passivité du gouverneur Carleton.

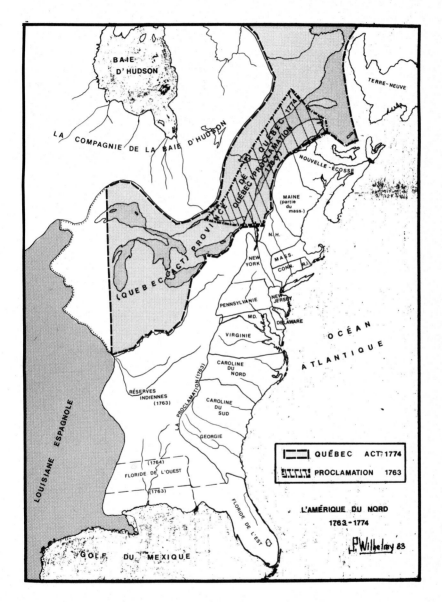

Réalisé d'après *The American Heritage Pictorial Atlas of U.S. History.*

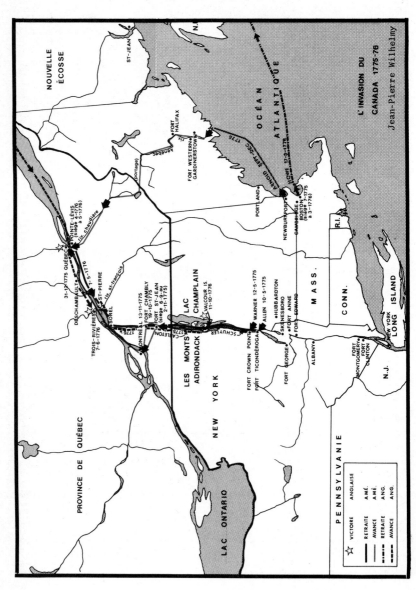

Réalisé d'après *The American Heritage Pictorial Atlas of U.S. History.*

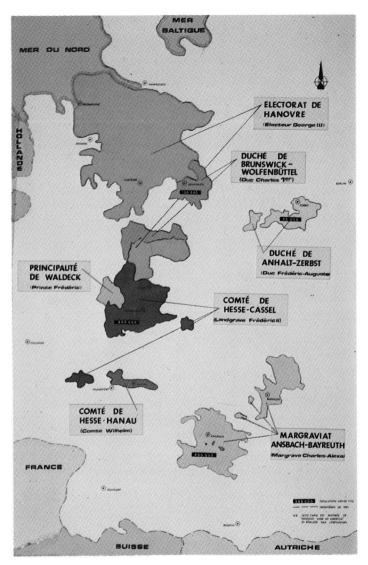

Réalisé par Jean-Pierre Wilhelmy d'après "HESSIAN VIEW OF AMERICA, 1776-1783", KIPPING.

ÉTATS DE L'EMPIRE GERMANIQUE ET LA RÉVOLUTION AMÉRICAINE

*Dragon du régiment de
Brunswick-Wolfenbüttel,
réalisé par Jean-Pierre Wilhelmy
d'après EMBLETON/OSPREY.*

*Fantassin du 3ᵉ régiment de Waldeck,
réalisé par Jean-Pierre Wilhelmy
d'après EMBLETON/OSPREY.*

Chapitre I

L'Angleterre à la recherche de mercenaires

La situation de l'Angleterre de 1775. L'Allemagne du XVIIIe siècle. Les cours princières des années 70 et les marchés humains. Le duc Charles Ier de Brunswick. Le landgrave de Hesse-Cassel. Le comte de Hesse-Hanau. Le prince de Waldeck. Le margrave d'Ansbach-Bayreuth. Le prince d'Anhalt-Zerbst. Les subsides. Les débats parlementaires.

«L'Angleterre ne renoncera jamais à ses colonies [1]», avait lancé George III, poussé par l'enjeu d'instaurer une monarchie totale dans son royaume; puis, il avait ajouté qu'il se ferait respecter par les armes. Néanmoins, cette force annoncée par le roi, l'Angleterre ne la possède tout simplement pas. En effet, un peu plus de 45 000 hommes répartis à travers le globe composent l'armée britannique de 1775. (Voir fig. 1) [2].

---

1. Film sur la Révolution américaine, produit par Time-Life Film, réalisé par la B.B.C. Londres et présenté à l'antenne de Radio-Québec dans le cadre de l'émission *America, America*, le 31 janvier 1981.
2. Edward J. Curtis, *The Organisation of the British Army in the American Revolution*, 3.

PAYS	RÉG. INF.	SOLDATS	RÉG. CAV.	SOLDATS	TOTAL
Angleterre	19	11 396	16	4 151	15 547
Écosse	1	474	AUCUN	AUCUN	474
Île de Man	3	142	AUCUN	AUCUN	142
Irlande	21	9 815	12	2 718	12 533
Minorque	5	2 385	AUCUN	AUCUN	2 385
Gibraltar	7	3 339	AUCUN	AUCUN	3 339
Indes	3	1 909	AUCUN	AUCUN	1 909
Amérique	18	8 580	AUCUN	AUCUN	8 580
Afrique	1	214	AUCUN	AUCUN	214
TOTAL		38 254		6 869	45 123

Fig. 1

En amérique, les rapports en provenance du major général, Guy Carleton, démontrent qu'il ne dispose plus que de 850 hommes. Ceux du général Thomas Gage, à Boston, indiquent qu'il ne peut compter que sur 8 000 soldats dans des circonstances qui en nécessiteraient à elles seules 25 000 [3].

Le roi George III d'Angleterre qui est d'ascendance allemande par George Ier, son arrière-grand-père, lequel succéda à Anne Stuart en vertu de l'«Act of Settlement [4]» en ligne protestante, est également Électeur [5] du Hanovre, un des nombreux États allemands de l'Empire germanique. Il envoie donc cinq régiments de Hanovriens à Minorque et Gibraltar, soit 2 365 soldats, prendre la relève de quelques-unes de ses troupes régulières anglaises. Puis, il fait appel à 4 000 nouveaux soldats hanovriens par voie de recrutement; toutefois, cette approche n'obtient guère le succès escompté puisque seulement 250 nouvelles recrues répondent à son appel [6]. Or, dans la situation actuelle pour le roi anglais, cela ne représente que fort peu d'hommes. Quant à la levée de nouvelles recrues anglaises, Londres préfère n'y point songer puisqu'elle se révélerait très coûteuse et difficilement réalisable dans de si courts délais. De plus, l'on sait fort bien que bon nombre d'Anglais répugnent à l'idée de combattre leurs frères d'Amérique et qu'une conscription risquerait d'entraîner de sérieux pro-

---

3. John Fortesque, *The Correspondence of King George the Third*, Vol. III, 214-215.
4. *Act of Settlement* : l'acte de succession qui attribuait le trône, après la mort d'Anne Stuart, à Sophie et à ses descendants. Sophie était la petite-fille de Jacques Ier; elle avait épousé le Prince-Électeur du Hanovre, protestant comme elle.
5. Électeur : prince ou évêque qui désignait l'Empereur romain germanique.
6. Major Baurmeister, *Confidential Letters and Journals, 1776-1784 of Adjutant General Major Baurmeister of the Hessians Forces*, traduit de l'allemand par Bernhard A. Uhlendorf, 4. À l'avenir : *Confidential Letters and Journals...*

blèmes internes. L'Angleterre se doit donc de faire appel à une aide qui lui viendrait de l'extérieur. D'ailleurs, pareilles sollicitations ont déjà porté leurs fruits dans le passé [7].

Durant les mois d'été qui suivirent, un événement inusité allait marquer les annales anglaises. Invité par le premier ministre russe, M. Panin, qui désire s'informer sur l'évolution de la rébellion des colonies du Sud, l'ambassadeur britannique à Moscow, un nommé Gunning, profite de l'opportunité qui lui est offerte pour s'enquérir des intentions russes dans l'éventualité d'un recours anglais à des forces étrangères. Dans sa réponse, Panin fait état de l'affection de la Grande Catherine de Russie pour les Anglais et il n'en faut pas plus pour que l'ambassadeur du roi George III considère cette déclaration comme un engagement moral des Russes [8]. Ce qui contribuera, dans les jours qui suivront, à gâter les relations entre les deux puissances.

En effet, influencée par le respect des idées nouvelles et par des hommes tels que Vergennes et Frédéric de Prusse, l'Impératrice russe fait parvenir, quelque temps plus tard, une missive au roi anglais dont le style élégant est teinté de sarcasme : «Je commence à peine à jouir de la paix et Votre Majesté n'ignore pas que mon empire a besoin de repos. Il y a une inconvenance à employer une armée aussi considérable, dans un autre hémisphère, sous une puissance dont elle ne sait presque rien. En outre, je ne peux m'empêcher de réfléchir aux conséquences qui résulteraient pour notre dignité, pour celle des deux monarchies et des deux nations, de la conjonction de nos forces, uniquement pour apaiser une rébellion qui n'est soutenue par aucune puissance étrangère [9].»

---

7. Edward Jackson Lowell, *The Hessians and the other German Auxiliairies of Great Britain in the Revolutionary War*, 2. À l'avenir : *The Hessians and...*
8. Anthony Mockler, *Histoire des mercenaires*, 108-109.
9. *Ibid.*, 110. Lettre de Catherine de Russie à George III.

Cette rebuffade de la Grande Catherine a tôt fait le tour de toute l'Angleterre au grand déplaisir de ses dirigeants.

George III se tourne alors vers la Hollande; les alliés prêts à louer des mercenaires se font de plus en plus rares, d'autant plus que ce pays a déjà une dette morale envers les Anglais comme le fait remarquer l'ambassadeur à La Haye, Joseph Yorke.

Toutefois, les Hollandais ne sont guère plus sympathiques à la cause du roi George; même le plus illustre homme d'Etat hollandais à cette époque, le délégué de l'Overrijsel, le baron von der Capellan, soutient «qu'une république ne devrait jamais apporter son concours dans un conflit qui a pour but la répression de la liberté [10].»

Néanmoins, dans la crainte d'offenser le roi anglais, on lui offre très adroitement une brigade, mais à l'unique condition que celle-ci ne combatte pas hors des frontières européennes. Le roi refuse [11].

Il ne reste donc à l'Angleterre, même si les négociations s'annoncent plus longues et difficiles en raison du nombre de traités à conclure, qu'à prêter encore une fois une oreille attentive aux princes allemands. D'autant plus qu'aux lendemains des affrontements de Breed's Hill et de Bunker Hill, quatre princes allemands, flairant la bonne affaire, ont déjà offert «l'ardeur et le sang de leurs sujets [12]». Il s'agit du comte Wilhelm de Hesse-Hanau, cousin de George III, du margrave d'Ansbach-Bayreuth, Karl Alexandre, neveu de Frédéric «le Grand» de Prusse, du prince Friedrich de Waldeck,

10. Benson J. Lossing, *Lossing's History of the United States From The Aboriginal Times to the Present Day,* Vol.III, 846.
11. Anthony Mockler, *Histoire des mercenaires,* 114-115.
12. Fredrich Kapp, *Der Soldatenhandel Deutscher Fürsten Nach America,* 243. Lettre du prince Wilhelm de Hesse-Hanau à George III, le 19 août 1775, State Papers Office Hollande, Vol. 592.

ainsi que du prince Frédéric Auguste de Anhalt-Zerbst, frère de la Grande Catherine de Russie dont l'offre généreuse allait dorénavant être scrupuleusement étudiée.

Dès novembre 1775, après une étude exhaustive de la situation, le cabinet anglais décide de mettre en branle le processus de négociation [13] puisqu'il est de jour en jour plus évident que la rébellion américaine se doit d'être étouffée et ce, dans les plus brefs délais. Le secrétaire d'État, Lord Suffolk, donne alors ses instructions au colonel William Faucitt, celui-là même qui vient de mener à bien les négociations concernant les troupes du Hanovre en lui rappelant qu'un besoin essentiel d'hommes est prioritaire et qu'il se doit d'en arriver à un accord avec les princes allemands, tout en minimisant les coûts encourus [14]. Quelques jours plus tard, Faucitt prend alors le chemin du Saint Empire romain germanique.

À cette époque, l'Empire germanique est composé d'une multitude d'États disproportionnés aussi bien en population qu'en territoires (plus de 1 000). Ces territoires se définissent comme principautés, électorats, duchés, margraviats, landgraviats, évêchés, abbayes, seigneuries ou encore villes libres qui sont dirigées tantôt par des laïcs, tantôt par des ecclésiastiques d'appartenance protestante ou catholique. La Diète ou encore l'assemblée de ces États où l'on discute des intérêts de chacun d'eux a, à sa tête, un Empereur [15], lequel est désigné par neuf de ces représentants électeurs. Chacun de ces États, aussi minuscule soit-il, a carte blanche en ce qui concerne les

---

13. John Fortescue, *The Correspondence of King George the Third*, Vol. III 289-290. Lettre de Lord North au Roi George III, le 12 novembre 1775.
14. Bodham W. Donne, *The Correspondence of King George the Third With Lord North from 1768 to 1783*, Vol. I, 294.
15. L'Empereur de l'Empire germanique, à cette époque, était Joseph II (1741-1790) lequel régna de 1765 à 1790. Il était le fils de François Ier et de Marie-Thérèse d'Autriche. Il fut reconnu comme l'un des despotes éclairés.

alliances, les ambassades et le droit de faire la guerre si cela, bien sûr, ne vient pas en contradiction directe avec l'Empire [16].

Quant à sa population, elle est de l'ordre d'un peu plus de 20 000 000 habitants, les villes y sont nombreuses et la densité rurale est la même que l'urbaine dans la maison allemande.

L'Église allemande, pour sa part, n'est certes pas aussi organisée qu'en France, en raison de la multiplicité des confessions. Le clergé catholique est riche et nombreux et ne restreint pas ses activités aux affaires religieuses; au contraire, beaucoup de ses membres sont princes d'État et s'occupent souvent plus de choses matérielles que spirituelles. La répartition de ces religions est très complexe puisque chacun des souverains est libre d'en déterminer la pratique sur son territoire. Quant aux nobles, deux catégories se distinguent, dans cette Allemagne du XVIIIe siècle. Celui de la première catégorie peut être un de ces petits chefs d'État ou encore un chevalier dont les richesses matérielles sont très limitées, lequel est souvent au service de l'Empereur ou d'un prince beaucoup plus à l'aise. Le second gravite autour des souverains d'État; il peut être ministre, diplomate ou bien courtisan. Ses biens sont directement liés aux extravagances de son maître, lequel dans bien des cas se plaît à mener une vie de château à l'image française [17].

Les villes y sont nombreuses et à la fois très différentes. Les unes sont modernes et dotées de résidences princières; elles représentent le progrès et servent souvent de capitales d'État. Les autres, très conservatrices, abritent des populations aux mentalités paysannes. Elles possèdent généralement d'anciens quartiers qui témoignent de leur attachement aux traditions. Les paysans constituent près de 30% de la population de

---

16. Encyclopedia Universalis, 718, no 1, *Le dernier visage du Premier Reich 1648-1806.*
17. *Ibid.*, 718-721.

l'Empire. Ceux de l'Ouest et du Sud ont une façon de vivre semblable à ce qui existe en France, c'est-à-dire que les seigneurs touchent une large partie de leurs revenus à titre de fermage ou encore de droits seigneuriaux. Quant aux paysans de l'Est et du Nord, leurs conditions de vie s'apparentent à celles des serfs du Moyen Âge. Leur situation, tant sur le plan personnel que matériel, dépend entièrement de leur maître. Qu'ils soient de l'Ouest, du Sud ou du Nord, leur instruction est très limitée et leurs soucis sont d'un tout autre ordre. Leurs préoccupations se limitent aux relations avec leur maître et aux fluctuations de leurs récoltes. Les campagnes sont encore souvent très chrétiennes et les colons animés d'une piété sincère parfois contraire au clergé qui les guide [18].

Sous l'influence des «lumières», les cours princières de l'Allemagne des années 70, bien que milieux fermés, subissent à leur tour, peu à peu, cette métamorphose qui allait transformer totalement la société allemande. On commence alors à y percevoir le triomphe de la vertu, l'étiquette se relâche et le poète devient roi. Longtemps estimés par eux-mêmes comme étant des êtres privilégiés, les princes allemands s'étaient donné des pouvoirs absolus sur les autres hommes moins choyés par la nature qui les avait fait naître hors des enceintes de la noblesse. Or, au déclin de ce siècle, quelques chambellans ou ministres gourmés ont déjà cédé leur place aux poètes et savants dans certaines cours princières comme ce fut le cas pour celle de Weimar [19].

Certes, ce n'est là qu'une percée puisque pratiquement tous les princes, malgré les idées nouvelles qui viennent d'ébranler les fondements de la vieille Allemagne, ne peuvent encore se résoudre à l'abandon ou même à la fragmentation de leur pouvoir absolu. Parfois, leur État est pauvre et mal adminis-

---

18. *Op. cit.*
19. Pierre Lafue, *La vie quotidienne des cours allemandes au XVIIIᵉ siècle*, 165-185.

tré. Aussi, lorsque le souverain est pris d'une envie soudaine d'un plaisir passager, comment peut-il s'abstenir de pouvoir au crédit des idées nouvelles [20].

L'un deux, le landgrave Frédéric II de la Hesse-Cassel, dans une correspondance avec l'un de ses haut gradés en Amérique, le baron de Hogendorff, nous démontre bien qu'il n'a pas encore fait siennes les idées nouvelles. Aussi, voici ce qu'il lui écrit au cours de l'année 1777 :

«Monsieur le Baron de Hogendorff, je ne puis assez vous témoigner combien la relation que vous m'avez envoyée m'a comblé de joie, la conduite de mes Hessois qui se sont fait immoler si héroïquement pour une cause qui nous est si étrangère, confirme toute l'opinion que j'avais de leur bravoure et justifie l'espoir que j'avais fondé sur leur attachement à mes intérêts, mais je ne puis pardonner aux nouvellistes anglais d'avoir diminué si fort le nombre de nos morts, pourquoi n'avoir pas avoué franchement qu'au lieu de neuf cents nous en avons perdu 1700! En vérité, je ne trouverais guère mon compte à ce calcul et je ne puis l'attribuer qu'à un motif très intéressé de leur part.

«Ces messieurs croient-ils donc que trente guinées de plus ou de moins me sont indifférentes! Et cela, après un voyage aussi coûteux que celui que je viens de faire et qui m'a fait contracter tant de nouvelles dettes. Non, mon cher, que votre zèle pour mon service et vos désirs redoublent d'efforts en secondant par tous les moyens possibles, toutes les occasions qui pourraient se présenter pour animer, de plus en plus, mes fidèles sujets à se sacrifier. Jusqu'au dernier même. Pour répondre à des vues aussi légitimes, que nécessaires.

«Témoignez bien de ma part au colonel, M..., combien je suis mécontent de la conduite qu'il a tenue jusqu'ici, quoi? Le seul de tous nos corps qui n'a perdu qu'un seul homme jusqu'à présent, c'est se couvrir de honte et redoubler mes peines; la

---

20. *Op. cit.*

signora F... que je viens d'engager en Italie va me coûter au delà de cinq cent guinées par an et puis ces Anglais voudraient encore me chicaner sur les blessés et les estropiés, mais non ils me les payeront selon le même tarif fixé pour les morts, sinon, j'aime mieux qu'ils imitent l'exemple de ceux qui se sont laissé prendre à Trenton, en effet, à quoi me serviraient ces misérables! Ici? Ils ne sont plus bons à rien, d'ailleurs, ces maudits rebelles qui tirent toujours si bas les auront sans doute rendus impuissants mais quant à cela, les jésuites que j'ai envie d'appeler dans mes États s'en acquitteront mille et mille fois mieux et répareront bientôt toute la dépopulation qui ne s'y manifeste déjà que trop, c'est un expédient que m'a donné à Rome, le Cardinal T... qui m'a promis de me ménager cette affaire avec toute la dextérité imaginable : «Vous ne sauriez croire (m'a-t-il dit) combien la vue de tant de belles guinées ranime la vigueur.» Or, quoi qu'il arrive, jouissons du présent et ne nous mettons pas en peine du reste; sur ce, je prie Dieu qu'il nous tienne Monsieur le Baron de Hogendorff en sa sainte et bonne garde, à Cassel 1777 [21].»

L'ambassadeur du roi anglais, William Faucitt, un mois à peine après son arrivée dans le Brunswick, soit le 9 janvier 1776, conclut une entente avec le représentant du duc Charles, le baron Féronce von Rotenkreuz. Le pouvoir de cet État est détenu conjointement par Charles I^{er}(Karl Ier) et son fils le prince Charles Wilhelm Ferdinand [22] qui est également le beau-frère de George III. Ferdinand qui est un brillant administrateur a mis sur pied une loterie, sous la direction d'un ministre d'État, laquelle comble en partie les excentricités de son père qui, comme la plupart de ces petits potentats allemands, est un grand viveur.

Le traité [23] exige alors du duc qu'il fournisse 3964 fantassins

---

21. Friedrich Kapp, *Der Soldatenhandel Deutscher fürsten nach Amerika*, 255. L'orthographe originale a été conservée.
22. Edward Jackson Lowell, *The Hessians and...*, 8.
23. *Parliamentary Register*, 1re série, Vol.III.

et 336 dragons (à pied) lesquels serviront temporairement dans l'infanterie, du moins jusqu'à ce que l'on leur procure des chevaux. Le duc se devra de bien les équiper et ses troupes devront jurer fidélité à la Couronne britannique qui, en retour, leur garantira le même traitement qu'à ses propres soldats. Puisqu'ils auront à marcher du Brunswick aux ports d'embarquement, George III s'engage à prévenir les désertions alors qu'ils auront à traverser ses territoires hanovriens. Le duc, de son côté, devra remettre les sommes payées aux soldats; néanmoins, on jugera bon, une fois ces derniers rendus en Amérique, de leur faire parvenir directement leur dû. Quant aux malades et blessés brunswickois, ils seront soignés dans les hôpitaux anglais et ceux dont la condition ne leur permettra plus de poursuivre le combat, devront être rapatriés en Allemagne aux frais de la Couronne anglaise.

Des recrues entraînées et équipées, stipule également le traité, devront être fournies le cas échéant. Quant aux décès dus aux transports, aux sièges ou encore aux épidémies ou maladies contagieuses, l'Angleterre, en conformité avec un article du traité de 1702 [24], s'engage à défrayer les coûts de ceux qui les remplaceront jusqu'à ce que ceux-ci soient arrivés en Amérique. Le duc, pour sa part, se réserve les droits de remplacer les postes vacants et de nommer ses officiers ainsi que celui de juger des actes de ses soldats. Monétairement, l'Angleterre s'engage à payer la somme de £ 7, 4 S, 4 ½ d (environ 35,00 $) pour chacun de ces soldats ainsi que des bonis supplémentaires durant leur séjour en Amérique et même deux années après leur rapatriement.

De plus, le duc touchera pour chacun de ses hommes qui sera tué, une somme de £ 7, 4 S, 4 ½ d et un remboursement égal pour trois blessés invalides. Cette dernière clause du traité en fera bondir certains qui ne manqueront pas de qualifier ces négociations de marchés humains et le prince de vendeur d'âmes.

---

24. Major Baurmeister, *Confidential Letters and Journals...*, 5.

À la mort du duc Charles 1er en 1780, son fils Wilhelm Ferdinand accédera au trône et sera le seul des six princes à en venir à une entente avec le représentant du roi anglais, à ordonner à ses hommes coupables de crimes, de mauvaise conduite, d'incapacité ou encore d'invalidité ne leur permettant plus de servir dans son armée, de demeurer en Amérique [25]. Au grand total, 5 723 officiers et soldats brunswickois auront été envoyés outre-mer à la fin des hostilités, de ce nombre 2 708 seulement retourneront en Allemagne [26].

Parmi les souverains allemands qui en viendront à conclure une entente avec la Couronne anglaise, le landgrave de Hesse-Cassel, Frédéric II [27] (à ne pas confondre avec Frédéric le Grand de Prusse),est certes le plus important. Gouvernant une population de près de 300 000 âmes, à majorité protestante, ce dernier n'est pas homme à se laisser dicter sa conduite par qui que ce soit, aussi s'est-il converti récemment au catholicisme. Le geste, cependant, n'eut pas l'heur de plaire à sa première épouse, la princesse Marie (une fille de George II) qui, après quatorze années de vie conjugale, décide de le quitter avec ses trois fils et de s'installer à Hanau. Avec elle, l'aîné de ses fils Wilhelm (Wilhelm IX) est à la fois le légitime héritier de Hesse-Cassel et le comte indépendant de la petite principauté de Hesse-Hanau. Néanmoins, le landgrave, semble-t-il, s'en console bien vite et se vante à qui veut l'entendre qu'il est le père d'une nombreuse progéniture.

À l'heure des premiers affrontements de la Révolution américaine, Frédéric II de Cassel est âgé d'une soixantaine d'années et vit paisiblement avec sa seconde épouse. Excellent administrateur, il jouit d'une trésorerie enviable et, malgré que

---

25. Friedrich Kapp, *Der Soldatenhandel Deutscher Fürsten Nach Amerika*, 254. Lettre de Féronce à Faucitt en date du 23 décembre 1777, State Papers Office, German States, Vol. 10.
26. Major Baurmeister, *Confidential Letters and Journals...*, 5.
27. Edward Jackson Lowell, *The Hessians and...*, 5-6.

son peuple vive misérablement, il s'est entouré d'une cour au faste français. Celle-ci possède son propre théâtre, son opéra et son corps de ballet français et, puisque la mode est à la langue de Molière, il n'est pas rare que princes et diplomates en fassent bon usage. L'armée du landgrave est son enfant chérie. Calquée sur le modèle prussien, elle est une des meilleures de l'Empire.

Le traité [28], signé le 15 janvier 1776 par son ministre d'État, le général baron Ernst Von Schlieffen, sera certes la plus avantageuse des ententes conclues par les princes allemands. La raison de cette réussite : Cassel peut se permettre d'attendre, Londres pas. Aussi Schlieffen profite-t-il habilement de la situation et fait-il rembourser au landgrave une dette anglaise de £ 40 000, vieille de la guerre de Sept Ans. Dans son ensemble, le traité du landgrave sera similaire à celui du duc de Brunswick, les principales différences résidant dans le rejet de la clause contestée (remboursement du soldat tué et de son équivalent), une aide militaire que s'assure Cassel de l'Angleterre, en cas d'attaque en territoire européen, ainsi qu'une clause par laquelle les blessés hessois seront soignés par des médecins de Hesse et ce, dans des hôpitaux hessois.

Enfin, la chose qui se révélera la plus importante pour Frédéric II, c'est qu'il touchera au bout du compte, pour chacun de ses soldats, le double des subsides touchés par le duc de Brunswick. Par ce traité 12 500 soldats de Hesse-Cassel, répartis en 15 régiments de 5 compagnies chacun, prendront le départ du premier convoi de mercenaires allemands vers l'Amérique. Au total, Frédéric II de Hesse-Cassel sera, des princes allemands, celui qui aura envoyé le plus de soldats outre-mer, soit 16 992. De ce nombre, 6 500 ne retourneront pas en Allemagne. Pour les dirigeants qui se seront succédé à Cassel durant le dernier centenaire, cette entente sera la

---

28. *Parliamentary Register*, 1re série, Vol. III.

sixième à être conclue avec une puissance étrangère, l'Angleterre demeurant en tête de liste avec quatre [29].

Le prince héritier de Hesse-Cassel, le comte Wilhelm de Hesse-Hanau [30], comme nous l'avons vu précédemment, vit depuis la conversion de son père au catholicisme en la petite principauté de Hesse-Hanau. Ce comté s'étend alors d'est en ouest sur une longueur d'environ 45 à 55 milles tandis qu'en sa largeur, par certains endroits, on n'en compte guère plus de cinq. Bien qu'il soit le légitime héritier de Cassel, sa cour n'entretient pas de bonnes relations avec celle de son père, cause d'ailleurs de quelques petits ennuis que lui vaudra la Hesse-Cassel, au départ de ses troupes pour l'Amérique. En tant que fils du landgrave, Wilhelm n'échappe pas à la tradition familiale de louer des troupes et, dès 1775, ce dernier n'hésite pas à offrir à son cousin George III, les services de ses loyaux sujets.

«Sire, écrit-il, l'époque présente que les troubles suscités par les sujets de V. Mté dans une autre partie du monde ont fait naître, rallume le zèle et l'attachement de tous ceux qui pénétrés de vos bontés, Sire, ne cessent de faire les voeux les plus ardents pour la félicité et le repos du meilleur des rois. Animé de ces sentiments que mon respect sousmis et mon attachement inviolable pour sa personne me dictent, je supplie V. Mté d'agréer favorablement que dans cet instant où elle paraît désirer des troupes allemandes, j'ôse lui offrir, sans la moindre condition et à ses ordres, mon régiment d'infanterie composé de cinq cents hommes, tous enfants du pays que la protection de V. Mté m'assure uniquement et tous prêts à sacrifier avec moi leur vie et leur sang pour son service. Daignez me pardonner la liberté que je prends et regardez l'intention et non la chose même. Que ne puis-je offrir 20 mille hommes à V. Mté ce serait avec le même empressement. Qu'il lui plaise donc de disposer entièrement de mon régiment à quel

---

29. Major Baurmeister, *Confidential Letters and Journals...*, 6-7.
30. Edward Jackson Lowell, *The Hessians and...*, 6-8.

temps et où elle ordonnera. Il est tout prêt au premier clin d'oeil qu'elle daignera m'en faire donner [31].»

Le régime de vie du prince héritier s'apparente relativement à celui de son père, aussi est-il un amant des choses chères, des édifices coûteux, en somme de l'argent et du plaisir. Mais, à leur crédit, ils seront les deux seuls princes, parmi ceux qui loueront des hommes au roi anglais, à abaisser impôts et taxes de leurs sujets qui auront une parenté proche avec un merce- naire de l'un de ces deux États [32]. Malgré ces offres hâtives d'août 1775, à la Couronne britannique, ce n'est que le 5 février 1776 que le baron Friedrich von Malsbourg, émissaire du prince héritier, signe un traité [33] avec le colonel Faucitt. Tout comme les deux traités précédents, les termes de base demeurent, à quelque chose près, similaires. Toutefois, pour Hanau, il s'agira de 668 hommes d'infanterie ainsi que d'une compagnie d'artillerie de 120 soldats qu'elle louera au roi anglais. Le comte entérinera, à l'instar du duc de Brunswick, la clause tant discutée et aura fourni à l'Angleterre, à la fin des combats, 2 422 soldats dont 1 400 d'entre eux retourneront en Allemagne [34].

L'étape suivante pour le colonel William Faucitt est la petite principauté de Waldeck [35] dont le territoire est adjacent à la frontière ouest de la Hesse-Cassel. Victime, comme c'est souvent le cas à cette époque, d'une tradition de mercenariat, sa population est de plus soumise depuis 1755 à un décret ordonnant la conscription de tous les éléments mâles en âge de faire la guerre, exception faite des étudiants universitaires.

---

31. Friedrich Kapp, *Der Soldatenhandel Deutscher Fürsten Nach Amerika*, 243. Lettre du prince de Hesse-Hanau à son cousin George III en date du 19 août 1775, State Papers Office, Hol- land, Vol. 592. L'orthographe originale a été conservée.
32. Major Baurmeister, *Confidential Letters and Journals...*, 8.
33. *Parliamentary Register*, 1re Série, Vol. III.
34. Major Baurmeister, *Confidential Letters and Journals...*, 8.
35. Edward Jackson Lowell, *The Hessians and...*, 12.

Son prince, un homme de guerre, entretient bien pour sa part la tradition et a fait de ce petit État allemand, un véritable entrepôt de mercenaires. À l'heure de la Révolution américaine, son principal client, la Hollande, a sur ses terres deux régiments de soldats waldeckois. À l'instar du comte de Hesse-Hanau, Frédéric de Waldeck avait également flairé la bonne affaire et, dès novembre 1775, il avait écrit à Lord Suffolk afin de lui offrir un régiment de 600 hommes. Néanmoins, quelle n'est pas la surprise du commissaire lorsqu'il constate à son arrivée dans le Waldeck que 200 soldats seulement constituent, en tout et partout, le potentiel militaire en réserve dans la principauté. Pour toucher la part du gâteau qui lui revient, Frédéric de Waldeck, à même ses deux régiments cantonnés en Hollande, met donc sur pied ce qui sera connu dorénavant sous l'appellation de 3e régiment de mercenaires allemands de Waldeck.

Son traité [36], signé à Arolsen, dans la principauté de Waldeck, le 20 avril 1776, l'enjoint donc de louer au roi anglais une compagnie de grenadiers de 134 soldats, quatre compagnies de mousquetaires de 130 hommes chacune, 14 artilleurs ainsi que 16 officiers d'état-major, pour un total de 684 officiers et soldats. À la fin de cette guerre, 1 225 soldats et officiers de Waldeck auront été envoyés en Amérique desquels 505 seulement retourneront en Allemagne [37].

C'est sous le margrave Charles Alexandre [38], qu'en 1769 s'unirent les deux territoires indépendants de Ansbach et Bayreuth, qui forment la principauté de Ansbach-Bayreuth. Charles qui est le fils d'un véritable assassin (ex. un jour, son père fit tuer un homme parce qu'il avait mal nourri ses chiens), heureusement pour ses sujets, se veut beaucoup plus humain

36. *Parliamentary Register*, 1re série, Vol. III.
37. Friedrich Kapp, *Der Soldatenhandel Deutscher Fürsten Nach Amerika*, 210.
38. Edward Jackson Lowell, *The Hessians and...*, 8-12.

que ce dernier. D'ailleurs, à l'exemple du landgrave de Hesse-Cassel, Charles Alexandre n'endossera pas la clause contestée. Toutefois, également écrasé par les dettes, bien que la majeure partie d'entre elles eussent été contractées par ses prédécesseurs, le margrave envisage lui aussi de mettre à profit sa petite armée. Le traité est donc signé, le 14 janvier 1777, et stipule de louer aux Anglais les services de deux régiments de 570 hommes chacun, de 101 chasseurs ainsi que de 44 artilleurs soit un total de 1 285 officiers et soldats. Toutefois, l'opportunité offerte par ces ententes avec la Couronne britannique ne lui servira que de cataplasme puisqu'en 1791 le margrave Charles Alexandre se verra dans l'obligation de recourir à la vente de ses territoires à la Prusse en retour d'une simple pension. Quant aux hommes qu'il aura loués au roi anglais, à la fin des hostilités leur nombre s'élèvera à 2 353 soldats, dont 1 183 reverront l'Allemagne [39].

Le dernier de ces marchés conclus entre l'Angleterre du roi George III et les princes allemands est celui du prince Frédéric Auguste de Anhalt-Zerbst [40]. Frère de la grande Catherine de Russie, on ne peut dire de Frédéric Auguste qu'il règne sur ses 20 000 sujets puisque, depuis une trentaine d'années, il a élu domicile ici et là, sauf sur ses propres territoires, déléguant ses pouvoirs à des conseillers secrets ou privés. Sa population vit dans une misère extrême sur laquelle s'abattent toutes sortes de calamités (famines, peste, etc. etc.) faisant de ce petit État l'un des plus pauvres sinon le plus pauvre de tout l'Empire germanique. Bien que son prince, Frédéric Auguste, un demi-fou [41], eût déjà offert au roi anglais, en 1775, les services de ses

39. Friedrich Kapp, *Der Soldatenhandel Deutscher Fürsten Nach Amerika*, 209.
40. Edward Jackson Lowell, *The Hessians and...*, 12-13.
41. Le 29 avril 1777 il écrivit : «Quatre Frères à Dessau avoient entre eux plus de 600 Chiens par force, logés chès les Bourgeois de Dessau. Belle Garnison! Au premier coup de Fouet ou de Cors de Chasse, cette Canaille se rassembloit comme les Troupes au

soldats, il fut si maladroit dans son intervention qu'il lui fallut le soutien des cours de Brunswick, Hanau et même de l'ambassadeur anglais en Hollande avant que l'émissaire du roi George III fût autorisé, le 29 avril 1777, à entamer les premières négociations [42]. Le traité fut signé en octobre de la même année et, dans les années qui suivirent, 1 160 mercenaires de Anhalt-Zerbst servirent en Amérique. De ce nombre, 984 soldats et officiers reverront leur patrie [43].

D'autres négociations furent amorcées à la demande de l'Électeur de Bavière et du duc de Wurtemberg; mais elles ne purent être menées à bien en raison de la mauvaise condition de leurs troupes et de leurs équipements mais surtout à cause du harcèlement qu'exercerait alors Frédéric le Grand au moment du passage de leurs hommes sur ses territoires [44]. Quant aux sommes exactes perçues par les princes allemands au cours de cette guerre et même, dans quelques cas, au cours des années qui suivirent, elles sont très difficiles à évaluer puisque certains détails demeurèrent secrets; toutefois, celles consenties annuellement par le Parlement britannique nous en donnent une bonne idée [45].

Bilan, une somme annuelle moyenne de £ 850 000 sera payée aux princes pour leurs soldats. Cependant, certains d'entre eux, comme le landgrave de Hesse-Cassel et son fils Wilhelm de Hesse-Hanau, recevront des sommes supérieures à celles consenties aux autres souverains [46].

Coup du Tambour. Diable! si on pouvait faire courir les Américains comme cela, ce ne serait pas mauvais.» Friedrich Kapp, *Der Soldatenhandel...*, 250. S.P.O. Hollande, Vol. 601.
42. Major Baurmeister, *Confidential Letters and Journals...*, 10.
43. Friedrich Kapp, *Der Soldatenhandel Deustcher Fürsten Nach Amerika,* 210.
44. Major Baurmeister, *Confidential Letters and Journals...*, 10-11.
45. Max von Eelking, *The German Allied Troops...*, 18.
46. *Ibid.*

États allemands	Années de service	Sommes
Hesse-Cassel	8	£ 2 959 800
Brunswick	8	£ 750 000
Hesse-Hanau	8	£ 343 000
Waldeck	8	£ 140 000
Ansbach-Bayreuth	7	£ 282 000
Anhalt-Zerbst	6	£ 109 120

Total des sommes perçues après la guerre	£ 1 150 000
Total des sommes perçues pour le bonus	£ 120 000
Total des sommes supplémentaires perçues pour l'artillerie	£ 28 000
Total des sommes perçues pour l'entretien annuel de l'artillerie	£70 000

Ainsi, en 1776, près de 20 000 mercenaires allemands se joignent aux troupes anglaises représentant, tout au long de cette guerre de l'Indépendance, un nombre à peu près égal à celui des soldats anglais en sol d'Amérique.

La Couronne britannique, de par ses pouvoirs, a donc conclu des traités avec les princes allemands par lesquels ces derniers s'engagent à louer les services de leurs sujets en retour de sommes d'argent. Cependant, les fonds nécessaires ne peuvent être levés sans l'accord des représentants de la Chambre des communes, laquelle est la seule à détenir ce pouvoir. Aussi faut-il, dans les jours qui suivent, soumettre ces ententes au comité des subsides.

En février donc, le quatorzième Parlement britannique retourne en chambre, après la pause du temps des Fêtes. Le 29 du même mois, Lord North ouvre les débats à laChambre des communes et tente, dans son allocution, de démontrer à l'opposition l'urgence et le bien-fondé de ces ententes ainsi que leurs implications. Les troupes ainsi louées, dit-il, coûteront moins cher au gouvernement que de lever sa propre armée de recrues, puis, conclut-il, de par leur nombre et qualité, les mercenaires allemands materont en moins de deux ce début de rébellion et, peut-être même, sans aucune effusion de sang. Pour le seconder, un ancien commis à la paye allemande durant la dernière guerre, M. Cornwall, explique aux parlementaires que le gouvernement ferait là un excellent marché puisque les officiers allemands sont unanimes à dire que ces ententes sont désavantageuses pour leurs souverains. À son tour Lord Germain demande à l'opposition de se rappeler que déjà l'Angleterre a eu recours à de telles mesures; quant à Lord Barrington, bien qu'il ne croie pas que le gouvernement anglais fasse là une bonne affaire, il ne voit guère, dans les circonstances présentes, comment il pourrait agir de meilleure façon. L'opposition, néanmoins, demeure insensible à ces appels au ralliement et, par la voix de son chef (Whig), David Hartley, déclare qu'elle ne perçoit, dans ce geste, qu'une sorte d'alliance avec de vils petits princes. De plus, bien que l'Angleterre ne se soit engagée que par un seul traité à défendre le territoire de l'un de ces États, comment, se demande-t-il, pourra-t-on demeurer immobile devant d'autres invasions d'États pendant que leurs armées sont, au moment même, à prêter main-forte à l'Angleterre en Amérique. Poursuivant, le chef Whig déplore également que l'on choisisse de venir à bout des Américains par la force plutôt que par la négociation, entraînant indubitablement l'escalade de cette malheureuse situation [47].

Un autre membre de l'opposition fait remarquer que déjà 150 000 Allemands habitent les colonies du Sud. Il craint que d'apprendre que d'anciens compatriotes tentent de les réduire à l'esclavage ne suscite un élan de patriotisme américain et qu'ils joignent ainsi les rebelles. L'on pourrait être témoin, dit-il, d'une guerre fraternelle et bien malin celui qui pourrait en prévoir les conséquences. Il est permis de croire que bon nombre de désertions seront à envisager et même, au pire, une volte-face de ces auxiliaires allemands. Lord Irnham, pour sa part, renchérit en disant qu'il n'a aucune confiance en ces petits princes qui ne respectent pas leurs engagements puisque, selon lui, ils ne sont même pas respectueux de leur propre Empereur. Il les compare même à Sancho Pança, lequel aurait souhaité, s'il eut été prince, que tous ses sujets fussent noirs, ce qui lui aurait permis de les vendre et, du même coup, de les changer en argent sonnant. Une dernière intervention, celle d'Alderman Bull, vient clore les débats; «Ne laissez pas les historiens raconter que les esclaves russes ou allemands furent loués afin de soumettre les fils de Britanniques et de la liberté [48]». Néanmoins, la Chambre des communes approuve tout de même la motion par un vote de 242 contre 88 [49].

---

47. W. Cobbet and J. Wright, *The Parliamentary History of England from the Earliest Period to the Year 1803*, Vol. XVIII.
48. *Ibid.*
49. *Ibid.*

Le 5 mars suivant, l'on se retrouve donc à la deuxième étape, cette fois à la Chambre des Lords, où une adresse est présentée par le Duc de Richmond à Sa Majesté.

Le duc supplie alors, dans un ultime effort, le roi anglais de ne pas recourir à la force d'un tiers et le prie de cesser toute dispute avec les Américains, en s'efforçant de lui démontrer les dangers d'une pareille intervention ainsi que les risques encourus par l'Angleterre de déclencher un conflit à l'échelle européenne. Puis les défenseurs du projet, à leur tour, font valoir leurs arguments, lesquels viennent nécessairement en contradiction avec les précédents.

Tous ces échanges verbaux terminés, l'on passe une fois de plus au vote. Or, tout comme l'avait fait la Chambre des communes quelques jours auparavant, la Chambre des Lords donne son approbation par un vote de 100 contre 32 [50].

---

50. *Op. cit.*

Chapitre II

Le recrutement
des mercenaires allemands

Deux écoles de pensée. Les premières difficultés et les hommes de Hesse-Hanau, Ansbach-Bayreuth et Anhalt-Zerbst. Frédéric le Grand de Prusse. Le major général Friedrich von Riedesel. La traversée.

L'embauche des troupes allemandes par la Couronne britannique a fait couler beaucoup d'encre depuis deux cents ans et, de ces écritures, deux écoles de pensée retiennent particulièrement l'attention. La première est à l'image des historiens Lossing, Lowell, Kapp et Kipping et en vient à la conclusion que les véritables «mercenaires» sont beaucoup plus les princes que les simples soldats. Ces derniers, selon eux, sont les victimes de ces marchés humains, voire les esclaves de ces despotes. La deuxième école, dont l'historien Max von Eelking se veut l'ardent défenseur, croit l'époque seule responsable de leur situation.

Puisque l'objectivité, en histoire, est certes la qualité la plus importante, permettez-moi de vous présenter le plaidoyer de chacune de ces deux écoles. La première nous raconte qu'une fois les traités signés, il ne reste plus, pour les princes, qu'à lancer la grande offensive du recrutement. Pour ce faire, plusieurs souverains qui se sont engagés à fournir des hommes aux Anglais s'adressent d'abord aux chefs des États avoisinants afin de s'assurer leur consentement sur un éventuel maraudage. Puis en Hesse, à titre d'exemple, l'on «divise le pays en districts dont chacun contribuera à un nombre déterminé de recrues [1]». Les bureaux de ces districts, mis sur pied par le département de la Guerre, sont dirigés par des officiers des régiments de dragons qui ont reçu des instructions concernant ceux qu'ils doivent engager : d'abord les étrangers, le plus possible, gardant les citoyens de la Hesse comme recours éventuel. Puis, même si on leur demande de ne forcer en aucune façon l'embauche des nouvelles recrues (ces recommandations semblent ne concerner que les natifs de la Hesse), l'on a recours à toutes sortes de machinations allant simplement de les faire boire jusqu'à carrément, dans d'autres cas, les enlever. Dans ces enlèvements, on vise particulièrement les marginaux, les fauteurs de troubles politiques, les idéologistes religieux, les ivrognes, tous ceux à qui l'on pourrait reprocher la moindre faute. Puisque les sommes perçues sont directement proportionnelles à l'embauche des nouvelles recrues ils feront donc les frais de ces marchés [2]. Cette série d'arrestations et d'enlèvements fera dire à Benson J. Lossing dans *Lossing's History of the United State* : «Les travailleurs étaient saisis dans leurs champs, les mécaniciens dans leurs ateliers et les adorateurs dans leurs églises et précipités dans des baraques, sans l'autorisation d'une dernière étreinte d'adieu à leurs familles [3].»

1. Edward Jackson Lowell, *The Hessians and...*, 37.
2. Ernst Kipping, *The Hessian View of America*, 1776-1783, 6.
3. Benson J. Lossing, *Lossing's History of United States From the Aboriginal...*, Vol. III, 848.

Malheureusement, ces simples soldats, comme la plupart de leurs compatriotes allemands, n'ont que très peu d'instruction, raison pour laquelle d'ailleurs ils ne nous laisseront à peu près rien en lettres ou journaux. Toutefois, nous souligne cette première école de pensée, une exception plus que révélatrice, un jeune poète du nom de Johann Gottfried Seume[4], lequel, au fil des années qui suivront, connaîtra un certain succès à titre d'écrivain, nous a laissé des comptes rendus présentant une version des faits totalement différente de celle qu'a bien voulu nous léguer cette classe de privilégiés d'officiers et généraux allemands.

Étudiant d'avant-garde en théologie à l'Université de Leipzig, Seume vient tout juste de lancer quelques idées bien modernes mais contrariantes pour ses amis. Aussi a-t-il pris la décision de quitter Leipzig pour la ville de Paris. Pour ce voyage qu'il effectuera à pied, il n'a pour tout bagage qu'une épée, quelques chemises et volumes. Il était loin de se douter, à ce moment-là, que ce n'est pas à Paris qu'il irait mais plutôt en Amérique. Aussi, quelque temps plus tard, il écrira : «La troisième nuit je la passai à Bach et ici le landgrave de Cassel, le grand brocanteur d'âmes entreprit, de par ses officiers de recrutement et en dépit de mes protestations, le soin de mes futurs quartiers lesquels me conduisirent à Ziegenhayn[5] à

---

4. Sur Johann Gottfried Seume, voir :
a) *Mein Leben*, (autobiographie) Prosaschriften. Darmstadt : Melzer Verlag, 1974, 51-154.
b) *Schreiben aus America nach Deutschland*, (Halifax, 1782). Neue Litteratur und Völkerkunde. Für dans Jahr 1789, 2. Bd. Herausgegeben von J.W. v. Archenholtz, 362-381. Leipzig, 1789. Traduit par Michael Wolfe.
c) *Some Unpublished Poems of J. G. Seume*, par Bernhard A. Uhlendorf : A contribution to the Washington Bicentennial, dans «The Germanic Review», Vol. VII, 320-329. Traduit des originaux allemands pour l'auteur par Dr Virginia De Marce.
5. Ziegenhayn était un camp hessois insalubre où étaient rassemblées les nouvelles recrues pour l'Amérique.

Cassel et de là au Nouveau-Monde»... Je fus donc amené sous arrêt à Ziegenhayn où je trouvai plusieurs compagnons d'infortune de toutes les parties du pays. Là, chacun attendait d'être expédié au printemps vers l'Amérique dès que Faucitt nous aurait inspectés. Je m'en remis donc à mon destin et tentai d'en tirer le meilleur, aussi mauvais soit-il. Nous restâmes un long moment à Ziegenhayn avant que le nombre nécessaire de recrues soient amenées des labours, des grands chemins et des stations de recrutement. L'histoire de ces choses est bien connue. Persuasion, ruse, fraude, force, tout y était employé. Personne ne se demandait à quelle triste fin nous étions destinés. Des étrangers de toutes sortes furent arrêtés, emprisonnés puis envoyés. Ils déchirèrent mes papiers d'identification qui étaient le seul moyen à ma disposition par lequel je pouvais prouver mon identité. Heureusement je cessai de m'effrayer. On peut vivre n'importe où et l'on peut endurer ce que tant d'autres endurent, pensai-je. D'ailleurs l'idée de traverser l'océan était malgré tout assez invitante pour un jeune homme comme moi et de l'autre côté beaucoup de choses valaient certainement la peine d'être vues. J'y réfléchis. Pendant que nous étions à Ziegenhayn, le vieux général Gore [6] m'employa à l'écriture et me traita gentiment. Il y avait ici un nombre indescriptible d'êtres humains rassemblés, des bons, des mauvais et d'autres qui étaient tour à tour bons et mauvais. Mes compagnons étaient un fils de fugitif de Muses, originaire de Jena, un commerçant de Vienne, en faillite, un frangier [7] de Hanovre, un secrétaire congédié du bureau des postes de Gotha, un moine de Würzburg, un haut intendant de Meiningen, un sergent des Hussards, qui était prussien, un major hessois de cette forteresse-ci qui avait été dégradé et d'autres personnes de la même trempe. Vous pouvez vous

---

6. Von Gohr, comme plusieurs noms allemands, s'écrivait aux mille et une fantaisies de chacun des auteurs.
7. Un artisan qui fabrique de la frange.

imaginer qu'il y avait assez de divertissements et une simple ébauche de la vie de ces personnes de distinction ferait un récit amusant et intéressant.»

Même s'ils sont parfois très différents, une même idée les habite tous, celle de s'évader de ce camp et de fuir les griffes du brocanteur. Or, un jour, un complot est mis sur pied et d'un commun accord l'on dresse un plan d'évasion. Celui-ci prévoit de surprendre les gardes, à la faveur de la nuit, de les désarmer et même d'abattre ceux qui résisteraient, d'enfermer les officiers au quartier général, d'enclouer les canons et de s'enfuir (1 500 hommes) vers la frontière qui n'est qu'à quelques milles du camp. Pour ce faire, on a besoin d'un chef, aussi offre-t-on le poste à Seume qui décline l'invitation sous les instances d'un vieux sergent-major à qui il devra une fière chandelle, puisque trahi, le complot est mis à jour et les initiateurs arrêtés. Seume qui a gravité autour de la mutinerie est également mis aux arrêts mais aussitôt relâché, le nombre d'accusés étant trop considérable. «Le procès continua, nous dit Seume, deux furent condamnés à la potence et moi aussi, je l'aurais été si ce vieux-major prussien ne m'avait pas sauvé. Les autres avaient à courir le «bâton [8]».

«Ce fut terrible! Bien que les condamnés à la potence furent pardonnés après avoir, sous cet instrument, souffert de la peur d'être pendus, ils durent courir le bâton trente six fois et furent envoyés à Cassel pour y être gardés aux fers un temps indéfini et à la merci du prince. «Pour un temps indéfini» était alors une expression qui voulait dire «pour toujours» et «sans relâche». Quant à la merci du prince, c'était une chose dont personne ne voulait avoir affaire. Plus de trente hommes

---

8. Le «bâton» était une punition qui obligeait le coupable à courir entre deux rangées de personnes, munies de bâtons, lesquelles le frappaient à tour de rôle, au rythme de sa progression.

furent traités de cette terrible façon et beaucoup, dont je faisais partie, furent relâchés pour la simple raison qu'il y avait trop de complices à punir. Lorsque l'on se mit en marche, plusieurs sortirent de prison pour des raisons qui étaient faciles à comprendre; les Britanniques ne payant point pour des hommes aux fers à Cassel.»

Comme dans les petits États, la désertion, par la proximité des frontières, est rendue plus facile, les autorités se doivent d'avoir recours à toutes sortes de subterfuges afin d'essayer de minimiser ces pertes d'argent. La population leur est favorable malgré les représailles très sévères dont elle est constamment menacée. Un de ces subterfuges, par exemple, consiste en ceci : losqu'un déserteur prend la clé des champs pour se réfugier dans une ville, on en coupe alors tous les accès. Puis, au bout d'un certain temps, si ce dernier ne manifeste aucune intention de se rendre ou n'est pas dénoncé, on le remplace par une personne du sexe mâle ayant à peu près la même corpulence, ou encore par un fils d'un notable de la place. Afin de bien les mettre en garde, on lit à chaque mois aux villageois, sur la place publique, les risques qu'ils encourent en venant en aide à l'un de ces déserteurs. Parmi ces risques, il y a la perte de leurs droits civils en plus de la possibilité d'être envoyés en prison et soumis aux travaux forcés. À Cassel, la loi est quelque peu adoucie par une récompense que l'on remet à celui qui, par ses informations, contribue à l'arrestation du déserteur. Néanmoins, si celui-ci réussit à fuir le village, on doit en assumer la responsabilité. De plus, la loi stipule que toute personne qui rencontre un soldat à plus d'un mille de la garnison se doit de lui demander son laissez-passer [9].

---

9. Edward Jackson Lowell, *The Hessians and...*, 41-42.

Si, pour les recrues, la vie est difficile, il en est de même pour les petits officiers et sous-officiers de recrutement qui doivent ramener leur butin de nouvelles recrues des États avoisinants à leur garnison. Or, dans plusieurs des cas, les distances à parcourir sont relativement longues et les opportunités de s'évader ne manquent pas. L'historien allemand Friedrich Kapp, à la faveur de ses recherches, a réussi à mettre la main sur un manuel d'instructions [10], lequel enseigne aux responsables de ces missions les précautions à prendre devant ces dangers éventuels. On peut en résumer ainsi les principaux points : l'officier ou le sous-officier portera comme arme un pistolet et une épée. Il fera marcher ses recrues devant lui et ne cédera jamais le dernier rang à l'une d'elles; de plus, il évitera les grandes villes ou encore les endroits où les déserteurs seraient vite à l'abri. Il ne devra en aucun moment les laisser s'approcher de sa personne au risque même de sa vie. Si le voyage dure plus d'une journée, il s'assurera que l'aubergiste où ils passeront la nuit partage entièrement ses idées et non celles des recrues. Les recrues ainsi que les sous-officiers se dévêtiront et leurs vêtements seront confiés à l'aubergiste qui les rangera dans un endroit gardé secret. L'auberge où les recrues passeront la nuit aura des pièces séparées pour l'occasion et, si possible, l'étage supérieur sera muni de fenêtres à barreaux. Une chandelle éclairera toute la nuit; le sous-officier remettra son épée à l'aubergiste évitant ainsi que les recrues ne s'en emparent pour s'en servir contre lui. Au petit matin, il sera le premier debout et habillé avant même que les recrues ne se réveillent et qu'on leur apporte leurs vêtements. La recrue entrera soit dans une maison, soit dans une pièce la première et

---

10. Friedrich Kapp, *Der Soldatenhandel Deutsher Fürsten Nach Amerika,* 13-18. Bien que ce manuel d'instructions ne fût publié à Berlin qu'en 1805, il reflète tout de même d'une façon assez juste, les problèmes que durent affronter les officiers et sous-officiers de recrutement.

n'en ressortira qu'en dernier. Au repas, les recrues s'attableront contre un mur et si, pour une raison quelconque, l'une d'elles démontre des signes de rébellion, les ceintures et les boutons qui tiennent sa culotte seront coupés afin qu'elle les retienne avec ses mains. Un bon chien entraîné à ce genre de travail pourrait être très utile à un sous-officier. Si, de par les circonstances, le sous-officier est dans l'obligation de tuer un déserteur, il rapportera les papiers au magistrat de l'endroit.

À mesure que le conflit progresse, le recrutement est de plus en plus difficile en raison du genre de traitement dont les recrues sont victimes, nous raconte cette première école. Aussi les officiers de recrutement s'attaquent-ils aux vieillards et aux infirmes. De très bons exemples de ce genre de recrutement nous sont rapportés par Ernst Kipping dans *The Hessian View of America*. «Un jour, dit-il, le landgrave de Hesse-Cassel est obligé d'ordonner le renvoi d'un homme de 63 ans, lequel peut à peine se tenir debout [11]; un autre est trouvé «complètement estropié et boiteux», parce que l'une de ses jambes est plus courte de plusieurs centimètres [12]. Alors, pour mettre un terme à ce genre d'incident, l'on doit plafonner l'embauche à quarante ans.»

Pour démontrer l'attention et le sérieux que l'on accorde aux Américains, l'école nous souligne que plusieurs mercenaires reçoivent la permission d'amener femmes et enfants. De nombreux problèmes en découlent alors et certains cas nous apparaissent même très pathétiques. Un jour, à titre d'exemple, le colonel Johann August von Loos écrit, lors d'un rapport inhérent à ce genre d'incident, que «la femme d'un soldat d'une de mes compagnies devint malade ce matin; une heure plus tard, elle donne naissance à une fille (depuis la naissance de cet enfant en sol anglais, elle se trouve plus ou moins naturalisée). L'accouchement militaire manque de techniques

---

11. Ernst Kipping, *The Hessian View of America*, 1776-1783, 7.
12. *Ibid.*

modernes de nos médecins et un simple chirurgien de compagnie put remplacer le Dr Stein. Toutes nos bonnes mères de Cassel seraient touchées de voir cette pauvre petite créature. Au lieu d'avoir un bouillon nourrissant, essences et autres choses essentielles, elle repose dans un endroit mal éclairé, étendue sur un paillasson n'ayant que pour nourriture de la bière chaude, du brandy et du poivre [13]».

Comme les recrues diminuent en qualité à mesure que le conflit progresse, poursuit l'école, les autorités anglaises se doivent de leur faire subir de sérieux examens avant leur départ pour l'Amérique afin que les clauses des contrats soient parfaitement respectées. Quant aux officiers allemands, l'école affirme que leur éducation est généralement confiée à quelques minables petits Français, lesquels n'ont même pas idée des causes et effets de cette guerre et que, trop souvent, des journaux à saveur anti-révolutionnaire leur servent à parfaire cette éducation [14] qui tient beaucoup plus de l'orgueil militaire que des justes connaissances de leurs actions.

Pour la deuxième école et ses ardents défenseurs, Max von Eelking [15] et William L. Stone [16], il est impensable de comparer leur époque à celle de la Révolution américaine. Selon

---

13. *Ibid.*, 8. Environ 2 000 femmes furent à un moment ou à un autre sous le commandement de Burgoyne. Toutefois, seulement 300 semblent avoir été rencensées sur les rôles. Marvin L. Brown Jr., *Baroness von Riedesel and the American Revolution,* XXII.
14. Edward Jackson Lowell, *The Hessians and...*, 44-45.
15. Max von Eelking est l'auteur de *Leben und Wirken des Herzoglich Braunschweig'schen General-Lieutenant Friedrich Adolph von Riedesel*, Leipzig, 1856, 3 volumes.
16. William L. Stone est celui qui fit la traduction, en deux volumes, du travail de Max von Eelking, *Leben und Wirken...*, Leipzig, 1856, intitulé : *Memoirs and Letters and Journals of Major von Riedesel*, 1866-1868. À l'avenir : *Memoirs and Letters and Journals...*

Eelking : «...d'énormes changements ont été réalisés, non seulement au niveau des principes et des idées, mais également des actions [17]». En outre, la profession militaire n'y a pas échappé et bien que certaines personnes aient tendance à raconter qu'elle a toujours été conservatrice, les faits sont là et constituent une preuve irréfutable.

Quant au terme «mercenaires», l'école croit qu'il n'a pas la connotation péjorative que lui donnent alors ses contemporains puisqu'à l'époque de la Révolution américaine la notion du mot «patrie» n'a pas encore cette rigueur qu'on lui connaîtra plus tard. Ainsi, jusqu'à la fin du XVIIIe siècle, la plupart des gouvernements européens, affirme Max von Eelking, ont recours au recrutement qui s'avère une chose devenue nécessaire. Nécessaire, nous dit-il, d'abord parce qu'à cette époque les armées étaient indispensables, ensuite, parce qu'aucune autre méthode n'était alors connue.

Pour cette école, le recrutement se faisait plutôt de la façon suivante : pour certains, c'était l'enrôlement et ce, pour un nombre d'années déterminé contre rémunération; d'autres, comme les marginaux qui étaient à la fois un fardeau pour leur communauté et leur propre famille, étaient tout simplement incorporés de force dans les rangs réguliers comme le voulaient les moeurs en vigueur. Le maraudage était chose permise et à peine la moitié des troupes ne représentait des sujets de l'État, le reste appartenant à différentes principautés ou à différents pays. À première vue, nous dit l'école, cette soumission par la force est difficilement acceptable de nos jours, quoique encore en 1868 une certaine pratique existât toujours dans les États maritimes.

Toutefois, à l'époque de la Révolution américaine, la vie était particulièrement difficile et le recrutement, un privilège universel. Tous s'y étaient donc habitués et avaient appris à

---

17. Max von Eelking, *Memoirs and Letters and Journals...* , traduit par Wiliam L. Stone, Vol. I, 19-20.

s'en accommoder. Enrôlé, le soldat n'appartenait plus qu'à son souverain. Désormais sans nation et dépourvu de tous liens, il était devenu cette marchandise dont seul son nouveau maître pouvait disposer à sa guise. Pour le soldat régulier néanmoins, l'attrait d'un voyage hors des murs de la garnison, peu importe l'endroit et sa signification, ne manquait certainement pas de charme. Depuis des années, ses devoirs qui se limitaient à cette garnison ajoutés à la même et ennuyeuse routine journalière, faisaient de cette vie militaire une existence misérable. Alors faut-il se surprendre, nous demande Eelking, lorsque celui-ci, à l'appel du tambour et de l'évasion routinière, se réjouissait d'entreprendre une campagne militaire pour son souverain? D'autant plus qu'il n'était pas sans se douter que de nombreuses opportunités d'avancement s'offriraient à lui, conséquences logiques des décès causés par les blessures et les épidémies.

Quant au cas «Seume», pour cette école il n'est qu'un exemple parmi tant d'autres et, n'eût été sa renommée qui le distingue, son arrestation et son enrôlement forcé auront été la responsabilité des moeurs d'une époque, comme ce fut le cas pour n'importe quel autre citoyen hessois. Venant tout juste de quitter l'université de Leipzig pour des raisons d'ordre idéologique, Seume, selon Eelking, aurait eu au moment de son arrestation une apparence plutôt négligée qui lui donnait beaucoup plus l'allure d'un vagabond que d'un étudiant en transit. Lui-même, ajoute-t-il décrira cette arrestation avec humour dans son autobiographie [18]. Plus tard, il sera même le premier à parler d'opportunité qui s'offre à lui de traverser l'océan. Enfin, à l'annonce de son retour en Europe, il ne démontrera guère plus d'enthousiasme qu'il n'en faudra : «Les nouvelles concernant la paix ne furent pas très bienvenues parce que les jeunes gens désireux de se faire remarquer sur les

---

18. I.G. Seume, *Mein Leben*, Prosaschriften. Darmstadt : Melzer Verlag, 1974, 51-154.

champs de bataille n'aimaient pas voir ainsi prendre fin leur carrière. Ils m'avaient flatté voyant en moi un excellent prospect pour la carrière d'officier, laquelle semblait s'offrir à moi, mais avec la paix, le rêve s'évanouissait.» Était-ce là de l'insatisfaction? demande Eelking. Si l'envoi de soldats avait été une chose déshonorante, y aurait-il eu autant d'officiers des plus en vue [19]? Des princes qui en vinrent à une entente avec le représentant du roi anglais, l'école ne nous parle que de deux; soit le landgrave de Hesse-Cassel, Frédéric II, et le duc Charles Ier de Brunswick. Du premier, on nous raconte qu'il fut l'objet de multiples critiques et que de porter un jugement sur ses actions est d'autant plus difficile qu'il fut forcé, selon l'école, de participer à cette guerre. Une lettre confidentielle de l'héritier du trône de Brunswick révèle ce qui suit : «Le landgrave va probablement fournir en dépit de Eichfeld une partie ou toutes ses troupes. Sinon, il pourrait avoir des difficultés des deux côtés; n'étant pas assez fort pour demeurer neutre, ses fonds seraient rapidement saisis et s'en suivrait, indubitablement, une pénurie générale [20].» Convaincu qu'à un moment ou à un autre la guerre se transporterait en Angleterre puis en Allemagne, Frédéric II de Cassel fut donc contraint d'en venir à une entente avec le roi anglais, lequel lui garantissait une aide militaire, le cas échéant. Certes, l'école reconnaît que Frédéric II était en possession d'une trésorerie fort enviable au moment de la Révolution américaine et que les subsides anglais ne firent que gonfler davantage ses coffres. Toutefois, elle affirme : «...tous reconnaîtront que le landgrave de Hesse-Cassel fit bon usage de ces sommes en dotant ses territoires d'écoles et de musées qui firent l'envie des États voisins.» De plus, à sa mort, Frédéric II légua à l'État la part qui lui revenait.

Quant aux motifs qui incitèrent les dirigeants du Brunswick à envoyer des troupes en Amérique, l'école nous souligne

---

19. *Op. cit.*
20. *Ibid.*, 21-22.

qu'ils sont d'un tout autre ordre et qu'en temps de paix, une armée devient vite une excellente source d'endettement. Or, comme le Brunswick se relève à peine de la guerre de Sept Ans et puisque l'Angleterre a besoin d'hommes et le duc de Brunswick de regarnir ses coffres, il semble tout à fait naturel à l'école que l'on trouve un terrain d'entente mutuelle.

Puisque tous ces soldats n'ont pas, en raison des distances à parcourir jusqu'au port d'embarquement, le même itinéraire, ils n'auront pas, a fortiori, à surmonter les mêmes difficultés. En effet, si pour les troupes de Waldeck, de Brunswick et de Hesse-Cassel, peu ou à peu près pas d'embûches ne retardent leur bonne marche, il n'en est pas de même pour les hommes des trois autres petits potentats qui viennent d'États dont la situation géographique les oblige à traverser des territoires où, souvent, les dirigeants ne sont pas toujours très sympathiques à leur cause.

Or, comme nous l'avons vu précédemment, bien que le comte Wilhelm de Hesse-Hanau soit le légitime héritier de la Hesse-Cassel, les cours de Hanau et de Cassel n'entretiennent pas pour autant de bonnes relations. Au contraire, elles sont à ce point mauvaises que le comte se doit d'envisager de faire voyager ses hommes par la voie du Rhin évitant ainsi d'emprunter les territoires de son père. Cette solution n'est cependant pas exempte de tout danger puisque, tout au long de ce parcours, il existe une multitude de petits États dont chacun des gouvernants peut, à n'importe quel moment, entraver leur bonne route. Conscient de cet état de choses mais considérant que c'est encore pour lui la meilleure des solutions à ses problèmes, Wilhelm donne son accord. Heureusement pour le comte, aucun problème très sérieux ne viendra troubler leur périple si ce n'est quelques petits ennuis du genre de celui du 8 mars 1777 alors qu'un léger retard est causé par l'archevêque de Mainz [21], lequel réclame au prince Wilhelm huit de ses

---

21. Edward Jackson Lowell, *The Hessians and...*, 47.

chasseurs alléguant qu'ils sont des déserteurs qui se sont joints illégalement aux hommes du comte de Hanau. En une autre occasion, cette fois en Hollande, plus exactement le 25 mars 1777 [22], Wilhelm perd quelques hommes qui, aidés par la population locale, réussissent à prendre la clé des champs. Ces quelques incidents mis à part, les hommes du comte Wilhelm de Hanau s'en tirent relativement bien.

Durant tout ce temps, des problèmes beaucoup plus sérieux accablent le margrave Charles Alexandre de Ansbach-Bayreuth. Partis de Ansbach depuis le 7 mars 1777 [23], deux régiments, l'un de Ansbach et l'autre de Bayreuth, accompagnés de 101 chasseurs et de 44 artilleurs, viennent d'arriver à Ochsenfurth-sur-le-Main, située à environ 140 kilomètres de la ville de Hanau. Le soir venu, en rade dans le port, les nouvelles recrues qui n'ont point l'habitude de vivre entassées sur des vaisseaux dont les odeurs nauséabondes des ponts les rendent malades, choisissent, dans un élan de liberté et sans aucun plan ni chef, la mutinerie. Après avoir obtenu du renfort des hussards et des dragons de l'évêque de Würzburg, chef de ce territoire, les chasseurs de Ansbach-Bayreuth, postés au haut des collines avoisinantes, réussissent à contenir les mutins. Cependant, devant l'ampleur de la rébellion, l'on se doit de faire appel au margrave. Ce dernier se présente alors sur les lieux de la mutinerie et leur tient un discours qui leur fait clairement comprendre que ce sont leurs biens et leurs familles qui feront l'objet de ses représailles. Sitôt dit, sitôt fait, tout un chacun regagne sans discussion ses quartiers et Charles Alexandre le premier n'y a pas trouvé son compte. Pour le margrave toutefois, d'autres problèmes pointent déjà à l'horizon et, pas plus tard qu'à l'automne 1777, il doit y faire face. Bien qu'assuré de la collaboration de son oncle, Frédéric le Grand, roi de Prusse, Charles Alexandre lui a tout de même

---

22. *Op. cit.*
23. *Ibid.*, 48.

fait parvenir une missive dans laquelle il lui demande la permission de traverser ses territoires. Convaincu à l'avance que ce dernier ne s'y objectera d'aucune façon, le margrave a déjà donné l'ordre du départ à ses hommes qui ne sont plus maintenant qu'à quelques kilomètres des terres du grand Prussien. Or, le margrave qui connaît, semble-t-il, très mal son oncle, a la surprise de recevoir une réponse à sa lettre, en date du 24 octobre 1777, qui se lit comme suit :

«Monsieur mon Neveu!

J'avoue à Votre Altesse Sérénissime que je ne pense jamais à la guerre actuelle en Amérique sans être frappé de l'empressement de quelques princes d'Allemagne, de sacrifier leurs troupes à une querelle qui ne les regarde pas. Mon étonnement augmente même quand je me rappelle de l'histoire ancienne, cet éloignement sage et général de nos ancêtres de prodiguer le sang allemand pour la défense des droits étrangers.

Mais je m'aperçois que mon patriotisme m'emporte et je reviens à la lettre de Votre Altesse Sérénissime du 14 qui l'a si fort ranimé. Elle y demande le passage libre de ses troupes au service de la Grande-Bretagne et je prends la liberté de lui faire observer que si elle veut les faire passer en Angleterre, elles n'auront pas seulement besoin de traverser mes États et qu'elle pourra leur faire prendre une route plus courte pour les faire embarquer. Je soumets même cette idée au jugement de Votre Altesse Sérénissime et je ne suis pas moins avec toute la tendresse que je lui dois, Monsieur mon neveu, de votre Altesse Sérénissime le bon Oncle [24].»

Frédéric

---

24. Friedrich Kapp, *Der Soldatenhandel Deutscher Fürsten Nach Amerika*, 259, lettre XXIII. Anspacher Manual - Akten I, p. 190. L'orthographe originale a été conservée.

**COULEURS DES RÉGIMENTS
DE ANSBACH-BAYREUTH**

Courtoisie de *West Point Museum Collections*

86

Puisqu'il est trop tard pour rappeler ses troupes, Charles Alexandre n'a d'autre espoir que son oncle finisse par se rendre à sa cause et lui permette enfin de traverser ses terres. Pour ce faire, le temps, croit-il, finira bien par jouer en sa faveur. Néanmoins, comme plusieurs semaines se sont écoulées depuis ces derniers événements et qu'aucun progrès n'a transpiré de ses dernières attentes, le margrave ordonne à ses troupes de retraiter sur Hanau où il compte leur faire passer l'hiver. Après plusieurs mois de retard, accompagnés de nouvelles recrues de Hesse-Hanau, les hommes du margrave d'Ansbach-Bayreuth reprennent enfin le chemin des ports d'embarquement, d'où ils sont envoyés en Angleterre, en avril 1778 [25].

À la suite du refus de Frédéric «le Grand» de Prusse de laisser passer sur ses territoires les troupes allemandes en route pour l'Amérique, celles de Anhalt-Zerbst furent contraintes de traverser pas moins de sept territoires et villes libres. De nombreux ennuis en résultèrent dont voici quelques exemples illustrant le genre de problèmes auxquels les hommes du prince Frédéric Auguste furent confrontés.

Un jour, dans le village de Zeulenrode [26], un caporal qui poursuivait un déserteur en fuite vit ce dernier trouver refuge à l'intérieur d'une auberge. Là, paisiblement assise, la femme de l'aubergiste qui était en train de prendre un repas est soudainement atteinte d'un projectile qui la blesse mortellement à la tête. Dans son affolement, le caporal qui avait cru apercevoir le fugitif, sans même un seul retour à l'ordre, avait fait feu en sa direction et atteint accidentellement la bonne dame. Quelques instants plus tard, des villageois qui ont assisté à la scène et d'autres ameutés par le bruit du fusil se regroupent sur les lieux de l'accident et donnent naissance à une émeute au cours de laquelle un lieutenant est à son tour blessé à mort.

25. Edward Jackson Lowell, *The Hessians and...*, 52.
26. *Ibid.*

En une autre occasion, ce sont les officiers prussiens de recrutement qui réussissent à faire déserter en une dizaine de jours seulement, pas moins de 334 recrues, ne laissant en tout et partout que 494 soldats au prince d'Anhalt-Zerbst pour les ports d'embarquement. Toutefois, chemin faisant, ses officiers de recrutement réussissent à enrôler plus d'une centaine de nouvelles recrues ce qui porte leur nombre à 627 hommes au moment de leur embarquement à Stade, le 22 avril 1778 [27].

Ce harcèlement, Frédéric le Grand l'exercera à Magdebourg et à Minden, ainsi que dans la basse partie du Rhin. Benson J. Lossing dira, dans *Lossing's History of the United States*, qu'il profita de chacune des occasions qui s'offrit à lui pour exprimer son mépris face à ces « scandaleux marchés humains ».

Aussi, chaque fois qu'une de ces troupes fut contrainte de passer sur ses dominions, Frédéric le Grand «leur réclama le péage en vigueur pour chacune des têtes de bestiaux» puisque, comme il le disait lui-même à qui voulait l'entendre, «elles avaient été vendues ainsi [28]». Dans ses mémoires [29], Frédéric le Grand reprochera au roi George III d'être le principal instigateur de ces marchés avec les cours allemandes ce qui de plus, à ses yeux, aurait privé l'Empire de ses défenseurs dans l'éventualité d'un affrontement européen. Lowell, pour sa part, croit que pour le «Grand Prussien», c'est là une douce revanche envers l'attitude de Londres suite aux événements qui entourèrent la ville et le port de Dantzig [30]. Quant aux retards causés par ces harcèlements, l'historien Friedrich Kapp croit qu'ils pourraient fort bien avoir empêché Sir William Howe de détruire l'armée de Washington à Valley Forge, étant donné qu'il ne reçut que tardivement ces renforts et qu'il était dans l'incertitude d'en obtenir d'autres par la suite.

---

27. Edward Jackson Lowell, *The Hessians and...*, 5-6.
28. Benson J. Lossing, *Lossing's History of the United States from the Aboriginal...*, Vol III, 848.
29. Mémoires; dans *Oeuvres de Frédéric le Grand*, Vol. VI, 117.
30. Dantzig; aujourd'hui ville polonaise du nom de Gdansk.

Bien que de la même école, Lowell ne partage pas cette opinion, et rétorque : «À mon avis, le retard causé aux 1 500 hommes en renfort et l'abandon du projet d'en obtenir quelques milliers d'autres du Würtemberg m'apparaissent trop éloignés pour que je puisse accorder à ces faits une certaine importance.» Puis il renchérit en disant : «Y a-t-il là des raisons suffisantes pour supposer que Sir William Howe aurait fait un meilleur usage de ces 1 500 soldats allemands qu'il espérait, que des 12 000 ou 15 000 qu'il avait déjà?» Ces mesures de représailles de Frédéric le Grand contre la Couronne britannique cessèrent dès 1778 alors que les affaires du Grand Prussien reprirent le dessus sur ses sentiments.

Quant aux troupes de Brunswick, de Hesse-Cassel et de Waldeck, elles connurent beaucoup moins de difficultés n'ayant qu'à emprunter leurs propres territoires ou encore ceux du roi anglais. Malgré tout, l'aumônier Melsheimer [31], des troupes brunswickoises raconte dans son journal qu'elles connurent néanmoins une marche longue et pénible jusqu'au port d'embarquement [32].

À la tête des premières troupes allemandes à s'embarquer pour l'Amérique se trouve le major général Friedrich Adolphus von Riedesel [33], brillant homme militaire d'un esprit fin et cultivé. Né le 3 juin 1738, il appartient à une grande famille de barons de la Hesse-Rhénane.

---

31. F.V. Melsheimer était le «chapelain» du régiment des dragons du duc de Brunswick. Son journal fut traduit en première partie par William Wood, Council Secretary et en seconde partie par William L. Stone, lequel parut dans *Transactions of the Literary and Historical Society of Quebec*, 1891, 45 pages.
32. F.V. Melsheimer, *Journal of the Voyage of the Brunswick Auxiliairies from Wolfenbüttel to Quebec*, 137-142, réédité par «Le Soleil», 1927 et traduit par William Wood.
33. Max von Eelking, *Memoirs and Letters and Journals...*, Vol. I, 1-17.

Sous les instances de son père, il entreprend, dès l'âge de quinze ans, des études de droit à Marburg. Attiré par les manoeuvres d'un bataillon d'infanterie de Hessois et avec la duplicité d'un major qui voit là l'occasion de mettre la patte sur une nouvelle recrue, il s'engage dans ce bataillon, croyant son père au courant et en accord avec sa décision. Trompé par le major, Friedrich reçoit quelque temps plus tard une lettre de son père dans laquelle ce dernier désapprouve son geste et, du même coup, lui retire toute aide pécuniaire. Néanmoins, le temps qui arrange souvent les choses, remet à nouveau Friedrich dans les bonnes grâces de son père avant même qu'il se joigne comme vice-enseigne aux régiments que le landgrave de Hesse-Cassel destine à Londres. Lorsque la guerre de Sept Ans éclate, il est appelé en Allemagne et, dès cet instant, il connaît un avancement qui est envié de tous. D'abord, il passe des troupes de Hesse à celles de Brunswick où il devient, grâce à sa diplomatie et à ses influences, aide-général de l'état-major de Ferdinand de Brunswick. Devenu rapidement son favori, il est nommé lieutenant-colonel puis commandant de régiment par Ferdinand. En décembre 1762, lors de ses quartiers d'hiver à Wolfenbüttel, il épouse Frédérica von Massow, fille du commissaire en chef de l'armée de Frédéric le Grand. Quelques années plus tard, en 1772, il obtient le grade de colonel et, le soir du 22 février 1776, sur le chemin qui le conduit vers le Nouveau Monde, il est promu au rang de major général.

Riedesel est non seulement un excellent soldat mais il est également un tendre époux et un très bon père de famille. Aussi, dès la première halte à Leifert, le 22 février 1776 [34], il en profite pour écrire à sa femme :

«Ma très chère femme — Jamais n'ai-je souffert autant de notre séparation que ce matin. Mon coeur s'est brisé en moi et aurais-je pu revenir, qui sait quelle décision je pourrais avoir prise. Mais, ma très chère, c'est la volonté de Dieu et je dois

---

34. Von Elking, *op. cit.,* 30.

obéir; devoir et honneur m'y contraignent, c'est pourquoi nous devons nous encourager et ne pas nous plaindre. À dire vrai, votre santé, la crainte de votre grossesse [35] et le soin de nos chères filles, seules me créent de l'anxiété. Prenez le plus grand soin de nos chères filles, lesquelles j'aime tendrement. Aussi, soyez, je vous en prie, Madame la Générale, en bonne santé et venez me rejoindre dès que votre état vous le permettra.»

C'est d'ailleurs à la baronne et à son époux que nous devons mémoires, lettres et journaux à la lumière desquels plusieurs historiens canadiens ont pu nous rapporter des détails précis sur les us et coutumes de nos ancêtres qui, sans eux, nous seraient à jamais restés inconnus. Riedesel quitte donc le Brunswick le 22 février 1776 pour Stade où, entre le 12 et le 17 mars, il embarque avec la première division de Brunswickois qui comprend 2 282 hommes et 77 épouses. Cinq jours plus tard, ils prennent la mer et, le 28 mars 1776, ils se retrouvent dans le port de Portsmouth. La deuxième division de 2 018 hommes s'embarque, pour sa part, au même endroit durant la dernière semaine de mai de cette même année. Une fois réunies, les deux divisions de Brunswickois comptent donc 4 300 soldats allemands sous les ordres de Riedesel. Quant aux troupes hessoises, elles sont également séparées en deux divisions. La première quitte Cassel en début mars puis s'embarque à Bremerlehe tandis que la seconde monte à bord, au même endroit, cette fois en juin. Aux troupes brunswickoises vient s'ajouter un régiment de 668 hommes de Hesse-Hanau [36]. Le 6 avril 1776, à bord du «Pallas», Riedesel

---

34. *Ibid.*, 30.
35. À ce moment, Madame Riedesel était enceinte de sa fille Caroline, qui devait voir le jour en début de mars 1776. *Baroness von Riedesel and the American Revolution*, par Marvin L. Brown Jr., 1965, XXVIII.
36. Pour tous les chiffres et dates de ce paragraphe voir:
    a) Max von Eelking, *The German Allied Troops in the North American War of Independence, 1776-1783*, 87-90, traduit par

écrit à son épouse qu'ils sont partis plus tôt qu'ils ne l'avaient espéré et que le 4 avril, les vents devenus favorables, une flotte de 30 vaisseaux leva l'ancre afin de conduire les 3 000 Brunswickers [37] de cette première division en terre d'Amérique.

La traversée qui les attend n'est rien pour leur faire oublier les premières misères qu'ils ont déjà subies et cela, avant même d'avoir quitté le sol allemand. Certes, les journaux de Riedesel et du capitaine Pausch nous décrivent de façon bien précise les événements qui entourèrent jour après jour cette traversée; toutefois, les faits qu'ils relatent sont tout à fait différents de ceux auxquels le simple soldat allemand eut à faire face tout au long de son périple. Ainsi, le capitaine Pausch dans son journal nous dit : «Mes trois officiers et moi-même avons une belle et grande cabine dont la tapisserie, les boiseries et la table en acajou sont d'un très bon goût [38].» Heureusement pour nous, Gottfried Seume, le jeune poète captif nous a laissé dans ses comptes rendus l'envers de la médaille, surtout lorsque l'on se doute que ses dires touchent la plus grande partie des voyageurs, c'est-à-dire les simples soldats. «Entassés à six hommes, nous dit Seume, dans des cabines qui en auraient tout juste contenu quatre, il était presque impossible de trouver le sommeil car il faisait très chaud et nous manquions d'air. La nourriture qui était à l'égal du logement faisait dire aux

---

J.G. Rosengarten.
b) Max von Eelking, *Memoirs and Letters and Journals...*, 24.
c) Archives du Canada, *MG13, War Office.*
37. Brunswickers, nom donné à l'ensemble des troupes allemandes au Canada en raison du plus grand nombre de soldats en provenance du Brunswick, stationnés au Canada. Quant au terme «brunswickois» il ne s'applique, par contre, qu'aux troupes du Brunswick dans ce volume.
38. George Pausch, *Journals of Captain George Pausch, Chief of the Hanau Artillery during the Burgoyne Campaign.* Traduit par William L. Stone, 33.

soldats qu'il n'y avait que deux menus, du porc et du boeuf, mais ce qui n'arrangeait rien, c'était que leur fraîcheur semblait remonter à quelques années.» Ils avaient droit en plus à quelques biscuits, mais quels biscuits! Seume dit à leur sujet : «Nous avions à les manger sans nous soucier de leur saveur afin de ne pas réduire trop notre mince ration. De plus, ils étaient pleins de larves et si durs que les hommes devaient les briser avec des boulets de canon.» D'ailleurs, une rumeur circulait voulant qu'ils eussent été pris aux Français à la guerre de Sept Ans et gardés à Portsmouth depuis. Chose assez inusitée, après les avoir conservés ainsi 20 ans, les Anglais s'en servaient aujourd'hui afin de nourrir les Allemands, ceux-là même qui, dans les desseins de Dieu, détruiraient les troupes de Rochambeau et de Lafayette. Venait compléter le menu, une eau à ce point corrompue qu'à chacune des fois que l'on ouvrait un baril, des filaments parfois aussi gros qu'un doigt obligeaient les hommes à la filtrer à travers un vêtement. «Comme cette eau dégageait une odeur irrespirable, nous devions nous pincer le nez avant d'en boire». Cependant, nous rapporte également Seume, «il ne se passe pas une seule fois, lorsque l'on sert de l'eau sans qu'une querelle ne survienne afin de s'en procurer. Heureusement, à l'occasion nous avions du rhum ou encore une petite bière très forte [39].»

---

39. Edward Jackson Lowell, *The Hessians and...*, 56-57.

Chapitre III

Les Allemands
et la guerre de 1776 à 1778

L'arrivée des mercenaires allemands au Canada. La campagne de 1776. L'artillerie de Hanau et la bataille du lac Champlain. Les premiers quartiers d'hiver. L'image allemande. Vision allemande du Québec du XVIIIe siècle. L'hiver canadien et les uniformes allemands. Le retour de Burgoyne. La campagne de 1777 et les armées romaines. Madame Riedesel et ses filles, au Canada. L'armée anglo-allemande à la poursuite des rebelles. Le massacre de Bennington. Les chasseurs de Hanau et la campagne de Saint-Léger. Saratoga et les derniers jours de l'armée anglo-allemande de Burgoyne, racontés par la baronne von Riedesel.

Au matin du 16 mai 1776, le continent américain est aperçu en dépit d'une température froide et pluvieuse qui empêche de le bien distinguer . Quelques jours plus tard, soit le 20, les vaisseaux de la flotte sont à l'embouchure du fleuve Saint-Laurent et les soldats allemands peuvent alors admirer sur leur gauche, les côtes de la Nouvelle-Écosse. Le 23, un malheureux accident coûte la vie à deux Britanniques qui, sous les yeux effrayés de leurs camarades, disparaissent dans les eaux froides du Saint-Laurent. Enfin, après une succession d'arrêts et de départs, au gré du vent, la flotte jette l'ancre vers les six heures, au soir du 1er juin 1776, devant la ville de Québec [1]. Cette première division d'auxiliaires allemands comprend alors [2] :

Commandant en chef des troupes allemandes :
Le major général Friedrich Adolph von Riedesel

État-major	22 hommes
Bataillon de grenadiers, lieutenant-colonel H.C. Breymann	564 hommes
Régiment de dragons de Riedesel, Colonel F. Baum	336 hommes
Régiment du prince Frédéric, lieutenant-colonel C.J. Praetorius	680 hommes
Régiment von Riedesel, lieutenant-colonel E.L. W. von Speth	680 hommes
Total	2 282 hommes

Régiment du comte de Hesse-Hanau, colonel W.R. von Gall	668 hommes
Volontaires hanovriens (sous l'uniforme anglais) Lt-col. Scheiter	250 hommes [3]

1. F.V. Melsheimer, chapelain des troupes de Brunswick, *Journal of the Voyage of the Brunswick Auxiliairies from Wolfenbüttel to Quebec*, traduit en première partie par William Wood et en seconde par William L. Stone, dans *Transactions of the Literary and Historical Society of Quebec*, no. 20, seconde partie, 150-152. À l'avenir : *Journal of the Voyage...*
2. Archives du Canada, *MG13 War Office 17*, bobine 1585, Vol. 1570, monthly returns, 1776.
3. Max von Eelking, *The German Allied Troops in the North*

Réalisé par Jean-Pierre Wilhelmy d'après
"LOOSING HISTORY of the UNITED-STATES" par F.O.C. DARLEY.

CONSCRIPTION DE SOLDATS ALLEMANDS POUR LE SERVICE EN AMÉRIQUE

Caporal du corps des chasseurs de Hesse-Hanau, réalisé par Jean-Pierre Wilhelmy d'après EMBLETON/OSPREY.

Soldat du 1er régiment de Ansbach-Bayreuth, réalisé par Jean-Pierre Wilhelmy d'après FON-CKEN/CASTERMAN

Carleton qui est de retour depuis le 30 mai des Trois-Rivières, après y avoir refoulé l'ennemi, reçoit avec grand plaisir le major général allemand et ses renforts. Dès le lendemain, Riedesel est invité à dîner par l'ex-quartier-maître de Wolfe et passe en revue les quelque 600 prisonniers américains écroués depuis les dernières semaines par le gouvernement [5]. Le 5 juin, Riedesel se voit confier le commandement d'un corps séparé, soit le régiment de Riedesel, le bataillon de grenadiers, le régiment d'infanterie de Hesse-Hanau de von Gall, le bataillon écossais de McLean, le Royal Emigrants ainsi que 150 Canadiens et quelque 300 Indiens [6]. Ses ordres sont de se rendre dans la région de Sorel et d'y établir un campement près des Américains, alors qu'une flotte et des troupes de terre, sous les ordres de Carleton, Burgoyne et Philipps se dirigeront vers Trois-Rivières, Sorel et Montréal.

Le 6, le lieutenant-colonel Baum reçoit l'ordre de débarquer à Québec avec les dragons et le régiment du prince Frédéric,

American War of Independence, 1776-1783, traduit et abrégé par J.G. Rosengarten, 88. À l'avenir : The German Allied Troops...

4. Ibid.

5. Madame de Riedesel, Letters and Memoirs relating to the War of American Independence and the Capture of the German Troops at Saratoga, New York Carvill 1827, 46-47. Lettre no. XIV, from the same to the same. À l'avenir : Letters and Memoirs, Carvill 1827...

6. Max von Eelking, Memoirs and Letters and Journals of Major General Riedesel, (traduit par William L. Stone), Vol. I, 242. À l'avenir : Memoirs and Letters..., également dans les archives allemandes; général Riedesel à son épouse «Entre Québec et Montréal», le 8 juin, 1776, également dans Marvin L. Brown Jr. p. 175.

lesquels devront demeurer en garnison afin de s'occuper des affaires militaires de la capitale. Deux cents hommes sont donc affectés aux régions périphériques de Québec et Lévis «la loyauté des habitants étant toujours mise en doute [7]», les autres soldats étant employés à la reconstruction des fortifications. Le 7, l'expédition pour Trois-Rivières reçoit le signal du départ et atteindra son but le 11 suivant. Durant ce temps, les 8 et 9 juin, le lieutenant-colonel von Speth et quelques hommes du régiment de Riedesel participent aux escarmouches contre les Américains. Ces derniers, au nombre de 2 000, avaient projeté une attaque contre Fraser et ses 300 soldats. Néanmoins, bernés par un royaliste du nom de Antoine Gauthier, ils sont mis en déroute. Carleton, qui arrive au même moment sur les lieux, ordonne au grand étonnement de tous, l'arrêt immédiat de la poursuite et permet ainsi aux rebelles de regagner leur retranchement de Sorel. Le 10 juin, le gouverneur réunit ses chefs et leur annonce que Fraser, Gordon, Powell et *Beckwith* sont nommés brigadiers généraux, que Burgoyne, Philips et Riedesel, qui est arrivé ce même jour, sont promus généraux, alors que lui-même, malgré une politique de bienveillance à l'égard des rebelles, est élevé au rang de capitaine général [8].

Le plan anglais consiste donc à libérer Montréal et à refouler les Américains hors des frontières du Canada. Pour ce faire, Riedesel a reçu le commandement de l'aile gauche qui comprend tous les régiments de Brunswick et celui de Hesse-Hanau [9]. Fraser, pour sa part, a reçu la charge de l'aile droite

---

7. F.V. Melsheimer, *Journal of the Voyage...*, part. II, 157.
8. Arrivée le 27 mai à bord du Harmony, une partie du régiment de Riedesel avec Speth en tête, est immédiatement envoyée aux Trois-Rivières où elle prend part aux affrontements des 8 et 9 juin 1776. Max von Eelking, *Memoirs and Letters and Journals...*, Vol. I, 283-286. Toutefois, dans le fonds Verreau, carton 49, no. 6, on parle plutôt de Nesbitt que de Beckwith.
9. Max von Eelking, *The German Allied Troops...*, 91; voir également le fonds Verreau, carton 49, no. 5.

composée des compagnies d'infanterie légère de tous les régiments anglais du Canada, des grenadiers britanniques, du régiment de McLean ainsi que d'un groupe composé de Canadiens et d'Indiens [10]. Les deux ailes sont sous la responsabilité du général Burgoyne. La flotte se dirige donc sur Montréal et jette l'ancre le 14 au soir, à Sorel. Quelques hommes de Fraser débarquent pour en prendre possession. Le lendemain, accompagné de la brigade anglaise et de quelques pièces d'artillerie, Burgoyne se met à la poursuite des Américains, lesquels viennent tout juste de se replier sur fort Saint-Jean. Le même jour, le 29e régiment anglais prend possession de Montréal alors que les troupes allemandes qui viennent de mettre pied à terre sur la rive du Saint-Laurent, entreprenant une marche difficile qui les conduira jusqu'à La Prairie.

Leur première nuit en quartier canadien est alors passée à Verchères d'où le lendemain ils repartent pour La Prairie. De là, épuisé, Riedesel écrit à Ferdinand de Brunswick le 22 juin 1776 :

« Nous avons laissé les navires sans rien prendre de nos bagages, du fait que les attelages requis pour leur transport étaient employés à d'autres travaux. Nous avons marché quatorze milles en trois jours durant lequel voyage mes officiers et moi-même avons dû aller à pied. Voilà le septième jour que je porte la même chemise et les mêmes bas. Tout d'abord ce fut désagréable mais nous l'avons supporté. Tous les officiers font preuve du meilleur esprit et nos troupes sont très robustes et ont très peu de maladies. Je suis heureux d'être sous le commandement du général Carleton. Il manifeste un tel mépris pour les rebelles que je suis certain que nous les attaquerons bientôt et les vaincrons au mieux [11]. »

---

10. Max von Eelking, *Memoirs and Letters...*, 286. Voir également le fonds Verreau, carton 49, no. 5.
11. *Ibid.*, 45-46.

Une fois à La Prairie, Carleton s'empresse d'organiser la défense du pays puis, en compagnie de Burgoyne et Philipps, il retourne à Montréal où il installe ses quartiers généraux. Les quartiers établis, il repart aussitôt pour Québec où il entreprend alors la réorganisation des tribunaux.

Pendant ce temps, aux quartiers de La Prairie, Riedesel en profite pour entraîner ses hommes et parfaire leur discipline. Il leur enseigne également comment gagner la confiance des Canadiens en payant comptant et en évitant toute forme de crédit «afin, dit-il, que le peuple de la province garde sa bonne humeur [12]». Puisque les soldats s'approvisionnent dans des magasins tenus par des Canadiens, et dont ils jugent les prix trop élevés, Riedesel saisit l'occasion pour mettre sur pied son propre commerce. Cependant, avec le temps, les soldats allemands n'y font guère de meilleures transactions. À ce sujet l'écrivain américain, J.G. Rosengarten, écrit : «le forage money payé aux officiers était un gain supplémentaire appréciable à leur paye régulière. Le général Riedesel qui avait le sens des affaires avouait à son retour dans le Brunswick en avoir tiré 15 000 thalers (11 000 $ U.S.) [13].»

Si pour quelques soldats allemands le climat canadien n'est pas une source de préoccupation, il n'en est pas de même pour la majorité d'entre eux qui sont contraints de faire un séjour à l'hôpital. Malgré leur différence de langue, Allemands et Canadiens font vite bon ménage, comme l'écrira le capitaine Pausch, chef de l'artillerie de Hesse-Hanau : «Je suis parfaitement content car on trouve les consolations désirables avec les dames et les demoiselles canadiennes. Pour cette raison et en leur compagnie on est heureux et satisfait [14].»

La deuxième division de Brunswickers touche terre entre le 14 et le 17 septembre de la même année. Cette pénible traver-

---

12. George Pausch, *Journal of Captain George Pausch, Chief of the Hanau Artillery during the Burgoyne Campaign*, (traduit par William L. Stone), 66. À l'avenir : *Journal de George Pausch...*
13. Max von Eelking, *The German Allied Troops...*, 17-18.
14. George Pausch, *Journal de George Pausch...*, 96.

Liste

Des Malades du Regiment du Major General
de Riedesel des Troupes de Brounsvic
ce 30me Juin 1776.

Compagnies	No	Noms	Maladies
Lieut. Colon: de Speth	1	Alleweldt	Febr: quotid:
	2	Matte	Tertian:
	3	Flentje	
	4	Patzholz	
	5	Koch	Diarr: cum dysy:
	6	Meyer	Arthrit:
	7	Horstmann	Hydrops
	8	Knust	Scab:
	9	Alpers	
	10	Blanore	
	11	Buhrig	
Major de Menger	12	Licht	Hemerod:
	13	Jexel	Scorbut:
	14	Meyer	Febr: quotid:
Cap: de Polnitz	15	Paul	Arthrit:
	16	Schmidt	Oedema:
	17	Klages	Asthma:
	18	Ort	
Cap: Morgenstern	19	Behse	Scabi:
	20	Hartmann	
	21	Onith	Febr: tert: dupl:
	22	Tamb: Borchen	Febr: quart:
	23	Corpor: Stein	Arthrit:
	24	Eichorn	Vener:

de Speth

Un autre exemple d'une liste de malades, cette fois, pour le régiment du major général de Riedesel au 30 juin 1776.

sée, comme on en connaissait alors, ne fait pas moins de 19 morts et 131 victimes du scorbut [15]. Cette seconde division se compose donc de la façon suivante [16] :

COMMANDANT : Le colonel J.F. von Specht
un état-major
le régiment von Specht commandé par le colonel J.F. von Specht
le régiment von Rhetz commandé par le lt -col. J.G. von Ehrenkrook
le bataillon d'infanterie légère von Barner commandé par le lt -col. von Barner
une compagnie de chasseurs commandée par le capitaine Ewald Richzet
une compagnie d'artillerie de Hanau commandée par le capitaine George Pausch

Cette dernière compagnie, sous les ordres du capitaine Pausch, au bon vouloir de dame nature, devance les autres embarcations de cette division et débarque en terre canadienne entre le 19 et le 26 août [17]. Accueillie par Riedesel, qui s'est rendu expressément à sa rencontre, la compagnie d'artillerie est alors transportée à La Prairie pour être ensuite acheminée au fort de l'Île-aux-Noix, encore en construction. Quelques jours plus tard se joignent à eux les autres soldats de cette division et, comme leurs compatriotes déjà en place, ils sont affectés à des tâches diverses telles que transport des provisions, construction de casernes et de blockhaus, refortification, autant d'occupations qui leur incomberont tout au long de leur séjour en nos murs.

---

15. Max von Eelking, *The German Allied Troops...*, 94.
16. Archives du Canada, *MG13 War Office 17*, bobine 1585, Vol. 1570, monthly returns, 1776.
17. George Pausch, *Journal de George Pausch...*, 59.

Le 10 octobre suivant, Carleton apprend de source bien informée que les Américains seraient à la Grande Ile. Impatient de les rattraper, il donne l'ordre de partir à leur poursuite. Dès la nuit du 10 au 11 octobre, alors que ses éclaireurs fouillent les environs à la recherche de la cachette américaine, Carleton jette l'ancre, sans s'en douter, à environ 15 milles de la flotte d'Arnold. Au matin, l'*Inflexible* [18], le vent dans les voiles, repère l'une des embarcations qui sert d'éclaireur aux rebelles et se lance à sa poursuite. Il est imité par d'autres vaisseaux anglais ainsi que par la canonnière de Hanau; la chasse aux rebelles est ouverte. Rejoints, les Américains doivent essuyer le feu des embarcations britanniques. À la faveur d'un épais brouillard et suite à la destruction du *Royal Savage*, Arnold, jugeant ses pertes trop considérables tente de profiter de la nuit mais s'immobilise à son insu dans un cul-de-sac. Durant les combats qui ont fait rage, la canonnière de l'artillerie de Hanau a coulé à pic; fort heureusement pour son équipage, des embarcations anglaises ont réussi à lui porter secours. Après avoir pris connaissance de sa situation, et d'un commun accord avec ses officiers, Arnold et ses hommes, sachant fort bien qu'au matin ils seront faits comme des rats, tentent la chance et s'attaquent à l'impossible.

Théâtre d'une incroyable manoeuvre, la nuit du 11 au 12 voit la petite flotte de l'audacieux Arnold traverser, dans le plus grand des silences, le blocus anglais. Chez les Britanniques on n'attend plus que la levée du jour pour en finir avec la flottille mais quelle n'est pas la surprise de Pringle, commandant du blocus, lorsqu'il constate au petit matin que sa proie s'est envolée comme par enchantement. Suite à des hésitations qui n'en finissent plus on ne reprend pas la poursuite de l'ennemi avant le lendemain, 13 octobre.

Malheureusement pour la flottille américaine qui ne se déplace que très lentement, Pringle et ses hommes ont vite fait

_____

18. L'*Inflexible* était un vaisseau anglais.

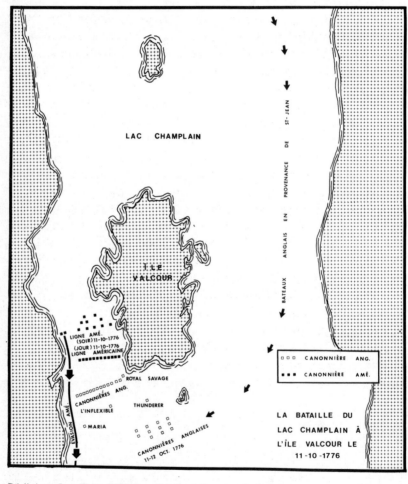

LAC CHAMPLAIN

ÎLE VALCOUR

BATEAUX ANGLAIS EN PROVENANCE DE ST-JEAN

LIGNE AMÉ.
(SOIR) 11-10-1776
(JOUR) 11-10-1776
LIGNE AMÉRICAINE

ROYAL SAVAGE

CANONNIÈRES ANG.
L'INFLEXIBLE
THUNDERER
MARIA

CANONNIÈRES ANGLAISES
11-12 OCT. 1776

ÉVASION AMÉ.

☐☐☐ CANONNIÈRE ANG.
■■■ CANONNIÈRE AMÉ.

LA BATAILLE DU
LAC CHAMPLAIN À
L'ÎLE VALCOUR LE
11-10-1776

Réalisé par Jean-Pierre Wilhelmy d'après «L'invasion du Canada»,
STANLEY, planche N° 8 par M.E.H. ELLWAND

une fois de plus de rejoindre les traînards près de Crown Point et, à nouveau, ceux-ci subissent le feu anglais. Cette fois, les pertes rebelles sont énormes et seules trois embarcations échappent à l'assaut britannique. Quant au «Congress» dans lequel a pris place Arnold, il s'échoue à son tour. Habile cependant, ce dernier réussit à se soustraire à ses poursuivants en s'enfuyant par les bois où d'ailleurs il échappe de justesse à une embuscade indienne.

Le bilan est désastreux pour les rebelles; trois bateaux seulement atteignent le fort Ticonderoga où les attendent le major général Horatio Gates et ses 9 000 miliciens et soldats. Carleton et ses hommes ne sont plus maintenant qu'à quelques milles de Ticonderoga et le gouverneur voit enfin l'occasion de reprendre le fort que les Américains leur ont, dix-huit mois plus tôt, enlevé.

Hésitant, bien qu'il n'eût probablement jamais l'intention d'attaquer le fort, Carleton préfère «recueillir les prisonniers des vaisseaux d'Arnold qu'il sermonne, félicite de leur bravoure, libère et renvoie chez eux sous la simple promesse de ne plus servir contre les Anglais [19]». Durant ce temps, ses hommes piétinent devant Ticonderoga et, dans les jours qui suivent, aucun événement d'importance ne survient. Certes, Fraser a bien la hardiesse de s'aventurer à quelque trois milles des rebelles; toutefois, ces derniers demeurent derrière leur fortification et n'engagent aucune bataille en représailles à la provocation du général anglais.

Quelques jours plus tard, au grand étonnement de tous, le gouverneur, estime la saison trop avancée pour poursuivre le combat et ordonne aux troupes de se replier sur leurs futurs quartiers d'hiver au Canada. Aussi, dès le 18 octobre, il com-

19. George F.G. Stanley, *Canada Invaded (L'invasion du Canada*, traduit par Marguerite MacDonald dans les cahiers d'histoire de la Société historique de Québec, no 28), 167. À l'avenir : *Canada Invaded...*

mande à ses officiers supérieurs de s'exécuter. Riedesel transmet alors les ordres suivants : «Les quartiers généraux de Riedesel s'établiront aux Trois-Rivières où les dragons de Brunswick et le régiment de Riedesel en auront la garde avec des détachements qui logeront à Pointe-du-Lac et au Cap-de-la-Madeleine. Quant au régiment de Specht et de Rhetz, ils seront affectés aux paroisses de Champlain, Batiscan et Sainte-Anne, sous les ordres de Specht. Celui de Barner à la Pointe-aux-Fers et à l'Ile-aux-Noix, celui de Breymann à Saint-Antoine et Saint-Denis tandis que le régiment du prince Frédéric quittera Québec pour les paroisses de la Rivière-du-Loup et Machiche [20] alors que le régiment de Gall sera, lui, à Maskinongé et Berthier [21].»

Allemands et Anglais sont déçus de la décision de Carleton, ce qui fait dire à un de ces officiers allemands : «Je dis que cette petite armée, après avoir fait tout ce que permettaient la situation du pays et le climat pour chasser les ennemis du Canada, détruire leur flotte et les poursuivre presque jusque dans leurs repaires, fut forcée de retourner au Canada à son grand regret, ce qu'elle fit d'une façon très régulière le 2 novembre, sans être aucunement inquiétée par l'ennemi alors que toutes les troupes rejoignirent leurs cantonnements pour l'hiver, vers le 12 du même mois [22]». Quant à Carleton, incapable de passer l'hiver à Crown Point, il doit à son tour revenir au Canada, quelques semaines plus tard, avec ses hommes. Breymann transporte alors ses pénates à Repentigny et Saint-Sulpice, le bataillon de Barner à Saint-François, Saint-Antoine, La Baie, Yamaska, Bécancour et Nicolet alors que, de retour, l'artillerie de Hanau s'établit à Lachine [23].

_____

20. Yamachiche.
21. George Pausch, *Journal de George Pausch...*, 93.
22. George F.G. Stanley, *For want of a Horse...*, 90.
23. Max von Eelking, *Memoirs and Letters...*, Vol. I, 80-82.

Riedesel, qui aurait aimé également poursuivre le combat, écrit au duc Ferdinand : «Si nous avions pu commencer notre expédition quatre semaines plus tôt, donnant ainsi à Carleton la chance de réaliser ses buts» puis il poursuit : «Les rebelles perdent courage.Ils savent qu'ils se laissent mener par des ambitieux mais ils ne voient pas encore la façon de s'en sortir [24].» Riedesel croit que les Américains sont de piètres soldats, guidés par d'incompétents officiers et qu'il aurait été facile à une armée de réguliers bien disciplinés de les écraser. De toutes les façons, l'on tente de se convaincre que l'on est les plus forts : «Nous tenons la clé du Canada parce que nous sommes maintenant les maîtres du lac Champlain» écrira un autre officier [25]. Pour l'artillerie de Hanau, laquelle a participé à la destruction de la flotte rebelle du lac Champlain, c'est tout de même un bon moment alors que le gouverneur Carleton, dans une lettre au comte de Hesse-Hanau, louange la bravoure du capitaine Pausch et de ses hommes [26].

Au Canada, on a commencé à loger les soldats dans les édifices publics, mais le manque d'espace force les autorités à envisager de nouvelles solutions. Carleton, qui a frais à la mémoire le refus ou l'indifférence des Canadiens, profite de l'occasion pour rappeler aux habitants qu'ils ne doivent pas envisager «d'être traités du même ménagement que s'ils avaient témoigné le zèle et le devoir qui est dû à leur roi [27].» Aussi, «logements et corvées en seront leur croix, étant tout juste que ces inconvénients tombent principalement sur les

---

24. *Ibid.*, 83-84.
25. A.L. Schlozer, *Letters of Brunswick and Hessian Officiers during the American Revolution*, (traduit par William L. Stone), 54. À l'avenir : *Letters of Brunswick...*
26. Archives du Canada, *MG21, Transcriptions*, collection Haldimand, lettre du 28 mai 1777, Carleton au comte de Wilhelm de Hesse-Hanau.
27. Gustave Lanctot, *Le Canada et la Révolution américaine*, 175.

lâches qui, n'ayant pas voulu défendre leur pays, les rendent à présent indispensables [28].» Puis le gouverneur fait parvenir aux officiers des instructions, stipulant qu'ils doivent exempter les Canadiens qui ont servi durant la campagne.

L'on peut lire, dans le journal de Sanguinet, le témoignage suivant : «L'armée revint à la fin d'octobre à Montréal pour prendre son quartier d'hiver dans la ville et les campagnes, chez tous les habitants. Les citoyens de la ville furent maltraités et molestés militairement sans obtenir justice. Un des citoyens de Montréal, qui avait été certainement un bon royaliste, qui logeait deux soldats — un officier voulut s'emparer de sa chambre — malgré qu'il fut malade et son épouse — qu'il refusa. — Il fut envoyé dans sa maison, vingt-quatre soldats avec des tambours et fifres avec ordre de danser toute la nuit. — Ce qui parut toujours extraordinaire, c'est que le général Guy Carleton n'a jamais voulu faire aucune distinction des bons et fidèles sujets de Sa Majesté d'avec les mauvais. — Au contraire, il les a confondus ensemble et les bons sujets ont été les plus maltraités, sans doute que cela a été pour quelques raisons de politique, mais je crois bien mal entendu — et ceux qui se sont les mieux distingués et qui ont exposé leur vie et leurs biens pour le service du Roy — non seulement ils n'ont point été recompensés, mais il semble que l'on s'attachait à leur donner du désagrément. Si quelques personnes portaient leurs plaintes au général Guy Carleton, il n'y avait presque jamais de réponse [29].» Y voyant une merveilleuse occasion de faire payer ces infidèles à la Couronne britannique, l'on profite donc du manque d'espace dans les édifices publics pour billeter les soldats allemands chez les habitants, les déloyaux s'en voyant imposer beaucoup plus que les autres.

---

28. *Ibid.*, 176.
29. M. l'abbé Verreau, ptre, *Invasion du Canada*, (collection de mémoires recueillis et annotés), *Journal de Sanguinet*, 135. L'orthographe originale a été conservée.

Les soldats sont d'abord logés à raison de deux ou trois par maison puis on en dénombre quatre, six et même douze dans une même demeure [30]. Or, les autorités anglaises parfaitement conscientes que ces situations engendreraient des problèmes, à court ou à moyen terme, n'hésitent pas à poser ces gestes afin de démontrer à la population ce qui l'attend si elle n'est pas aux côtés du roi anglais, lorsqu'il a besoin d'elle. De plus, pour parvenir à leur fin, elles utilisent surtout les mercenaires allemands, pour accomplir à l'occasion cette sale besogne de répression [31]. Sans vouloir disculper qui que ce soit du côté des soldats allemands, faut-il s'étonner de certains résultats?

Comme il fallait s'y attendre une foule de problèmes ont vite fait surface et, dès l'année 1777, des pressions canadiennes obligent Carleton à mettre sur pied une commission d'enquête composée de Saint-George Dupré, Edward William Gray et Pierre Panet, chargée de : «s'enquérir des plaintes contre les exactions de corvée et de logement ainsi que de la conduite des soldats [32]». Certes, tous ne furent pas toujours sans aucun reproche; néanmoins, quelques auteurs canadiens comme Ovide M.H. Lapalice dans son *Histoire de la Seigneurie Massue et de la paroisse de Saint-Aimé* [33], faute peut-être d'une recherche exhaustive, ont très mal interprété certains faits, dont voici un exemple courant : «À maintes reprises, dit Lapalice, ces Allemands furent accusés de pénétrer, le jour et la nuit, dans les granges et les étables et de faire main basse sur

---

30. A.L. Schlozer, *Letters of Brunswick...*, 55.
31. Mascouche, voir M. l'abbé Verreau, *Le témoin oculaire de la guerre des Bastonnois en Canada*, 154-156.
32. Gustave Lanctot, *Le Canada et la Révolution américaine*, 176.
33. Ovide M.-H. Lapalice était un membre de la Société d'Histoire du Canada de Paris, membre de la Société Historique de Montréal, membre de la Société d'Archéologie et Numismatique de Montréal et membre de la Société Historique du Canada. Il fut également l'archiviste de la fabrique Notre-Dame de Montréal.

moutons, cochons et volailles [34]». Toutes ces affirmations sont véridiques; cependant, il semble que l'auteur ait omis des choses importantes pouvant changer cette image de «voleurs» qu'il nous en donne. C'est ainsi qu'on peut lire dans un document intitulé *Informations et procédés de la milice de Berthier (en haut) au sujet des troupes allemandes*, sous Berthier le 13 mars 1777, une déclaration du capitaine des milices de la grande côte et qui se lit comme suit : «À la fin du mois de novembre dernier, à l'arrivée des troupes allemandes à Berthier, les habitants chez lesquels soldats étaient logés *ont été environ neuf jours consécutifs sans recevoir leurs rations* que pendant ce temps, les dits habitants miliciens de la compagnie de lui déposant ont été obligés de recevoir les dits soldats que beaucoup des dits miliciens et autres lui ont porté leurs plaintes au sujet des dits soldats, manquant ainsi de vivres, ont tué plusieurs moutons et volailles [35]». Voilà, en fait, une version qui peut expliquer bien des choses.

D'autres historiens, faute peut-être de moyens, les ont accablés d'une réputation fort peu enviable. Joseph-Edmond Roy dans son *Histoire de la Seigneurie de Lauzon* écrit à leur sujet : «Ces soldats avaient la rudesse teutonne et l'insolence des rheitres mal appris. Aussi, plus d'un colon eut à se plaindre de ces exactions qu'ils commettaient. Les archives de l'époque nous ont conservé les doléances qui furent adressées au gouverneur ou à ses aides de camp...» «Le 8 novembre 1782, on voit que les habitants de St-Nicholas, poursuit M. Roy, se plaignent d'être maltraités par le major Pausch, de l'artillerie de Hesse-Hanau :

«À monsieur François Babi Ecuier, lieutenant-colonel des milices du gouvernement du Québec [36] :

---

34. Ovide M.H. Lapalice, *Histoire de la Seigneurie Massue et de la paroisse de St-Aimé*, 122.
35. Séminaire de Québec, *Fonds Verreau*, carton 17, No. 28, Berthier le 13 mars 1777.
36. Archives du Canada, collection Haldimand, série B. Vol. 219, 153 8 mars 1782. L'orthographe originale a été conservée.

Michel Bergeron habitant de la paroisse de St-Nicholas a l'honneur de réclamer votre Protection auprès de Son Excellence notre pacifique général en chef de ce païs, au sujet des maltraitements qu'il a reçus et qu'il craint (ainsi que ses compatriotes) estre recidivez, par le major Pausch de l'artillerie en quartier d'hyver en la dite paroisse, lequel a frappez le plaignant sans sujet à coups de bâton de sorte qu'il le mis hors d'état de vaquer à l'avenir à ses travaux il voulait éviter ses coups mais deux soldats et un sergent le sabre à la main le retinrent jusqu'à ce que le major eut jeté sa fureur sur lui etc... Sur ce, il porta plainte au Colonel qui est en la paroisse St-Antoine qui écouta ses plaintes paisiblement et n'a donné que des réponses vagues pourquoi il a ainsi que les sous nommez ôser vous présenter le présent.

«Michel Demers se plaint pareillement de ce que le major Pausch lui a fait prendre son poêle par force pour son service ce qui est contraire au règlement, etc. etc...

«Les plaintes portées ci-dessus sont justes,
JEAN BAPTISTE DEMERS
Lieutenant de la paroisse St-Nicholas»

En réponse à ces accusations, on peut trouver dans les archives anglaises et canadiennes une lettre du colonel Leutz, supérieur et responsable du major Pausch et adressée au gouverneur Haldimand [37] :

«Sir!
According to your Excellency's orders which received by Captain Domerfeld, conerning Major Pausch of the Hanau Artillery and the Captain Frichet, as well as the Inhabitants Michel Bergeron and Michel Demers from the parish of St-Nicolas, I do myself the pleasure to send my Rapport about

_____

37. Archives du Canada, *MG21, Transcriptions*, collection Haldimand, série B, Vol. 152, 10. Lettre du 13 février 1783, Leutz à Haldimand. L'orthographe originale a été conservée.

this mater to your Excellency, I dit not think that one of those persons would have complained to you, and I dit flatter myself that wheen the Captain of Militia and Inhabitants complained to me about the behaviour of Major Pausch, that they would not trouble your with them too, as they have done in so much as I contented Michel Demers already with some Money, which I give him out of my pocket, with promises that he should for his stove be contented by Major Pausch.

The Chief complaint of Michel Bergeron consisted of being flocker and having another soldier at his housse at the room of this who was already quatered with his Family, which was done on the spot. The said Inhabitant when they were complaissing to me, they went away quiet satisfied and contented, and I dit not thought otherwise, than that the whole affair was settled. — But for to execute your Excellency's orders as strictly, as it is in my power, I have satisfied and contented the said complaining persons and have the honour to send the inclosed reçeits of them to you. I shall put Major Pausch under arrest for ten days, if my producing in this affair finds your Excellency's approbation...

Leutz Colonel»

Même en appuyant la thèse de culpabilité du major Pausch envers les habitants, faut-il pour autant faire retomber les erreurs d'un officier ou encore d'un cas isolé sur l'ensemble de ces soldats qui séjournèrent chez nous ou, au contraire, porter plutôt son attention sur le comportement général de ces gens et la façon avec laquelle les autorités allemandes administrèrent la justice entre civils et militaires, le cas échéant.

Certes, nous ne sommes pas à ce point dupes pour imaginer que ces soldats étaient tous sans reproche. Néanmoins, nous sommes portés à croire, à la lumière de nos recherches, qu'une discipline sévère a toujours été maintenue dans les rangs allemands et que lorsqu'une incartade se produisait, les autorités concernées veillaient à ce que l'auteur ou les auteurs, lorsqu'ils appartenaient au Corps allemand, en soient punis et ce, dans la très grande majorité des cas, beaucoup plus sévèrement que ne l'aurait été le citoyen canadien.

En effet, à l'intérieur des cadres de l'armée, existait une rigoureuse discipline. Des enquêtes conduisaient alors les coupables devant un juge avocat des troupes, lequel guidé par des normes très dures, émettait aux accusés des sentences qui auraient surpris plus d'un civil. Ainsi, lorsque Christoph Muller [38], 36 ans, du régiment de Speth, des troupes brunswickoises, est reconnu coupable du vol d'une cuillère (en argent), il reçoit cinquante fois le bâton, puis reconnu coupable, quelques jours plus tard, de désertion, il est condamné à être pendu (42e article de guerre). En une autre occasion, à la rivière du Chêne, des soldats allemands sont reconnus coupables de vol et de mauvais traitements à l'égard des habitants; en guise de punition le responsable de ces hommes, le colonel Kreutzbourg, écrit au gouverneur Haldimand; «Cela les rend si coupables que d'après les instructions que j'ai du prince Mon Maître, je ne suis pas autorisé de finir le procès sans envoyer les papiers en Cour [39]. Je suis, cependant, très persuadé qu'ils ne perdront point la vie, mais que le prince changera la peine de mort en une punition très rigoureuse de corps. Les habitants ont été satisfaits en argent en présence des capitaines de milice de la paroisse [40].»

---

38. Archives du Canada, *MG21, Transcriptions*, collection Haldimand, série B, Vol. 137, 77-81. Lettre du 5 avril 1782; extrait des actes de l'inquisition.
39. Les punitions qui découlaient de ces enquêtes lorsqu'elles s'appliquaient aux hommes du prince de Hesse-Hanau et qu'elles requéraient la peine de mort se devaient de passer entre les mains du prince qui s'était réservé le droit de vie ou de mort sur ses hommes. Pour le traité des hommes du prince de Hesse-Hanau : voir *Parliamentary Register*, 1re partie, vol. III.
40. Archives du Canada, *MG21, Transcriptions*, collection Haldimand, série B, Vol. 151, 46-47. Lettre du 31 décembre 1778, Kreutzbourg à Haldimand. L'orthographe originale a été conservée.

Malheureusement, encore aujourd'hui, nous pouvons nous rendre compte de la portée des écrits de ces historiens. Ainsi, un exemple parmi tant d'autres, nous pouvons lire dans *Les Beaucerons, ces insoumis* de Madeleine Ferron : «La tradition orale ne transmet aucun trouble sérieux entre occupants et occupés» puis, elle poursuit: «Il faudrait être naïf pour imaginer que ces huit années d'occupation n'ont pas causé de perturbation ou laissé de souvenirs tangibles. Joseph Edmond Roy révèle plusieurs doléances adressées au gouverneur : des brutalités, des abus de pouvoir de la part des soldats allemands [41]».

Quant à la vie quotidienne des Allemands durant ces quartiers d'hiver 1776-1777, elle pourrait se résumer ainsi : les soldats recevaient leurs provisions et payaient les habitants pour les autres services rendus. Le bois de chauffage était coupé, au bois voisin, par les militaires. Les archives nous rapportent qu'ils étaient l'objet d'une surveillance continue. Ceux qui logeaient chez l'habitant recevaient la visite d'un officier chaque jour, lequel était suivi d'un supérieur à peu d'intervalle et enfin d'un colonel à chaque mois. Quant aux autres qui habitaient les édifices publics, ils étaient également soumis à une rigoureuse discipline qui les obligeait à donner, en détails, des comptes rendus des activités qui entouraient leurs quartiers [42].

Chaque fois que la température le lui permettait, Riedesel s'employait à entraîner ses hommes au tir, car, comme plusieurs, il considérait les Américains comme de meilleurs tireurs que ses soldats [43]. Certains faits lui donnèrent raison. D'abord disons tout de suite que l'armée anglaise était équipée d'un fusil à canon lisse, ne permettant point d'ajuster parfaitement son tir, son rôle n'étant pas de faire mouche, mais

41. Madeleine Ferron, *Les Beaucerons, ces insoumis*, 96.
42. Max von Eelking, *Memoirs and Letters...*, Vol. I, 82.
43. *Ibid.*, 89.

MOUSQUET HESSOIS

Courtoisie de *West Point Museum Collections*

plutôt de tirer dans le tas alors que la stratégie de l'armée anglo-allemande consistait à s'épauler sur son voisin afin de mieux arroser l'ennemi de ses projectiles.

Certes, les Américains de la côte est avaient également des fusils à canon lisse, mais comme les Anglais durent affronter les Américains de l'Ouest, ils durent aussi faire face à leurs armes, lesquelles se voulaient légères et précises puisqu'ils s'en servaient quotidiennement, leur survie en dépendant. Le hasard faisant drôlement les choses, elles avaient été mises au point par des colons allemands venus s'installer en Pennsylvanie. Ceux-ci avaient remplacé ce canon lisse par un canon rainuré en spirale permettant au projectile de faire un léger tourbillon dans son parcours et l'empêchant ainsi de dévier de sa trajectoire. Pour ce faire, on avait dû en doubler la longueur; toutefois, qu'à cela ne tienne, l'armée américaine causa des ravages tels à l'armée ennemie qu'un loyaliste anglais écrivit un jour à un journal. «Cette province a livré un corps de mille fusiliers, dont le plus maladroit place sa balle dans la tête d'un homme à 50 ou 200 mètres. Conseillez donc à ceux de vos officiers qui doivent un jour ou l'autre partir pour l'Amérique, de mettre toutes leurs affaires en ordre en Angleterre avant de s'embarquer.»

Cette réputation d'infaillibilité nous conduit directement au mythe américain : la légende du tireur qui fait mouche à tout coup, laquelle d'ailleurs se perpétua avec les Bill, Heacook, Auclay et le sergent York [44].

Malgré les premières difficultés d'adaptation à la mentalité canadienne, à la barrière de la langue et au dur climat de chez nous, les premiers quartiers d'hiver en sol canadien semblent assez agréables aux soldats allemands, en particulier pour les

---

44. Film sur la Révolution américaine produit par Time-Life Film, réalisé par la B.B.C. Londres et présenté à Radio-Québec dans le cadre de l'émission *America, America*, le 31 janvier 1981. À l'avenir : *America, America...*

officiers qui maîtrisent, pour la plupart assez bien le français. L'un deux, originaire de Basse-Saxe, qui écrit huit lettres à sa famille entre le 9 mars et le 20 avril 1777, alors qu'il était cantonné en la paroisse de Sainte-Anne, nous apporte une image du Québec du XVIIIe siècle, différente de celle laissée par les Anglais et les Français et transmise par nos historiens [45]. Bien que certains passages de trois d'entre elles soient relativement longs, leur intérêt m'incite tout de même à vous les présenter :

Lettre no 1

...Vous avez eu la gentillesse de manifester un grand intérêt à propos de notre supposé manque des nécessités de la vie. Pour consoler nos amis à la maison, je dois toutefois affirmer que le compte rendu qui en a été donné est faux; et ce ne fut pas non plus fait dans l'intention de donner un vrai récit des choses. Jusqu'à présent, nous avons eu du boeuf, du porc et du très bon mouton en abondance et depuis le 20 février, nous n'avons pas manqué de poulet, de chapon, d'oie, de canard, de perdrix et de lapin. Nous n'avons pas non plus manqué de choux blancs, de navets, de betteraves, d'excellents pois et de fèves, quoiqu'il soit vrai que nous ne pouvions obtenir de choux-fleurs, de lentilles et de variétés de navets supplémentaires. Nous avons dû aussi nous priver du plaisir de manger de la venaison de chevreuil et de sanglier, mais votre cuisinier

---

45. Ces lettres furent publiées dans un périodique allemand mis sur pied par August Ludwig Schlözer et intitulé *Briesfwechsels*, 1776-1782, Vol. IV, no. 49, 288-323. Lettres I-IV-VI. C'était alors un moyen très populaire de correspondance qu'utilisa cet officier du régiment de Specht. Il est à noter cependant que les propos qui suivent sont ceux d'un haut gradé de l'armée allemande et il est fort peu probable qu'ils puissent intégralement s'appliquer aux simples soldats allemands, du moins en ce qui concerne les «fêtes».

vous dira qu'une bonne variété de plats peuvent être préparés avec les différents articles que je viens d'énumérer. De plus, je vous assure que nous avons régulièrement d'excellents poissons; et que de bonnes pâtisseries peuvent être préparées à partir de farine et de beurre. Les rôtis de viande de jeune ours, les queues de castor et le caribou ont aussi bon goût; et placés sur la table, ils ne donnent pas seulement une apparence épicurienne, mais pourraient vous convaincre que les yeux et les palais peuvent être rassasiés.

Mes bien-aimés compatriotes de Basse-Saxe, cependant, peuvent toujours se flatter d'être les seuls à posséder l'art des viandes fumées, vinaigrées et séchées, aussi bien que l'art de faire la sauce bologne; ni les originaires de Souabie, d'Haute-Saxe, des provinces du Rhin ou les Canadiens ne seront capables de les égaler! Il ne faut pas non plus vous imaginer que les simples soldats sont privés de quoique ce soit en faveur de leurs officiers. Les premiers comme les derniers doivent vivre de leurs provisions, lesquelles ils doivent payer deux pences et demi. Au crédit de notre général en chef Carleton, il doit être dit que, grâce à ses efforts, les soldats allemands reçoivent chaque jour pour cette somme deux livres et demie de boeuf et une livre et demie de farine, — une ration dont l'estomac le plus exigeant peut se satisfaire. En outre, les soldats reçoivent d'excellents pois anglais et du très bon beurre irlandais.

Lettre no 4
...Mais avons-nous eu beaucoup de divertissements cet hiver? Je réponds : tout à fait! Vous voyez, il y a bon nombre de «seigneurs» [46] et de «curés» dans notre voisinage et avec leur aide et celle de nos officiers qui sont dans l'entourage, nous avons été capables d'avoir beaucoup de plaisir, du temps

---

46. Les mots entre guillemets sont écrits textuellement en français par l'auteur de ces lettres allemandes.

agréable et heureux, voire même jusqu'à nous amuser follement! Notre «seigneur» de Sainte-Anne un homme passablement riche, «Grand Inspecteur des Forêts et des eaux royales» et «aide de camp» du général Carleton nous a fait nombre de visites avec des amis parmi lesquels se trouvaient des dames de la ville. Grâce à cet homme, nous avons eu droit à plusieurs petites «fêtes» données à son château. Les «curés» eux non plus, ne sont pas à dédaigner. Ils sont de bons royalistes et, ayant la possibilité d'être de bons vivants, ils sont capables de fournir à dîner à vingt personnes et de les approvisionner avec du bon vin.

Le curé de Batiscan, M. Le Fevre, a donné plusieurs de ces «fêtes» très élégantes en l'honneur du général von Riedesel et n'a pas oublié ses voisins de Sainte-Anne.

Le 31 décembre donna lieu à de grandes réjouissances. En effet, cette date commémora le 1er anniversaire de la libération de la ville de Québec. À cette occasion il fut célébré en la cathédrale par Mgr l'Évêque, un office religieux, pendant lequel huit malheureux Canadiens, qui s'étaient rangés du côté des rebelles furent, la corde au cou, obligés de se repentir devant toute l'audience et de solliciter le pardon de Dieu, de l'Église et du roi. À 10 heures, les autorités civiles et militaires, ainsi que tous les gentilshommes anglais et canadiens, résidents ou de passage se rassemblèrent à la maison du gouverneur. Tous les gentilshommes de Québec en raison de leur rang d'officiers de milice portaient un costume avec un revêtement de couleur paille, un gilet, des hauts-de-chausses et des épaulettes argentées.

...À 11 heures accompagné par le major général Riedesel, le brigadier Specht ainsi que tous les officiers et tous les gentilshommes anglais présents, se rendirent à la grande place du couvent des Récollets où la milice française et les militaires canadiens de Québec, se groupèrent en huit compagnies. Ils tirèrent trois coups de canon, allumèrent des feux de joie et s'écrièrent «Vive le Roi». Puis les compagnies se dirigèrent vers la Haute-Ville où nous assistâmes à des services religieux qui eurent lieu dans les églises anglaises. C'est alors que les feux des canons de la citadelle se mêlèrent au «Te Deum», pendant que d'enthousiastes citoyens tirèrent du fusil de chasse et du mousquet par les fenêtres de leurs demeures. À 3 heures, le général donna un dîner à une soixantaine d'invités où aucune dame, à l'exception des deux dames Carleton, ne fut présente.

Vers les 6 heures du soir, la compagnie entière entama une marche vers la grande «auberge» anglaise où plus de quatre-vingt-quatorze dames et deux cent «chapeaux [47]» s'étaient déjà rassemblés dans le grand hall. Les dames, pour leur part, étaient assises sur des gradins. Puis il y eut un concert, au cours duquel une ode anglaise écrite en l'honneur du festival fut chantée. Cette ode était composée d'«ariettas», de récitations et de chorales. Pendant que la musique jouait, des billets étaient distribués aux gens qui désiraient danser. Chaque «chapeau» recevait un billet numéroté 1, 2 etc... qui le jumelait à une certaine dame et avec laquelle il devait danser toute la soirée.

De cette façon les dames comme les messieurs avaient des chances égales; les étrangers étaient cependant grandement préférés. Pour chacun de ces couples, c'étaient les dames qui avaient le loisir de choisir le nom du menuet qui devait être joué. Dans les grands bals, cette coutume devenait très ennuyeuse. L'exécution des danses anglaises avait exigé que l'on sépare en deux parties égales, la grande salle, par des rangées de bancs. ...les dames qui n'aimaient pas danser s'habillaient d'une «Bügelköke [48]» et les gentilshommes qui souhaitaient faire de même portaient des souliers de toile noire et des semelles feutrées. Toutes les sortes de rafraîchissements étaient servies; malgré l'espace quelque peu restreint, aucun spectateur n'en était incommodé. Les rues des alentours

---

47. Gentilshommes.
48. C'était un anneau qui se portait sur les hanches et sous une jupe très courte.

étaient pratiquement toutes désertes. À minuit, un souper fut traditionnellement servi aux tables. Il est vrai que toutes les victuailles étaient froides mais les friandises et les pâtisseries pouvaient être obtenues en surabondance. À 2 heures, la danse reprit de plus belle et se poursuivit jusqu'à l'aube. Tous les officiers de milice anglaise et française de Québec donnaient ce genre de «fête» qui peuvent facilement coûter plusieurs milliers de reichsthalers.

Le matin suivant, ou plutôt un peu plus tard le même matin (1er janvier 1777), le gouverneur tint une «levée» à laquelle l'Église, le barreau, l'armée, la marine et le monde des affaires furent représentés. Absolument toute la ville fourmillait de «carrioles» alors que chacun faisait sa tournée du Jour de l'An. Nous avons également rendu plusieurs visites de politesse et dû décliner bon nombre d'autres invitations. Dans l'après-midi, nous avons dîné avec M. de la Naudière et dans la soirée il y eut une grande réunion à la maison du gouverneur où se tinrent des divertissements à une trentaine de tables, jusqu'à 10 heures, heure où chacun retourna chez soi afin de refaire ses forces. Le 2, nous avons dîné avec le colonel Saint-Léger, colonel du 34e régiment, présentement commandant à Québec et avec qui nous étions devenus des amis intimes alors que nous étions au camp près de Chambly. Comme il n'y avait que des gentilshommes, de nombreux toasts furent portés. Au cours de la soirée, nous obtinrent du général Carleton la permission de nous retirer, malgré que nous dûmes refuser plusieurs invitations à participer à d'autres «fêtes» et tout spécialement à une randonnée en traîneaux composée d'une centaine de carrioles avec pour lieu de rencontre la demeure du docteur. Cet homme est docteur en médecine, juge de paix et incommensurablement riche; il est le «Consul Romain» de Québec et, comme lui, il n'a pas de femme qui lui est propre.

Le 20 janvier, à Trois-Rivières, le major général von Riedesel célébra l'anniversaire de naissance de sa Majesté la Reine. À cette occasion nous parcourâmes la distance (sept milles allemands) en quatre heures, dans une carriole et dînames à une table d'une quarantaine de couverts où avaient pris place plusieurs Croix de Saint-Louis, qui, toutefois, nous semblèrent fort peu en moyens. De nombreux toasts au champagne furent alors portés en accord avec les grondements d'un petit canon qui était situé face à la maison. Dans l'après-midi et la soirée se tint un bal auquel participèrent trente-sept dames. Bien que le charme de la Demoiselle Tonnancour fut grandement rehaussé par ses bijoux, la pauvre Demoiselle R—e [49], dans sa robe indienne défraîchie fut toutefois préférée par plusieurs, grâce à son charme adorable et naturel et à la beauté de sa voix. Sachez, ma chère soeur, que les belles Canadiennes entonnèrent des «chansons» italiennes et françaises ainsi que de nombreuses autres composées en l'honneur du général von Riedesel.

Je note le 5 février comme un grand jour de fête car, à cette date, sept couples furent mariés à l'église de Sainte-Anne. Lors de cet auguste événement, le brigadier amena à l'autel une nièce du «curé»; le major von Ehrenkrook, une sqaw qui maria un Indien de la nation «des Têtes de Boule», et moi, une parente du capitaine de Milice. Ce poste d'honneur n'est octroyé que lorsque la future mariée n'a pas de père pour l'accompagner, l'escorte, prend alors la place de ce dernier. Nous dînames avec le «curé», fûmes invités à des réjouissances dans les demeures des différentes jeunes mariées et eûmes droit à toute une série de petites attentions, courtoisies, etc... comme le veut la coutume des paysans chez nous, lors du festival du mariage. Comme nos musiciens étaient à Québec et que les musiciens de village n'existent pas ici, nous fûmes obligés de danser au fredonnement du «tra la la» d'un menuet canadien et dûmes endurer le gueulage de «chansons» chantées de poumons de stentor. En guise de remerciements pour nos services rendus aux jeunes mariés, nous fûmes considérés

---

49. Dans ce genre de correspondance l'on utilisait cette méthode afin de conserver l'anonymat. Néanmoins, le ou les destinataires étaient en mesure de reconnaître les gens dont on voulait parler.

par les bonnes gens de Sainte-Anne comme des leurs. Que ce soit la vieille dame septuagénaire ou encore la jeune fille d'une quinzaine d'années, toutes, au hasard de nos rencontres, nous embrassent depuis lors amicalement. C'est la façon dont les Canadiens saluent leurs parents et leurs amis intimes; les connaissances plus guindées ne font que se donner la main. Cette coutume prévaut non seulement parmi les gens riches, mais aussi parmi les gens de basse classe et c'est un des droits de la fraternité.

Lettre no 1

...Les Canadiens sont unanimes à déclarer qu'ils n'ont jamais connu un hiver comme celui que nous venons juste de passer. C'est la même chose pour nous, car nous n'avons noté aucune différence perceptible entre le froid d'ici et celui de chez nous, quoique nous ayons été étonnés de retrouver la même température. Depuis le 24 novembre dernier, lorsque nous avons eu la première neige et les premières glaces, nous n'avons eu ni pluie, ni dégel et, incidemment, la neige et la glace font, depuis lors, partie du décor. Il y a eu de nombreuses et d'importantes chutes de neige fine et sèche qui ont rarement perduré plus de douze heures. On peut ainsi facilement imaginer que la terre se couvre de glace et de neige jusqu'à une hauteur de cinq à six pieds.

Lettre no 6

...Une des choses les plus désagréables à rencontrer à l'intérieur du Canada est la fréquence et la férocité des vents. Ils s'élèvent généralement à tous les trois jours et durent environ douze heures. Ils entassent la neige à différents endroits et celle-ci recouvre tous les trous et les dépressions, donnant ainsi l'illusion que le terrain est d'un niveau uniforme. Il en résulte des paysages très beaux, mais il n'est pas moins dangereux de voyager sans prendre les précautions voulues car, autrement, on risque de faire une chute dans l'un de ces trous et de se casser une jambe. En outre, un cheval et une «sleigh» risquent d'y tomber et le cheval d'y rester enterré vivant. De la même manière que les garde-forestiers ou les maîtres d'armes chez nous, les Canadiens trouvent des solutions à tout. Les gens d'ici savent comment surmonter toutes les difficultés qui sont causées à leurs chemins en hiver. Chaque «habitant» est contraint de déblayer la route entre sa maison et celle de son plus proche voisin, sur une largeur qui permet à deux «carrioles» de passer côte à côte ou de se croiser. Pour se faciliter la tâche, on plante de jeunes pins de chaque côté du chemin à une distance de vingt pieds, permettant ainsi aux voyageurs de parcourir leur route en toute sécurité. On peut à peine imaginer comment ces voies glacées sont modifiées; on le fait soit à cause de la température soit à cause des circonstances. De plus chaque fois que le chemin est déplacé il change de nom et les balises sont enlevées. Les chemins qui traversent les glaces du fleuve Saint-Laurent sont délimités de la même manière et chaque fois qu'un voyageur note qu'une partie de la glace est affaiblie, il se doit de s'arrêter et de marquer l'endroit. En fait, voyager au Canada est un chose assez particulière, car un jour le chemin passe sur une colline et le lendemain le même chemin enjambe une rivière.

Les piétons, cependant, peuvent effleurer la neige comme des lièvres à l'aide de «raquettes» qu'ils attachent à leurs pieds. Elles ressemblent beaucoup aux «raquettes» que nous utilisons chez nous pour lancer une balle ou un volant, la seule différence étant qu'elles sont deux fois plus larges. En les utilisant, on doit prendre une large enjambée et en même temps traîner ses pieds dans un angle incliné. Les régiments anglais ont été occupés, l'hiver dernier, à apprendre à les utiliser mais nos régiments n'ont pas encore reçu de formation, le nombre requis n'ayant pas été livré. Chaque «habitant» possède cette sorte de machine dont il ne peut se passer s'il désire se promener dans le voisinage.»

Le capitaine George Pausch nous raconte dans son journal, au sujet des uniformes des soldats allemands, que le commissaire Faucitt avait veillé personnellement à ce que les Allemands fussent bien vêtus afin d'affronter le rigoureux hiver canadien. «Les uniformes ne furent pas changés mais on leur apporta les modifications de mise; aussi reçurent-ils culottes, guêtres, vestons, mitaines, capots avec capuchon, tuques etc... totalisant ainsi, pour chacun des soldats, la somme de 33 shillings 9 pences [50]». Un autre officier de l'armée allemande corrobore les dires du chef de l'artillerie de Hesse-Hanau : «L'armée entière est vêtue, durant l'hiver, d'un costume spécial consistant en un complet fait de tissu et couvrant des pieds à la taille, une paire de jambières puis un capuchon de tissu couvrant à la fois la tête, le cou et les épaules. Les régiments anglais, en plus, portent des «capots canadiens [51]». Lowell, quant à lui, nous parle du même sujet mais avec beaucoup moins d'enthousiasme : «Les Brunswickois furent passés en revue par Faucitt, lequel trouva les uniformes dans un tel état qu'il donna à Riedesel une avance de £ 5 000 afin qu'il puisse s'en procurer de nouveaux.» Puis il renchérit : «D'ailleurs Riedesel se fit jouer par les entrepreneurs à qui il confia le soin de les fabriquer, puisqu'une fois rendu en mer, faisant ouvrir l'une des caisses laquelle devait contenir des souliers, il n'y trouva que des sous-vêtements pour dames.» Puis il termine en disant qu'aucun pardessus ne leur avait été fourni pour la campagne canadienne [52]. De toute façon, l'hiver canadien de 1776-1777 qui a pris des allures de bienveillance à l'égard des nouveaux arrivants, est tellement inaccoutumé pour les habitants qu'ils le surnomment «l'hiver des Allemands.»

La trêve à laquelle avaient eu droit les Américains après la double invasion de Carleton et de Howe allait prendre fin avec l'arrivée de l'été 1777. En effet, dès les premiers jours de mars, les plans anglais laissent place aux premiers préparatifs de cette nouvelle campagne, la précédente n'ayant pu être menée à terme, faute de moyens.

---

50. George Pausch, *Journal de George Pausch...*, 94.
51. A.L. Schlozer, *Letters of Brunswick...*, 61.
52. Edward Jackson Lowell, *The Hessians and...*, 119.

Bien que l'idée du général Carleton de couper les colonies en deux soit respectée dans son ensemble par Londres, les détails cependant font l'objet de changements qui en surprennent plus d'un. De retour d'Angleterre, suite à la maladie grave de son épouse, Burgoyne rentre au pays au printemps 1777 porteur d'une lettre pour Carleton [53], dans laquelle on lui demande de rester au Canada «afin de s'occuper de sa tâche, laquelle consiste uniquement à maintenir l'ordre et voir à l'établissement d'un système juridique au Canada [54]».

Le secrétaire d'État qu'est Lord Germain lui retire, en deux mots, la conduite des opérations militaires et la confie au général John Burgoyne. De plus, ces ordres sont signés de août 1776 et, fort heureusement, n'ont pu lui être acheminés à temps. Pour Carleton et ses proches, ce n'est là que la manifestation logique d'une vieille rancune entre les deux hommes et le ton aigre-doux de leurs dernières correspondances leur avait laissé croire à quelque réaction semblable [55]. Germain, dans sa décision, prétexta la mollesse du gouverneur à poursuivre les rebelles. Tous les historiens ou presque s'accordent à dire que Burgoyne, malgré son ambition, ne fut pour rien dans la disgrâce du gouverneur et Carleton, le premier, nous le prouve bien puisqu'il ne ménagea aucun effort envers le nouveau commandant en chef pour l'aider à mener à bien cette campagne des plus importantes pour l'Angleterre. Pour Riedesel toutefois: «Une grande faute vient, sans aucun doute, d'être commise par le ministre britannique [56].» Le général est parfaitement conscient que n'importe qui pourrait assurer l'administration du Canada, à ce moment précis, et qu'avec l'absence de Carleton, c'est courir un bien grand risque, puis-

---

53. Archives du Canada, *MG11, Colonial Office*, série Q, Vol. 13, 73-79. Lettre du 26 mars 1777, Germain à Carleton.
54. Pierre Benoit, *Lord Dorchester*, 105.
55. *Ibid.*, 105-112.
56. Max von Eelking, *Memoirs and Letters...*, Vol. I, 97.

que seule son expérience peut, selon lui, servir au maximum la Couronne anglaise. Néanmoins, en soldat très respectueux de l'autorité, Riedesel se rapporte sans aucune discussion aux ordres de son nouveau commandant [57].

Il est donc déterminé que l'on attaquera l'ennemi de trois côtés simultanément [58]. D'abord, Burgoyne avec ses hommes se portera contre Ticonderoga, tandis que le lieutenant-colonel Barry Saint-Léger accomplira une diversion par le lac Ontario puis se dirigera vers la rivière Mohawk où il soumettra les forts qui la jalonnent. Enfin, venant du sud, le major général William Howe refermera avec les deux premiers l'étau sur les Américains. Les troupes allemandes reçoivent donc l'ordre, le 28 mai 1777, de se préparer pour un départ imminent, sauf 667 soldats sous les ordres du lieutenant-colonel Ehrenkrook qui, selon Carleton, sont un ramassis de «malades et infirmes dont plusieurs régiments préfèrent se soulager [59]».

---

57. *Ibid.*, 98.
58. Pour la campagne de Burgoyne (1777) voir les travaux suivants :
    a) William L. Stone, *The Campaign of Lieutenant General John Burgoyne and the Expedition of Lieutenant Colonel Barry St-Léger*, Albany, N.Y. 1877.
    b) Riedesel Friederike Charlotte Luise von Massow, *Letters and Memoirs relating to the War of American Independence and the Capture of the German Troops at Saratoga*, (traduit chez G. & C. Carvill New York, N.Y. 1827.)
    c) Riedesel Friederike Charlotte Luise von Massow, *Journal and Correspondance of a Tour of Duty, 1776-1783*, (traduit et revisé par Marvin L. Brown Jr, *Baroness von Riedesel and the American Revolution*, North Carolina Press, 1965.)
    d) Hoffman Nickerson, *The Turning Point of the Revolution.*
    e) Thomas Anburey, *With Burgoyne from Quebec*, Toronto, 1963.
59. Archives du Canada, *MG11, Colonial Office*, série Q, Vol. 13, 156. Lettre du 22 mai 1777, Carleton à Germain.

Aussi, la mauvaise condition de ces hommes oblige-t-elle Carleton à demander à Howe de lui apporter son aide dans l'éventualité d'une nouvelle invasion. Quant à cette armée de Burgoyne, elle est formée de la façon suivante : 3 724 Anglais, 3 016 Allemands en plus de 250 volontaires tories et Canadiens et d'environ 400 Indiens [60].

L'aile droite est alors confiée au général Phillips tandis que le commandement de l'aile gauche revient à Riedesel. Quant à Saint-Léger, 875 tories et volontaires composent la première partie de ses troupes tandis que 800 à 1 000 Indiens, conduits par Joseph Brant, en forment la deuxième. À ce groupe doivent s'ajouter les chasseurs du colonel Kreutzbourg; un malentendu retarde cependant l'envoi de ces derniers qui n'arrivent à Québec que le 11 juillet 1777 et n'atteignent ainsi Oswego que le 26 août, alors que Saint-Léger a déjà amorcé sa retraite du fort Stanwik [61].

Ces chasseurs de Hesse-Hanau, comme d'ailleurs ceux des différentes principautés qui ont participé à la guerre de l'Indépendance américaine, furent recrutés dans les forêts allemandes. Gardes-chasse, forestiers ou simples chasseurs, ils eurent, au même titre que les autres chasseurs, l'honneur de faire partie de l'élite de l'armée anglo-allemande en Amérique du Nord. Ces derniers employaient de courts fusils européens, tous différents les uns des autres puisque chacun se servait de sa propre arme, fabriquée ou achetée chez son propre armurier. En général, l'arme avait une longueur de près de quatre pieds et ne comportait aucune bayonnette. Celle-ci était remplacée par une courte épée retenue par un cordon [62].

---

60. Voir le tableau intitulé «Organisation de l'armée de Burgoyne pour la campagne de 1777».
61. Sauf pour la compagnie des chasseurs de Hesse-Hanau sous les ordres du lieutenant Hildebrandt, laquelle arrive plusieurs mois avant les autres chasseurs de Hesse-Hanau. Rainsford, 421-423.
62. *Op. cit.*, 99.

ORGANISATION DE L'ARMÉE DE BURGOYNE POUR LA CAMPAGNE DE 1777

L'AILE GAUCHE SOUS RIEDESEL

L'AILE DROITE SOUS PHILLIPS

INDIENS

INDIENS

CANADIENS

CANADIENS

SOUS LT.-COL. BREYMANN

SOUS BR.-GEN. FRASER

INF.LÉG. von BARNER

BAT. GRE. von BREYMANN

24ᵉ RÉG. ANGLAIS

GRENADIERS ANGLAIS

INF.LÉG. ANGLAISE

SOUS BR-GEN SPECHT

SOUS BR-GEN GALL

SOUS BR-GEN HAMILTON

SOUS BR-GEN POWELL

RHETZ

SPECHT

RIEDESEL

H. HANAU

PRINCE FERDINAND

21ᵉ ANG.

62ᵉ ANG.

20ᵉ ANG.

47ᵉ ANG.

53ᵉANG.

9ᵉ ANG.

RESERVES

DRAGONS BRUNSWICK

Les compagnies de Kreutzbourg, Francken, Wittgenstein et Hildebrandt étaient extrêmement bien entraînées. Elles étaient parties de Hanau durant le mois de mai 1777 et étaient destinées au général John Burgoyne [63]. Toutefois, ce qui s'annonçait être du gâteau pour les troupes anglo-allemandes, se transforma en une formidable indigestion à Saratoga. À première vue, les Américains n'avaient rien de l'armée traditionnelle et, de plus, les rumeurs voulaient que ces hommes fussent épuisés et démoralisés. L'armée anglo-allemande, qui s'attendait à combattre selon l'art de la guerre, avait complètement oublié la leçon que l'histoire lui avait déjà servie. En effet, l'on n'avait pas mis à profit ces fameuses campagnes des armées romaines contre les barbares dans lesquelles ces derniers combattaient sur un terrain qui leur était très familier et sans le lourd équipement qui gênait l'avance des armées romaines dans les marais. Ainsi, s'était-il passé plusieurs années entre ces deux guerres sans que le scénario ne changeât. D'ailleurs les Américains, à leur tour, firent la sourde oreille à l'histoire et en subirent les mêmes conséquences dans ce Vietnam encore frais à nos mémoires. Un officier anglais n'y comprenant plus rien écrira : «ils refusent le combat. [64]».

Ceci étant dit, il n'en reste pas moins que les premières victoires sont réellement du gâteau pour Burgoyne puisque le major Arthur Saint-Clair abandonne Ticonderoga le 5 juillet 1777. La suite allait pourtant se révéler tout autre...

Entre-temps Madame Riedesel et ses trois filles : Augusta (1771-1805), Frédérika (1774-1854) et la petite dernière, Caroline (1776-1861), qui naquit tout juste après le départ du

---

63. Charles Rainsford, *Transactions as Commissary for Embarquing Foreing Troops in the English Service from Germany with Copies of Letters Relative to it. For years 1776-1777*, dans Collections of the New York Historical Society, Vol. XII, 1879, 421-423, 426.

64. *America, America...*

général de Wolfenbüttel, sont arrivées à Québec avec l'espoir de revoir celui qu'elles aiment tant et qu'elles n'ont pas revu depuis plusieurs mois. Parties de Wolfenbüttel le 14 mai 1776, en compagnie de leur fidèle serviteur, Rockel, elles arrivent à Calais le 1er juin après une série de mésaventures et de frustrations qui les empêchent de poursuivre leur voyage vers l'Amérique. Le 16 avril 1777, elles quittent enfin Portsmouth à bord d'un navire marchand et touchent terre à Québec, le 11 juin à 10 heures du matin [65].

Après avoir accepté une gentille invitation à dîner de Lady Maria [66], elles repartent vers les six heures, le même jour, dans l'embarcation du capitaine Powell et atteignent la Pointe-aux-Trembles (près de Québec) aux environs de minuit. Dans la nuit du 12, elles montent à bord d'une calèche de la poste et poursuivent leur course folle sachant très bien que de son côté le général s'éloigne jour après jour. Madame Riedesel gardera un bon souvenir de ses conducteurs et écrira d'eux par la suite : «Les Canadiens parlent sans cesse à leurs chevaux et leur donnent toutes sortes de noms. Ainsi, lorsqu'ils n'étaient pas occupés à fouetter les chevaux ou à chanter, ils criaient : «Allons mon Prince!» «Pour mon général!» ou encore plus souvent «Fi, donc, Madame!» Je pensai qu'il s'adressait à moi et dis «Plaît-il?» «Oh!» rétorqua-t-il. «Ce n'est que mon cheval, la petite coquine.» Parvenues à Bastican, dans le courant de l'après-midi, elles ne réussissent pas à trouver une calèche et doivent se contenter de poursuivre leur périple à bord d'un simple canoë d'écorce. Atteignant les Trois-Rivières après avoir affronté une terrible tempête de grêle, elles sont accueil-

---

65. Riedesel Friederike Charlotte Luise von Massow, *Journal and Correspondence of a Tour of Duty, 1776-1783*, traduit et revisé par Marvin L. Brown Jr, *Baroness von Riedesel and the American Revolution*, 26-34. À l'avenir : *Journal and Correspondence...*
66. Épouse du gouverneur Guy Carleton.

lies joyeusement par les soldats allemands et passent la nuit dans la maison préparée par le général à leur intention. Puisque rien ne peut les arrêter, vers les six heures le 13 au matin, dans la tempête qui fait toujours rage, elles repartent de plus belle, cette fois, à bord d'une calèche couverte, celle du grand vicaire Saint-Onge, et se dirigent à toute allure vers Berthier. Après n'y avoir que sommeillé, c'est à bride abattue, qu'elles filent vers Montréal, où elles passent également la nuit. Au petit jour, c'est un nouveau départ, cette fois en direction de Chambly, où elles apprennent, à leur grande déception que le général est allé à leur rencontre mais que, fort probablement à son grand malheur, il a emprunté la seconde route qui mène à Berthier. Néanmoins, Carleton et ses officiers s'empressent de les rassurer sur le retour prochain du général. Dès le lendemain c'est la grande joie : «C'est mon mari!» s'écrie-t-elle, et ce sont les heureuses retrouvailles [67].

Après deux courtes journées passées ensemble, le 18, c'est à nouveau la séparation puisque le reste des troupes vient d'arriver et que malgré leur ardent désir d'accompagner le général, madame et ses filles se doivent de retourner aux quartiers des Trois-Rivières afin d'y être plus en sécurité. Quelques jours plus tard, elles atteignent leur destination et madame écrit dans son journal : «Je revins aux Trois-Rivières, toute triste et remplie d'anxiété.» Cette anxiété devint si insupportable pour Madame Riedesel que, malgré ses nombreuses distractions et suite à de multiples instances auprès de son mari, elle réussit à le convaincre que leur place est auprès de lui. Le général les envoie donc chercher, sous escorte, et elles sont conduites par bateau à Fort Edward où le général les rejoint le 15 août suivant. La grande et périlleuse aventure de la famille Riedesel dans la guerre de la Révolution américaine, vient alors de commencer [68].

67. Von Massow, *op. cit.*, p. 35-38.
68. *Op. cit.,* 38-45.

Durant les mois qui suivent le départ de Burgoyne et de son armée, aucun événement d'importance n'a lieu au Canada. Cependant, comme la menace d'une autre invasion plane toujours sur le pays, Carleton emploie ses hommes à reconstruire les fortifications et à maintenir les communications entre ses différents postes échelonnés à travers l'immense territoire sous sa juridiction. Les troupes allemandes, pour leur part, se chiffrent au Canada à 667 soldats de Brunswick et de Hanau, sous les ordres du lieutenant-colonel et bientôt brigadier von Ehrenkrook, et se répartissent de la façon suivante [69] :

	Ét.-maj.	Capt.	Lieut.	Offic.	Soldats
Régiment des grenadiers	0	1	1	6	72
Régiment prince Frédéric	0	1	2	8	91
Régiment Rhetz	1	1	2	7	91
Régiment Riedesel	0	0	2	7	91
Régiment Specht	0	1	2	7	91
Bataillon von Barner	0	1	1	6	68
Régiment Hesse-Hanau	0	1	2	7	96
TOTAL	1	6	12	48	600

Durant ce temps, plus au sud, après le départ précipité du major américain Arthur Saint-Clair et de sa garnison de Ticonderoga, Burgoyne a entrepris de se lancer à leurs

69. Max von Eelking, *Memoirs and Letters and...*, Vol. I, 101. *N.B. :* Toutefois, on retrouve dans les Archives du Canada, *MG13, War Office 17*, Vol. 1571, 385, un total de 711 hommes au 1er novembre 1777, soit 669 prêts pour le service.

trousses et a désigné le régiment du prince Frédéric et le 62e régiment anglais afin de prendre la relève de la garnison. Puis il a ordonné à Fraser et Riedesel de rattraper un premier groupe de rebelles qui ont emprunté la route de Hubbardton pendant qu'il donne lui-même la chasse à Saint-Clair en direction de Skeensborough (Whitehall N.Y.) [70]. Le 7 juillet, Fraser essuie le feu américain mais est immédiatement secouru par Riedesel et ses hommes, soit les dragons de Brunswick, les grenadiers de Breymann ainsi que le bataillon de chasseurs de Barner. Pendant ce temps, Burgoyne a rejoint sa proie et, dans la soirée du 6 juillet, la flotte de Saint-Clair est complètement détruite. Des cinq embarcations qui la composent trois sont brûlées, les deux autres capturées. À cette nouvelle, les insurgés de Skeensborough plient bagages et retraitent sur Fort Anne. Au même moment, le major général et commandant des opérations américaines du district nord, Philip Schuyler a rassemblé ses forces à Fort Edward et exerce une guérilla contre la progression de l'armée anglo-allemande. Arbres en travers du parcours de l'ennemi, chevaux dispersés dans la nature, récoltes brûlées, voilà autant de tactiques qui nuisent à l'avance des troupes du roi. Bientôt, celles-ci doivent faire face à de tels problèmes que Burgoyne se doit d'envisager une expédition afin de remédier à cette situation désastreuse. Riedesel s'y objecte alléguant que cette sortie est trop éloignée et que les hommes risquent fort probablement d'y devenir la cible de l'ennemi. Mais le général anglais qui n'a que faire des conseils d'un officier allemand, passe outre sa recommandation et désigne le lieutenant-colonel Frédéric Baum à la tête de l'expédition. Ce dernier reçoit un détachement composé de 551 hommes dont 374 sont des Allemands, le reste étant des volontaires canadiens, des loyalistes et des soldats anglais [71]. De plus 150 Indiens viennent compléter la formation. En

70. Max von Eelking, *Memoirs and Letters...*, Vol I, 252-254.
71. Edward Jackson Lowell, *The Hessians and...*, 143.

dernière minute, un rapport du colonel Skeene [72] informe Burgoyne qu'un vaste magasin de provisions, situé à Bennington, s'avère mal défendu par l'ennemi. À cette nouvelle, le général anglais, sans autre consultation, ordonne au lieutenant-colonel Baum de changer son itinéraire et de se diriger sur Bennington.

Malheureusement pour l'officier allemand et ses hommes, le colonel américain John Stark du New Hampshire, accompagné d'une force de 1 500 à 1 800 soldats, campe présentement dans la région. Baum, sans se douter à quel désastre il court, prend donc le départ avec son détachement, le 11 août 1777 [73]. Chemin faisant, il réussit à mettre la main sur des provisions et même à faire quelques prisonniers. Le 14, il apprend la présence de Stark mais, en fier soldat qu'il est, il décide de poursuivre sa route. Il rédige toutefois un message [74] à l'intention de Burgoyne dans l'espoir que ce dernier puisse lui envoyer quelques renforts. Le général soutient sa demande et souscrit 642 hommes sous les ordres du lieutenant-colonel Heinrich Breymann soit : 333 grenadiers de Brunswick, 288 soldats de l'infanterie légère de Baum, 21 artilleurs ainsi que deux pièces d'artillerie, sous les ordres du lieutenant Spangenberg [75]. Retardés par un équipement trop lourd [76] et une température maussade qui n'aide pas leur cause, les hommes de Breymann apprennent le 16 que l'Américain Stark vient d'écraser leurs camarades et ce, alors qu'ils ne sont plus qu'à environ cinq milles du lieu du désastre. Dès le

72. Max von Eelking, *Memoirs and Letters...*, Vol I, 262-264.
73. Max von Eelking, *The German Allied Troops...*, 131.
74. Max von Eelking, *Memoirs and Letters...*, Vol. I, 264.
75. Max von Eelking, *The German Allied Troops...*, 131-132.
76. Les allemands étaient à ce point handicapés par leurs équipements que le seul poids de leurs chapeaux et de leurs sabres équivalait au poids total de l'équipement des soldats anglais. Edward J. Lowell, *The Hessians and...*, 145.

lendemain, Breymann et ses hommes subissent à leur tour l'assaut des Américains et seul le capitaine Schlagenteuffel et 29 dragons de Brunswick échappent à l'ennemi [77]. En moins de deux jours, près de 700 soldats, dont environ 400 Allemands, sont faits prisonniers par les rebelles. Des hommes sous les ordres de Baum, 365 ne retournent pas à leur campement; quant à ceux de Breymann, 231 sont tués, blessés ou manquent à l'appel [78]. Pour l'armée anglo-allemande, c'est le commencement de la fin.

Au début de juillet 1777, le colonel Barry de Saint-Léger accompagné de près de 900 soldats et tories ainsi que d'un millier d'Indiens avec à leur tête, Joseph Brant, quitte Montréal pour le fort Stanwick [79], première étape du plan anglais, selon lequel il doit réunir ses troupes aux hommes de Burgoyne et de Howe, à Albany. Le 4 août, Saint-Léger assiège le fort et, du même coup, soulève le mécontentement de quelque 800 habitants de la Mohawk Valley. Ces derniers, principalement d'origine allemande donnent suite à leur colère et se joignent au général Nicholaus Herckheimer afin de soutenir les assiégés. Bien que cette bataille d'Oriskany [80] fit 500 tués du côté américain sur un total de 800 qui y participèrent, cet effet démoralisant ne réussit pas à faire plier l'échine aux assiégés qui résistèrent bravement. Au contraire, ils furent grandement soutenus par une rumeur qui circulait depuis quelque temps et qui voulait que 3 000 hommes, avec à leur tête Bénédict Arnold, fussent sur le point de leur porter secours.

77. Max von Eelking, *The German Allied Troops...*, 132.
78. Edward Jackson Lowell, *The Hessians and...*, 147.
79. Le fort est alors défendu par environ 700 miliciens commandés par le Colonel Gansevoort.
80. Nom donné à cette sanglante confrontation qui opposa les habitants de la Mohawk Valley, sous les ordres du général Herkheimer, aux troupes de Saint-Léger.

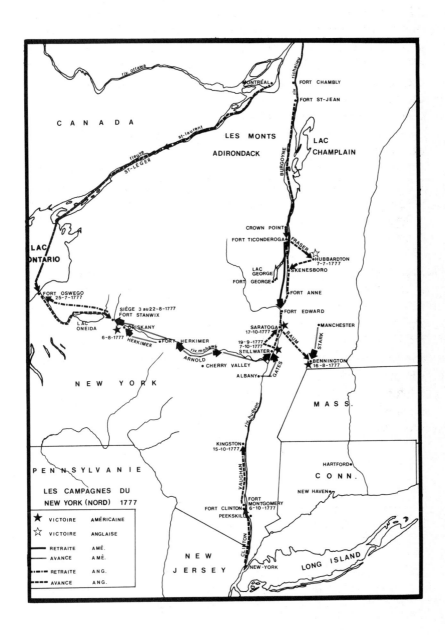

CANADA

riv. ottawa

MONTRÉAL

FORT CHAMBLY

FORT ST-JEAN

riv. Richelieu

st-laurent

LES MONTS
ADIRONDACK

LAC
CHAMPLAIN

fleuve
ST-LÉGER

BURGOYNE

LAC
ONTARIO

CROWN POINT

FORT TICONDEROGA

FRASER

☆ HUBBARDTON
7-7-1777

LAC
GEORGE

SKENESBORO

FORT
GEORGE

FORT ANNE

FORT OSWEGO
25-7-1777

SIÉGE 3 au 22-8-1777
FORT STANWIX

FORT EDWARD

ORISKANY

LAC
ONEIDA

6-8-1777

HERKIMER

FORT HERKIMER

SARATOGA
17-10-1777

BAUM

MANCHESTER

riv. mohawk

ARNOLD

19-9-1777
7-10-1777
STILLWATER

STARK

NEW YORK

CHERRY VALLEY

ALBANY

BENNINGTON
16-8-1777

GATES

MASS.

riv. hudson

KINGSTON
15-10-1777

HARTFORD

CONN.

PENNSYLVANIE

VAUGHAN

NEW HAVEN

LES CAMPAGNES DU
NEW YORK (NORD) 1777

FORT
MONTGOMERY
6-10-1777

★ VICTOIRE AMÉRICAINE

FORT CLINTON

PEEKSKILL

☆ VICTOIRE ANGLAISE

RETRAITE AMÉ.

AVANCE AMÉ.

CLINTON

RETRAITE ANG.

NEW JERSEY

NEW-YORK

LONG ISLAND

AVANCE ANG.

Soudain, le 22 août, coup de théâtre du côté anglais: c'est la désertion indienne. Devant pareil événement, Saint-Léger qui ne se sent déjà pas tellement sûr de lui sans les chasseurs de Kreutzbourg, est pris de panique et,à la nouvelle de l'arrivée prochaine d'Arnold, il ne voit d'autre solution que de se retirer en toute hâte. L'abandon du fort Stanwick par Saint-Léger constitue la deuxième défaite anglaise d'importance, au Nord, une défaite qui, avec Bennington, allait non seulement faire échouer la triple rencontre d'Albany, mais également être la cause directe de la capture de milliers de prisonniers allemands et anglais à Saratoga.

Des soldats allemands qui prirent part au siège du fort Stanwick, nous savons peu de choses, ces derniers n'ayant laissé que de très rares écrits sur ces événements. Toutefois, le journal du capitaine Pausch de l'artillerie de Hesse-Hanau nous apprend que la compagnie de chasseurs du lieutenant Hildebrandt [81], de Hesse-Hanau, ainsi que 19 artilleurs équipés de deux pièces de campagne étaient du groupe [82].

La baronne Riedesel et ses filles qui ont suivi le général allemand jusque sur les champs de bataille ont vécu des situations extrêmement pénibles. Dans son volumineux journal, la baronne décrit ces événements avec un souci du détail que l'on ne peut retrouver dans aucun autre écrit sur les mercenaires allemands. Les jours qui précèdent la reddition de Saratoga sont particulièrement difficiles pour Madame Riedesel et ses filles comme elle nous le raconte dans son journal [83] :

---

81. La compagnie des chasseurs du lieutenant Hildebrandt de Hesse Hanau était arrivée plusieurs mois avant les autres chasseurs. Archives du Canada, *MG21, Transcriptions*, collection Haldimand, série B, Vol, 39, 547. Lettre du 26 juin 1777, Cap. Edward Foy à Kreutzbourg.
82. George Pausch, *Journal de George Pausch...*, 131.
83. Riedesel Friederika Charlotte Luise von Massow, *Journal and Correspondence of a Tour of Duty, 1776-1783*, traduit par

«Lorsque l'armée se mit en marche, le 11 septembre 1777, je fus tout d'abord informée que je devais demeurer au Canada; néanmoins suite à mes supplications répétées et comme d'autres dames avaient eu la permission de suivre l'armée, la même indulgence me fut accordée. Nous avançâmes par petits parcours et dûmes surmonter de nombreuses embûches; pourtant j'aurais acheté à n'importe quel prix ce privilège qui m'avait été accordé et qui me permettait de voir mon mari tous les jours. J'avais retourné la plupart de mes bagages à l'exception d'un ballot contenant du linge d'été. Au début tout alla pour le mieux, nous pensions que nos chances d'atteindre «la terre promise» étaient excellentes, aussi, lorsque vint le temps de franchir la rivière Hudson et que le général Burgoyne s'exclama : «Les Bretons ne reculent jamais», nous n'en fûmes que stimulés davantage. Cependant, j'observai avec étonnement que les femmes d'officiers étaient, à l'avance, informées de tous les plans militaires; et j'en fus encore plus frappée en me rappelant avec quelle discrétion toutes les dispositions avaient été prises dans les armées du duc Ferdinand, durant la guerre de Sept Ans. Ainsi, les Américains anticipaient tous nos mouvements et nous attendaient, quel que soit le lieu où nous nous dirigions et ceci, bien sûr, nous fit un tort considérable. Le 19 septembre, un engagement eût lieu et prit fin à notre avantage; mais nous fûmes conséquemment obligés de nous arrêter dans un endroit nommé Freeman's Farm. Je fus alors témoin du combat entier et sachant que mon mari se trouvait parmi les combattants, je fus remplie d'anxiété et d'attention, tremblant à chaque coup de feu alors que rien n'échappait à mes oreilles. Je vis un grand nombre de blessés, et ce qui fut pire encore, trois d'entre eux furent emmenés dans la maison que j'habitais.

Marvin L. Brown Jr, *Baroness von Riedesel and the American Revolution*, Chapitre V, 47-67.

«...plus loin, pendant notre marche, je me fis construire une calèche, dans laquelle je pus prendre non seulement mes enfants, mais également mes deux femmes domestiques; ainsi je pus suivre l'armée au milieu des troupes dont le moral était excellent, et qui chantaient en anticipant la victoire. Nous marchâmes à travers une interminable forêt et une magnifique région, quoique abandonnée par les habitants qui avaient fui à notre approche pour renforcer l'armée de Gates.

«...C'était au matin du 7 octobre, j'étais à déjeuner avec mon mari, lorsque soudain j'eus l'intuition que quelque chose était en train de se tramer. Le général Fraser et, je crois, les généraux Burgoyne et Phillips devaient venir dîner avec moi ce jour-là. J'observai, quelques instants plus tard, beaucoup de va-et-vient dans le camp. Mon mari me fit remarquer que c'était là une simple reconnaissance, et, comme c'était fréquent, je n'en fus pas alarmée. Lorsque je retournai vers ma maison, je rencontrai un groupe d'Indiens armés de fusils et revêtus de leurs habits de guerre. Après les avoir questionnés sur leur destination, ils me répondirent «Guerre, guerre» : par quoi ils entendaient qu'ils s'apprêtaient à se battre. Ceci me rendit très inquiète et je venais à peine de rentrer dans la maison que j'entendis des détonations; bientôt les feux devinrent plus nourris jusqu'à ce qu'enfin leur bruit devienne épouvantable, après quoi je ressentis une grande lassitude. Vers trois heures de l'après-midi, au lieu des invités qui devaient venir manger avec moi, je vis l'un d'entre eux, le pauvre général Fraser, transporté sur une civière, fatalement blessé. La table qui était déjà prête pour le dîner, fut immédiatement enlevée et remplacée par un lit sur lequel on étendit le général. Je m'assieds dans un coin, terrifiée et toute tremblante. Le bruit de la canonnade, qui devint plus alarmant, me fit brusquement réaliser que cela pourrait être mon mari qui, à son tour, serait emmené ici, blessé comme le général Fraser. Puis, froidement, le général s'adressa au chirurgien : «Dites-moi la vérité, dit-il, n'y a-t-il aucun espoir?» Sa blessure était semblable à celle du major Harnage; la balle avait traversé son abdomen mais, malheureusement pour le général, il avait pris un gros déjeuner ce matin-là, ce qui avait eu pour effet de lui dilater les intestins et de les perforer de part en part comme nous l'expliqua le médecin à son chevet. Par la suite j'entendis parmi ses gémissements, des regrets tels que : «Oh, ambition fatale! Pauvre général Burgoyne! Pauvre madame Fraser!» Des prières furent lues, après quoi il souhaita que l'on demandât au général Burgoyne de l'inhumer dans les jours qui suivraient, à six heures le soir, sur une colline qui servait de redoute. Je ne savais plus que faire : le hall d'entrée et toutes les chambres étaient remplies de malades, en raison de la dysenterie qui prévalait dans le campement. Enfin, vers le début de la soirée, mon mari vint me retrouver et, à partir de cet instant, ma détresse se dissipa et je n'eus d'autre pensée que celle de remercier Dieu de l'avoir protégé. Accompagné de son aide de camp, il dîna en toute hâte en ma compagnie sur la terrasse arrière de la maison.

«...plusieurs officiers qui m'étaient très familiers furent emmenés, blessés, alors que la canonnade se poursuivait de plus belle. On parlait de retraite, mais rien de très précis ne se dessinait. Vers 4 heures de l'après-midi, je vis la maison qui m'avait été construite devenir la proie des flammes, me confirmant que l'ennemi était maintenant tout près de nous. Puis nous fûmes informés que le général Burgoyne avait l'intention de se conformer aux dernières volontés du défunt général, comme il l'avait si ardemment souhaité. Toutefois, cette attention nous occasionna un retard inutile et contribua à notre malheur. À six heures précises donc, le cadavre fut transporté et nous vîmes tous les généraux, avec leurs suites, assister, sur la colline, à la cérémonie funèbre. L'aumônier anglais, Mgr Brudenel, célébra la cérémonie malgré les boulets de canons qui sifflaient de tous côtés. Le général Gates déclara par la suite que s'il avait su ce qui se passait, il aurait immédiatement cessé le feu en notre direction. Plusieurs boulets de canons passèrent près de moi, mais toute mon attention demeurait centrée sur cette colline où je voyais mon mari exposé aux dangers imminents. Ce n'était vraiment pas un moment pour être inquiète de ma propre sécurité.

«Des ordres avaient été donnés afin que l'armée se mette en marche dès la fin de la cérémomie et nos calèches furent bientôt prêtes à prendre le départ. Néanmoins, je ne voulais pas abandonner les troupes. Le Major Harnage, bien que très mal en point avait quitté son lit, soucieux de demeurer dans un hôpital sur lequel avait été installé un drapeau blanc. Réalisant que j'étais ainsi au milieu de ces dangers de plus en plus imminents, il ordonna que mes enfants et mes domestiques soient placés à bord des calèches, et tenta de me convaincre que je n'avais pas un seul instant à perdre. Après maintes supplications, afin qu'il me permette de demeurer encore quelque temps, il me répondit : «Très bien, alors vos enfants partiront sans vous, je dois au moins les sauver». Son discours me convainquit que ma place était auprès d'eux et, dans la soirée du 8 octobre, nous quittâmes les lieux. Le plus grand des silences nous avait été recommandé; de grands feux furent allumés et plusieurs tentes laissées intactes afin de tromper l'ennemi à nos trousses. Nous continuâmes notre chemin toute la nuit. En maintes occasions ma petite Frédérika fut effrayée et se mit à pleurer; je fus obligée de lui mettre un mouchoir sur la bouche, empêchant ainsi que nous soyons repérés.

«À notre grand étonnement, nous fûmes arrêtés dès les premières lueurs du jour. Puis le général Burgoyne ordonna que tous les canons fussent enlignés et comptés, ce qui provoqua un vif mécontentement, car une marche un peu plus longue aurait assuré notre sécurité. Profitant de cette halte, mon mari qui était épuisé vint prendre un siège dans la calèche où mes domestiques lui avaient fait place; il dormit sur mon épaule pas moins de trois heures. Durant ce temps, le capitaine Willoe me confia son carnet de poche contenant des billets de banque et le capitaine Geismar, une jolie montre, un anneau et une bourse bien pourvue me demandant d'en prendre soin. Ce que je promis de faire. Finalement, l'ordre du départ fut donné et nous poursuivîmes notre route; mais une heure à peine s'était écoulée que nos troupes se voyaient à nouveau forcées de s'arrêter; l'ennemi était en vue. Il en vint 200 en reconnaissance, qui auraient pu facilement être capturés si seulement le général Burgoyne n'avait pas perdu toute sa présence d'esprit. La pluie tombait à torrent.

«...tard dans la soirée nous atteignîmes Saratoga laquelle était à une demi-heure de marche de l'endroit où nous avions passé la journée. J'étais toute trempée et je fus obligée de rester dans cette condition, par manque de place pour me changer de vêtements. Je m'assieds près d'un bon feu, déshabillai les enfants et nous nous étendîmes sur de la paille. Je demandai au général Phillips, qui venait s'enquérir de mon état, pourquoi nous ne continuions pas notre retraite pendant qu'il était encore temps; mon mari ayant promis de couvrir lui-même les mouvements et de nous ramener en sûreté. «Ma pauvre dame,» dit-il, «je vous admire! Même toute mouillée, vous avez assez de courage pour désirer aller plus loin avec cette température. Quel dommage que vous ne soyez pas notre commandant général [84]! Il se plaint de fatigue et il est déterminé à passer la nuit ici et à nous donner un souper.» En fait, il est très vrai que le général Burgoyne aime prendre son aise et qu'il passe la moitié de ses nuits à chanter et à boire, se divertissant avec la femme d'un officier d'intendance qui est sa maîtresse et qui est tout autant portée vers le champagne que lui. Le matin suivant, vers les 7 heures (le 10 octobre), j'étais à me rafraîchir avec une tasse de thé, alors que nous nous attendions à poursuivre notre route d'un instant à l'autre, lorsque soudain le général Burgoyne ordonna de mettre le feu aux magnifiques maisons et au moulin appartenant au général Schuyler, à Saratoga, dans le but d'assurer notre retraite. Un officier anglais m'apporta un excellent bouillon et insista pour que j'en prenne; après quoi nous continuâmes notre marche

---

84. Le général Burgoyne, en plus de sa carrière militaire, était poète, écrivain (auteur de plusieurs pièces de théâtre, dont «Richard Coeur de Lion»), dramaturge et comédien. À maintes reprises ses décisions militaires furent mises en doute par les hautes instances de cette armée anglo-allemande.

mais, encore une fois, que pour un court instant. Beaucoup de mécontentement et de désordre s'étaient, depuis quelques temps, installés au sein de notre armée. Les officiers d'intendance, bien que nous avions du bétail en abondance, avaient négligé de distribuer les provisions. Plus d'une trentaine d'officiers vinrent me trouver se plaignant âprement de faim. Je leur donnai du café et du thé et tout ce que j'avais de mangeable dans ma calèche. Mais mes provisions étaient maintenant épuisées et je regrettais profondément mon impuissance à en aider d'autres. Heureusement, l'adjudant général s'adonna à passer à mes côtés; je l'interpellai avec véhémence, et lui fit remarquer qu'il était très anormal que pareille situation se produise. Quelques instants plus tard, le tout était rentré dans l'ordre.

«...Dans l'après-midi du 10 octobre, nous entendîmes à nouveau les détonations des mousquets et des canons, ce qui provoqua beaucoup d'inquiétude et d'affairement parmi nos troupes. Mon mari me fit parvenir un mot qui me recommandait de me rendre immédiatement à la maison située tout près de l'endroit où je me trouvais. Je montai sans plus tarder dans la voiture avec mes enfants. À l'instant où nous rejoignîmes la maison, j'aperçus cinq ou six hommes armés de fusils de l'autre côté de la rivière Hudson, qui faisaient feu en notre direction. Instinctivement, je lançai mes enfants au fond de la voiture et me jetai sur eux. Au même moment, ils firent feu et, derrière moi, vola en éclats le bras d'un pauvre soldat anglais, déjà blessé, qui se dirigeait également vers cette maison. À peine étions-nous arrivés, qu'une terrible canonnade commença, canonnade qui était principalement dirigée sur la maison où nous avions cherché refuge; probablement que l'ennemi avait aperçu beaucoup de gens se diriger à l'intérieur et pensait que nos généraux devaient s'y trouver. Hélas! Ce n'était que des femmes et des hommes blessés. Nous fûmes enfin contraints de prendre refuge à la cave où je me plaçai dans un coin près de la porte. Mes enfants étaient allongés sur le sol, leurs têtes sur mes genoux. Nous passâmes toute la nuit ainsi. Une senteur nauséabonde, les pleurs des enfants et,

144

par-dessus tout ça, mon anxiété m'empêchèrent de fermer les yeux de toute la nuit.

«Le lendemain matin, la canonnade recommença mais dans une autre direction. Je conseillai à tout le monde de quitter quelques instants la cave afin de dépoussiérer et de nettoyer les lieux, sans quoi, il serait risqué que nous devenions tous malades. Ma suggestion fut mise à exécution et je dus recourir aux services de quelques-uns, ce qui s'avérait plus que nécessaire, en raison de la quantité de travail qu'il y avait à faire... Lorsque chacun eut quitté, j'examinai notre refuge et y trouvai trois belles caves, bien voûtées. Je proposai que les officiers les plus gravement blessés soient mis dans l'une d'elles, les femmes dans la seconde et tous les autres dans la troisième, celle qui était en fait la plus proche de la porte. Je fis balayer et désinfecter la place avec du vinaigre. Nous commencions tous à prendre nos places respectives, lorsque les terribles tirs recommencèrent et créèrent un état de panique. Plusieurs personnes, qui n'avaient aucunement le droit de rentrer, se précipitèrent vers la porte. Mes enfants avaient déjà descendu les escaliers de la cave et nous aurions suffoqué si Dieu ne m'avait pas donné la force de me placer devant la porte et de la tenir fermée avec mes bras; du moins plusieurs d'entre nous auraient certainement été blessés. Onze boulets de canon passèrent à travers la maison alors que nous pouvions clairement les entendre rouler au-dessus de nos têtes. Durant l'assaut, l'un de ces pauvres soldats blessés, qui avait été étendu sur une table afin de se faire amputer une jambe, se fit cruellement arracher l'autre par l'un de ces boulets. Ses camarades, qui l'avaient abandonné durant le bombardement, le trouvèrent respirant difficilement dans un coin de la pièce où, agonisant, il avait roulé. J'étais atterrée, en songeant aux risques qu'encourait à chaque instant mon mari qui, malgré sa situation précaire, ne manquait pas de me faire parvenir de petits mots, s'informant de notre état de santé et me rassurant sur le sien.

«L'épouse du major Harnage, Mme Reynell qui avait perdu son mari, la femme de ce bon lieutenant qui, la veille, avait si gentiment partagé son potage avec moi, la femme du commissaire et moi-même étions les seules femmes d'officiers, à ce moment-là, qui accompagnaient l'armée. Nous étions assises ensemble et nous nous lamentions sur notre pitoyable destin, lorsque quelqu'un pénétra dans la maison. Les gens se mirent à chuchoter puis à se regarder tristement. Je remarquai subitement que l'on me regardait comme si l'on cherchait à m'annoncer quelque mauvaise nouvelle. Soudain, j'eus l'idée effroyable que mon mari venait d'être tué. Je criai très fort; mais aussitôt l'on m'assura que ce n'était pas le cas et on me fit comprendre que le malheur avait plutôt frappé la femme du lieutenant [85]. Elle fut demandée, quelques instants plus tard, à son chevet. Son mari n'était pas encore mort mais un boulet de canon lui avait arraché le bras au niveau de l'épaule. Nous entendîmes ses gémissements qui, durant toute la nuit, résonnèrent horriblement à travers les voûtes de la cave; le pauvre homme mourut dès le lendemain matin. D'ailleurs, cette nuit-là fut comme la précédente. Pendant ce temps, mon mari vint me voir, ce qui, une fois encore, apaisa mon anxiété et me redonna du courage.

«...Notre cuisinier nous procurait de la nourriture, mais nous n'avions pas d'eau et j'étais obligée de boire du vin pour étancher ma soif et même, d'en donner à mes enfants.

«...notre besoin d'eau était si grand que nous nous sommes réjouis lorsqu'un jour, la femme d'un soldat eut le courage d'en apporter de la rivière, ce qu'aucun homme n'était plus en mesure de faire. Mais comme les Américains nous l'expliquèrent par la suite, ils l'épargnèrent eu égard à son sexe.

«Je tentai de me changer les idées en m'occupant des blessés. Je leur fis du thé et du café, en retour de quoi je reçus mille

---

85. Le lieutenant était probablement l'adjudant George Tobias Fitzgerald du 62e régiment anglais; le seul officier anglais recensé comme «mort au front» après le 7 octobre. Marvin L. Brown Jr , *Baroness von Riedesel and the American Revolution*, 59.

146

et une bénédictions. Je partageais souvent mes repas avec eux. Un jour, un officier canadien ayant de la difficulté à se tenir debout tellement il était affaibli, vint se joindre à nous dans notre refuge. Finalement nous réussîmes à lui faire admettre qu'il était en train de mourir de faim. Je fus alors très heureuse de lui offrir ma nourriture, ce qui ramena ses forces et me fit gagner son amitié. Plus tard, lorsque nous retournâmes au Canada je devins très intime avec sa famille.» «...ainsi au milieu de ces heures de souffrance et de déchirements, j'eus des moments de joies qui me rendirent vraiment heureuse.

«...Quelques jours plus tard, le général Burgoyne rassembla tous les officiers et les généraux pour un conseil de guerre qui eut lieu tôt le matin. Durant ce conseil, il proposa, encouragé par une fausse rumeur qu'il avait reçue, de rompre l'entente de capitulation qui venait d'être conclue avec l'ennemi. Toutefois, il fut décidé que ce n'était pas la solution à nos problèmes, et fort heureusement pour nous, car si nous avions brisé l'entente, comme nous l'expliquèrent les Américains par la suite, nous aurions tous été massacrés ce qu'ils auraient pu facilement faire puisque nous ne pouvions plus compter que sur quatre à cinq mille hommes et que nous leur avions laissé le temps d'en rassembler plus de 20 000.

«...le 17 octobre, la capitulation fut effectuée. Le général Burgoyne s'approcha de son homologue américain, le général Gates, nos troupes déposèrent leurs armes et se livrèrent comme prisonniers de guerre. À cet instant, la bonne dame qui avait mis sa vie en danger en nous apportant de l'eau, fut récompensée pour son geste. Tous et chacun lui lancèrent une pleine poignée d'argent dans son tablier et elle accumula ainsi plus de vingt guinées. En de tels moments, on ne peut qu'être débordant de gratitude. Enfin, je reçus du valet de mon mari, un message qui m'enjoignait avec les enfants de rejoindre mon époux. Je montai aussitôt dans ma calèche et, roulant à travers le camp américain, j'observai avec plaisir que personne ne nous regardait avec un manque de respect, mais qu'au contraire ils nous saluaient et semblaient touchés à la vue d'une mère en captivité avec ses trois enfants. Je dois sincèrement confesser que j'étais très inquiète de notre sort.»

Cette campagne qui en était une d'importance pour les Britanniques, ne fut qu'un désastre. En tout, incluant la reddition de Saratoga et la défaite de Saint-Léger, près de neuf mille hommes furent tués, blessés ou faits prisonniers. Howe et Saint-Léger furent sévèrement critiqués par les autorités britanniques mais c'est surtout le général John Burgoyne qui, de retour en Angleterre, reçut le blâme de cet échec. Le général Riedesel devenu en très mauvais termes avec ce dernier, le rendit également responsable de «cette malheureuse aventure [86].»

L'année 1777 voit les Allemands ne prendre leurs quartiers d'hiver au Canada que tard en novembre [87]. Les troupes brunswickoises sont alors assignées près de Sorel, les chasseurs ou l'infanterie légère sur la rive sud de Montréal et les troupes de Hesse-Hanau dans les environs de Berthier. Suite à la défaite de Burgoyne, Carleton est de plus en plus sur le qui-vive et envisage le pire. Aussi, envoie-t-il aux Trois-Rivières [88], le capitaine Zeilberg accompagné d'une troupe de 324 soldats de Brunswick et chasseurs de Hesse-Hanau, afin d'être prêt à toute éventualié. Les patrouilles allemandes se multiplient au sud du Saint-Laurent et l'infanterie légère de von Barner, en quartiers entre Montréal et l'ennemi, est, dans les jours qui suivent, particulièrement sollicitée.

---

86. Edward Jackson Lowell, *The Hessians and...*, 174.
87. Archives du Canada, *MG13, War Office 17*, Vol. 1572, 257 et Max von Eelking, *The German Allied Troops...*, 236.

UNITÉS	JAN.	FÉV.	MRS	AVR.	MAI	JUIN	JUL.	AÔT	SEPT.	OCT.	NOV.	DÉC.
État-major						22	24	24	24	25	27	29
Rég. Dragons						325	330	324	319	316	313	311
Rég. Grenadiers						559	558	559	555	553	548	544
Rég. Rhetz						*	*	*	*	674	675	666
Rég. Riedesel						671	682	669	665	682	658	656
Rég. Specht						*	*	*	*	678	675	668
Rég. Pr. Frédéric						662	668	647	658	647	645	642
Chas. de Brunswick						*	*	*	*	638	639	620
Bat. Ehrenkrook						*	*	*	*	*	*	*
Rég. von Barner						*	*	*	*	*	*	*
Total Brunswick						2 239	2 262	2 223	2 221	4 213	4 180	4 136
Rég. H.-Hanau dét. Schoell						671	671	702	702	668	668	628
Art. Hanau							Incorporés au rég. Hesse-Hanau		*			
Chas. de Creutzbourg						*	*	*	*	*	*	*
Total Hesse-Hanau						671	671	702	702	668	668	628
État-major						*	*	*	*	*	*	*
Rég. Alt. Lossberg						*	*	*	*	*	*	*
Art. von Lossberg						*	*	*	*	*	*	*
Rég. Knyphausen						*	*	*	*	*	*	*
Total Hesse-Cassel						*	*	*	*	*	*	*
Grand total de toutes les troupes						2 910	2 933	2 925	2 923	4 881	4 848	4 764
Bat. maj. de Luke						*	*	*	*	*	*	*

* N'est pas encore arrivé

149

UNITÉS	JAN.	FÉV.	MRS	AVR.	MAI	JUIN	JUL.	AÛT	SEPT.	OCT.	NOV.	DÉC.
État-major	29	29	25	25	25	25	•	•	•	•	•	11
Rég. Dragons	311	311	311	304	308	305	•	•	•	•	•	49
Bat. Grenadiers	543	540	539	538	538	537	83	86	87	•	•	91
Rég. Thetz	658	659	657	651	653	652	104	111	151	•	•	173
Rég. Riedesel	654	653	653	653	652	649	102	104	103	•	•	149
Rég. Specht	668	665	663	662	661	659	106	108	111	•	•	141
Rég. Pr. Frédéric	641	638	637	636	635	635	105	108	108	•	•	617
Chas. de Brunswick	596	579	573	572	570	568	80	80	146	•	•	169
Bat. Ehrenkrook	*	*	*	*	*	*	*	*	*	*	*	*
Rég. von Barner	*	*	*	*	*	*	*	*	*	*	*	*
Total Brunswick	4 100	4 074	4 058	4 041	4 043	4 030	580	597	706	•	•	1 400
Rég. H.-Hanau dét. Schoell	627	622	620	612	611	610	111	113	112	•	•	157
Art. Hanau	*	*	*	*	*	Incorporés au rég. Hesse-Hanau				★	•	
Chas. de Creutzbourg	*	*	*	*	*	*	•	★	★	★	★	424
Total Hesse-Hanau	627	622	620	612	611	610	111	113	112	•	•	581
État-major	*	*	*	*	*	*	*	*	*	*	*	*
Rég. Alt. Lossberg	*	*	*	*	*	*	*	*	*	*	*	*
Art. von Lossberg	*	*	*	*	*	*	*	*	*	*	*	*
Rég. Knyphausen	*	*	*	*	*	*	*	*	*	*	*	*
Total Hesse-Cassel	*	*	*	*	*	*	*	*	*	*	*	*
Grand total de toutes les troupes	4 727	4 696	4 678	4 653	4 654	4 640	691	710	818	•	•	1 981
Bat. maj. de Luke	*	*	*	*	*	*	*	*	*	*	*	*

* N'est pas encore arrivé
• Absence de données
★ N'est plus au Canada

150

Chapitre IV

Les Allemands
et la guerre de 1778 à 1783

L'arrivée du nouveau gouverneur du Canada. Le régiment de la princesse d'Anhalt. Une première réorganisation des troupes brunswickoises. Les nouvelles instructions aux militaires et aux civils. La discipline allemande et les châtiments. Les relations entre Canadiens et militaires allemands. Marche tragique sur le lac Saint-Pierre, en 1779. Le statut particulier des chasseurs de Hesse-Hanau. Des renforts de Hesse-Cassel au Canada. Relations entre soldats anglais et allemands. Le retour de Riedesel au Canada et la seconde réorganisation des troupes. Madame Riedesel et les habitants. L'illustre demeure des Riedesel, de Sorel. L'année 1783 au Canada; les rumeurs d'invasion font place aux rumeurs de paix.

Au début de l'année 1778, avec l'entrée en guerre de la France contre l'Angleterre, l'on craint une nouvelle invasion. En effet, dès janvier, l'on apprend que de nouveaux préparatifs d'invasion sont en cours dans la région d'Albany. Inquiet, le gouverneur Carleton dispose alors ses troupes de Sorel à Saint-Jean, sur la rive sud du Saint-Laurent, puis vers la fin du mois, il ordonne à ses milices d'être, à tout instant, prêtes à lancer l'attaque. En mars, la rumeur s'intensifie à mesure que les prisonniers, de retour au pays, la confirment. Toutefois, au moment même où l'intensité atteint son paroxyme et que les troupes du gouverneur sont sur leur départ, l'on apprend, avec soulagement, que l'éventuelle tentative d'invasion est reportée. Durant les mois qui suivent, aucun incident majeur ne vient perturber la tranquillité des habitants. Le 30 juin cependant marque l'arrivée dans la capitale du nouveau gouverneur du Canada et commandant des forces militaires du pays, le général Frédéric Haldimand [1]. Sa nomination, qui remonte au mois d'août 1777, n'est certes pas étrangère au comportement de Carleton, ces dernières années, ainsi qu'à ses mauvaises relations avec Lord Germain. Cependant, retardé par des vents contraires, Haldimand avait dû reporter son départ au printemps de l'année suivante.

Ses nouvelles responsabilités, comme le lui fait remarquer Germain dans une lettre datée du 16 avril 1778, consistent d'abord et avant tout en «la sécurité et la défense du Canada[2]». Lord Germain estime alors que les 5 000 hommes dont dispose le nouveau gouverneur sont insuffisants, aussi l'assure-t-il que dans un très court délai 1 200 soldats, dont le régiment de la princesse d'Anhalt [3], ainsi que 600 recrues de Brunswick et de Hanau viendront lui prêter main-forte. De plus, ajoute-t-il, s'il

1. Haldimand, Suisse de naissance, s'exprimait beaucoup mieux en français et en allemand qu'en anglais, qu'il baragouinait. Il fut l'un des bons gouverneurs du Canada et l'un des meilleurs amis des Canadiens. *Histoire du Canada*, Mes Fiches, Audet, Francis-J.
2. Archives du Canada, *MG21, Transcriptions*, collection Haldimand, série B, Vol. 43, 28-29. Lettre du 16 avril 1778, Germain à Haldimand.
3. Le régiment portait le nom de régiment de la princesse d'Anhalt mais était la propriété de Frédéric d'Anhalt-Zerbst.

en juge l'utilité, il lui permet de lever un corps de 1 000 Canadiens afin de compléter ses forces [4].

Fin mai donc, tel que promis, 613 soldats de la principauté d'Anhalt-Zerbst, accompagnés de 34 épouses, employées à titre d'infirmières ou encore de blanchisseuses, arrivent en renfort à Québec [5]. Partis d'Europe, le 26 avril précédent, ils ne devaient cependant mettre pied à terre que trois mois plus tard. En effet, Carleton qui n'a pas été officiellement informé de leur venue au Canada, exige que leur quartier-maître retourne à Londres afin qu'il rapporte les papiers nécessaires à leur débarquement. À la tête de ce régiment, les deux frères Rauschenplatt, du Brunswick, lesquels ont été, pour la circonstance, recrutés par la voix des journaux. Le régiment se composait donc de la façon suivante [6] :

L'état-major du régiment et son personnel :

Le premier bataillon sous les ordres du major von Piquet
1 compagnie de chasseurs dont le chef est le capitaine Nuppenau
1 compagnie de grenadiers dont le chef est le major von Piquet
1 compagnie de mousquetaires dont le chef est le colonel von Rauschenplatt
1 compagnie de mousquetaires dont le chef est le prince Auguste Schwarzburg-Sondershausen

Le second bataillon sous les ordres du major von Rauschenplatt
1 compagnie de chasseurs dont le chef est le lieutenant Jaritz

---

4. Archives du Canada, *MG21, Transcriptions*, collection Haldimand, série B, Vol. 43, 29. Lettre du 16 avril 1778, Germain à Haldimand.
5. Archives du Canada, *MG21, Transcriptions*, collection Haldimand, série B, Vol. 151, 4F-4G. Lettre du 12 septembre 1778, État des troupes du régiment de la princesse d'Anhalt-Zerbst.
6. Max von Eelking, *The German Allied Troops...*, 236-238.

1 compagnie de grenadiers dont le chef est le capitaine von Wintersheim

1 compagnie de mousquetaires dont le chef est le major von Rauschenplatt

1 compagnie de mousquetaires dont le chef est le capitaine Gogel

1 compagnie d'artillerie

3 aumôniers de diverses religions

Des 627 soldats relevés au départ, quatorze, à la suite de cette longue traversée, ne fouleront pas le sol canadien [7]. Après avoir reçu l'autorisation du gouverneur Carleton, les troupes d'Anhalt-Zerbst débarquent, épuisées de ces longs mois passés sur les vaisseaux, et sont gardées à Québec afin de refaire leurs forces. Tard, en juillet, plus précisément le 31, une soixantaine de soldats puisés des différents régiments allemands se joignent aux nouveaux arrivants de l'artillerie de Hesse-Hanau et vont gonfler les rangs britanniques [8]. Malgré l'arrivée de ces renforts le nouveau gouverneur Haldimand note, au cours de l'été qui suit, que des 6 700 hommes qui composent son armée, 600 sont malades, ont déserté ou ont été capturés, 900 sont dans des postes avancés et environ 1 000 autres occupent des garnisons [9]. De plus, un doute sérieux existe dans l'esprit du gouvernement quant à l'allégeance de plusieurs Canadiens au roi anglais.

Au cours du mois de septembre, Haldimand voit croître quelque peu ses forces avec la rentrée au pays des survivants de la campagne désastreuse du général Burgoyne. Comme les Brunswickois ont été particulièrement éprouvés dans cette défaite, le duc de Brunswick demande à son Premier ministre,

7. Archives du Canada, *MG13, War Office 17*, Vol. 1572, 343, 344, monthly returns, Québec, le 5 septembre 1778.
8. Max von Eelking, *The German Allied Troops...*, 239.
9. Archives du Canada, *MG11, Colonial Office*, série Q, Vol. 15, 177, monthly returns, juillet 1778.

Feronce Rotencreutz, de procéder, au plus tôt, à une réorganisation des ses troupes [10]. Sous les ordres du lieutenant-colonel Ehrenkrook, nommé brigadier général, du moins jusqu'au retour du lieutenant-colonel Speth, trois régiments composeront dorénavant les troupes de Brunswick au Canada. Le premier, le régiment du prince Friedrich, aura à sa tête le lieutenant-colonel C.J. Praetorius; le second, le régiment von Barner, sera sous les ordres du major du même nom et, enfin, le troisième, le régiment von Ehrenkrook, sera sous le commandement du lieutenant-colonel et chef des trois régiments : von Ehrenkrook [11].

Bien que le gouverneur ne voie pas d'objection majeure à ces transformations, il note que le traité avec le duc de Brunswick prévoit cinq régiments et non pas trois. Néanmoins, la situation étant ce qu'elle est [12], il accepte les changements et profite de cet état de choses pour solliciter du duc quelques officiers en remplacement.

Comme le lui avait suggéré Germain, le gouverneur emploie des hommes à la reconstruction des fortifications que l'on peut qualifier, à ce moment, de lamentables. Ainsi, les endroits stratégiques de Sorel, de Saint-Jean et de l'Île-aux-Noix sont particulièrement visés par ces refortifications et par l'établissement de magasins d'approvisionnement et de baraques.

À la mi-janvier, les quartiers d'hiver sont enfin assignés et se définissent de la façon suivante [13] : du bataillon Ehrenkrook, la compagnie du capitaine von Zielberg ira aux Trois-Rivières, celle du capitaine von Plessen en la paroisse de

10. Archives du Canada, *MG11, Colonial Office*, série C.O. 5, Vol. 141, 114-115. Lettre du 23 février 1778. Note de Rotencreutz.
11. Archives du Canada, *MG21, Transcriptions*, collection Haldimand, série B, Vol. 83, 88. Ordre général du 20 novembre 1779.
12. À ce moment précis, beaucoup d'officiers manquent à l'appel et la réorganisation permet l'utilisation d'un moins grand nombre d'entre eux.
13. Max von Eelking, *The German Allied Troops...*, 240.

Champlain, la compagnie du capitaine von Schlagenteuffel à la Pointe-du-Lac tandis que celle du brigadier Ehrenkrook sera assignée aux Trois-Rivières. Quant au régiment von Barner, la compagnie du capitaine Hambach ira à Vaudreuil, celle du capitaine Thomae à Maskinongé, la compagnie du capitaine Rosenberg à Saint-Cuthbert et enfin celle de von Barner dans la paroisse de Rivière-du-Loup. Le régiment du prince Friedrich, pour sa part, sera cantonné dans la région de Saint-Hyacinthe.

Sous Haldimand, les mêmes problèmes de logement, de vivres, d'emprunts de véhicules et d'endettement refont surface mais, cette fois, le gouverneur, fort de ses nouvelles instructions aux militaires et aux capitaines de milice, est mieux en mesure d'identifier les coupables et de voir à ce que les punitions et les dédommagements qui s'imposent soient bien administrés. En effet, dès le début de l'année 1779, plus précisément les 7 et 9 janvier, le gouverneur transmet ses instructions, par écrit, à Ehrenkrook et à ses hommes ainsi qu'aux capitaines de milice, lesquelles instructions définiront dorénavant les devoirs et obligations des militaires et des civils [14].

En tant que gouverneur civil, Haldimand se doit de protéger les intérêts des habitants et des capitaines de milice, mais il ne permet pas pour autant que certains d'entre eux soient exemptés de leurs devoirs. Le cas Malcom Fraser en est un très bon exemple. Marchand aux Trois-Rivières, Fraser écrit au gouverneur [15] afin que ce dernier l'exempte, en vertu de sa raison sociale, de loger le lieutenant-colonel Barner, un officier allemand, qu'il accuse d'avoir pénétré de force dans sa

---

14. Archives du Canada, *MG21, Transcriptions*, collection Haldimand, série B, Vol. 153, 53-59. Instructions du 7 janvier 1779.
15. Archives du Canada, *MG21, Transcriptions*, collection Haldimand, série B, Vol. 217, 534-535. Lettre du 3 mars 1779, Fraser à Haldimand.

demeure, brisant ses effets personnels, etc. La plainte du marchand est alors acheminée à l'accusé, permettant ainsi à la défense de donner sa version des faits [16]. Suite à une minutieuse analyse de chacun des plaidoyers, le gouverneur demande à son secrétaire, Conrad Gugy, de parler à Malcolm Fraser afin que ce dernier loge, comme il se doit, le lieutenant-colonel Barner. Toutefois, au crédit du marchand, il écrira : «L'on pourra tenir compte à Fraser du temps qu'il aura été sur les logements et qu'il pourrait être obligé de donner par la suite [17].»

Lorsqu'il y a conflit entre ses devoirs de gouverneur civil et certains jugements à rendre, Haldimand délègue un juge qui enquête et rend son verdict. Aussi, lorsque le capitaine de milice Carnivaux est accusé d'assaut sur la personne d'un officier, soit le lieutenant Kress, son supérieur, le lieutenant-colonel Loos, sachant fort bien qu'une enquête impartiale sera tenue, demande au lieutenant Kress de ne point arrêter le capitaine Carnivaux et de s'en remettre au juge Dunn, l'enquêteur nommé par Haldimand à cet effet [18]. Dans une lettre subséquente qu'Haldimand adressera à Loos [19], le gouverneur le félicitera pour ses recommandations, lui rappelant qu'il contribue ainsi à maintenir l'harmonie entre civils et militaires.

---

16. Archives du Canada, *MG21, Transcriptions*, collection Haldimand, série B, Vol. 151, 80-85. Lettre du 16 mars 1779, Barner à Haldimand.

17. Archives du Canada, *MG21, Transcriptions*, collection Haldimand, série B, Vol. 164, 50. Lettre du 23 mars 1779, Haldimand à Gugy. Être sur les logements signifiait : devoir loger les soldats anglais ou allemands (billetage).

18. Archives du Canada, *MG21, Transcriptions*, collection Haldimand, série B, Vol. 151, 314. Lettre du 5 septembre 1782, Loos à Haldimand.

19. Archives du Canada, *MG21, Transcriptions*, collection Haldimand, série B, Vol. 153, 53-99. Lettre du 6 septembre 1782, Haldimand à Loos.

Généralement, ces enquêtes ne sont pas menées à la légère et permettent de faire toute la lumière sur les causes les plus difficiles. Ainsi, dans l'affaire *Julien Leblanc vs le capitaine Schoel,* la recherche profonde de la vérité favorise les accusés. Dans une lettre, Julien Leblanc, capitaine de milice dans la paroisse de Saint-Martin de l'Île Jésus, raconte à Haldimand comment, le 4 du même mois, deux soldats allemands, sous le commandement du capitaine Schoel, ont «voulu prendre de force et violer la petite fille d'un nommé Joseph Lorrain»; de plus, poursuit-il, «elle fut attaquée une seconde fois et presque assassinée [20]». Heureusement pour Schoel et ses hommes, le plaignant reconnaîtra, à la suite de ces minutieuses enquêtes, qu'il a monté de toute pièce cette affaire au capitaine Julien Leblanc, dans le but d'être exempté de loger des militaires. Malheureusement pour le capitaine Leblanc, il sera accusé d'avoir trop hâtivement pris la déposition et encourra une punition [21]. Si les soldats reçoivent justice, les civils et les capitaines de milice aussi, en de nombreuses occasions, bénéficient de ces enquêtes. Par exemple, lorsqu'un jour des chasseurs de Hesse-Hanau coupent des arbres sans la permission du capitaine de milice, François Maupassan, les enquêteurs ordonnent alors aux fautifs de payer la somme de quarante livres en guise de dédommagement [22].

L'emprunt des voitures des habitants sera également l'une des causes des frictions entre les civils et les militaires, bien qu'à cet égard, il ne soit question que des officiers, les simples

---

20. Archives du Canada, *MG21, Transcriptions*, collection Haldimand, série B, Vol. 218, 125-126. Lettre du 8 février 1779, Julien Leblanc à Haldimand. L'orthographe originale a été conservée.
21. Archives du Canada, *MG21, Transcriptions*, collection Haldimand, série B, Vol. 111, 65. Lettre du 27 mars 1779, Campbell à Haldimand.
22. Archives du Canada, *MG21, Transcriptions*, collection Haldimand, série B, Vol. 189, 99-100. Lettre du 9 février 1789, Carleton à Haldimand.

soldats n'ayant pas accès à ces voitures. Avant que ne soient établies les règles du gouverneur Haldimand, les officiers allemands, à propos de tout et de rien, réquisitionnaient les voitures, rétorquant à qui voulait l'entendre, que cela leur était dû. Le document «Informations et procédés...» nous révèle plusieurs plaintes, du genre de celle de Pierre Pénélan, capitaine d'une compagnie de milices de Berthier. Celui-ci affirme «que continuellement, il a été requis de fournir à tous les officiers des troupes qui logent dans sa compagnie, une quantité considérable de voitures, lesquelles il a fournies à leur demande, les dits officiers le menaçant, en cas de refus, de le maltraiter; que les dits habitants n'ont pas été payés de ces voyages, ce qui leur occasionne beaucoup de plaintes et perte de temps [23]». Il en va de même pour le capitaine de milice de Lanoraie, Louis Roy Desjardins, qui déclare à La Valtrie, le 15 mars 1777, «qu'indépendamment de la voiture d'ordonnance qu'il a fournie chaque jour au commandant, il a été obligé de faire fournir continuellement une quantité considérable de voitures à différents officiers allemands pour lesquels les habitants n'ont pas été payés, que ces voitures ont été détenues plusieurs jours à Montréal à leurs frais». «...le déposant en ayant fourni 41, ordres dont il soutient qu'ils ne forment pas le quart des demandes [24].» Un autre capitaine de milice, André Moudon, de La Valtrie, dit avoir procuré 127 voitures aux officiers allemands et qu'«ayant refusé de fournir les dites voitures sans ordre, par écrit, le dit capitaine Schell le fit mettre à la garde [25]».

---

23. Séminaire de Québec, *Fonds Viger-Verreau*, carton 17, no 28, Berthier, le 13 mars 1777. L'orthographe originale a été conservée.
24. Séminaire de Québec, *Fonds Viger-Verreau*, carton 17, no 28, Lavaltrie, le 15 mars 1777. L'orthographe originale a été conservée.
25. *Ibid.*

Heureusement pour les habitants, sous Haldimand, les officiers sont requis de payer avant de recevoir les voitures [26]. Comme certains officiers doivent, de par leurs fonctions, visiter les hommes régulièrement, cela n'est pas sans compliquer considérablement leur existence puisque, disent-ils, leur salaire est trop faible et qu'ils n'arrivent pas à payer leurs déplacements. Aussi, ils en viennent à la conclusion qu'il est préférable de proposer quelques suggestions au gouverneur. L'une d'elles consiste à mettre sur pied leur propre moyen de transport. Cependant, comme la trésorerie du gouverneur Haldimand n'est pas en mesure de supporter pareilles sollicitations, elles sont toutes rejetées les unes après les autres. On conservera donc l'ancienne procédure : le gouverneur fournira les fonds nécessaires à cet égard mais il n'autorisera qu'au strict nécessaire l'emprunt des voitures des habitants [27].

L'endettement fut également un autre point de tension entre civils et militaires. Du temps de Carleton, il était formellement interdit de contracter toute dette entre les deux groupes. Toutefois, là encore, de part et d'autre, l'on n'obéissait pas toujours aux ordres. Le cas du tailleur John Diehle [28], marchand de Québec, est un excellent exemple de ce genre d'incartade. Rempli d'insolence, il écrit donc au gouverneur Haldimand que des officiers du Corps des Chasseurs de Hesse-Hanau, sous les ordres du lieutenant-colonel Kreutzbourg, lui ont acheté, à crédit, de nouveaux uniformes et maintenant que ces messieurs ont changé de quartiers, il craint

---

26. Archives du Canada, *MG21, Transcriptions*, collection Haldimand, série B, Vol. 171, 18-24. Lettre du 9 janvier 1779, instructions aux capitaines de milice.
27. Archives du Canada, *MG21, Transcriptions*, collection Haldimand, série B, Vol. 83, 4. Ordre de Carleton, le 5 juin 1776.
28. Archives du Canada, *MG21, Transcriptions*, collection Haldimand, série B, Vol. 151, 307. Lettre du 19 août 1782, le tailleur John Diehl à Haldimand.

fort de ne pas être remboursé. Surpris de la demande du tailleur, Kreutzbourg réplique au gouverneur: «Lorsque j'étais au camp à la Pointe Lévy, je disais moi-même à M. Diehle de ne point faire crédit à personne de mon Corps, que je ne lui répondrai de rien. Sans égard à cela, il sollicite les officiers et les chasseurs de prendre les marchandises et qu'ils le payeraient à leur aise [29].» Malgré tout, Kreutzbourg mène sa propre enquête et retrace rapidement ceux qui ont contracté les dettes en question et les oblige à verser une somme immédiate, laquelle sera suivie de versements mensuels et ce, jusqu'à ce que la dette soit entièrement remboursée [30].

Certes il n'y eut pas que des tensions entre les civils et les soldats allemands. Cependant, en ce qui a trait à leur relation, la version de l'habitant canadien à l'instar de celle du simple soldat allemand, ne nous sera jamais connue. Heureusement plus instruits, un bon nombre de hauts gradés, d'officiers allemands ou encore de capitaines de milice témoignent que Canadiens et Allemands firent bon ménage. Disons, tout d'abord, que l'hospitalité des Canadiens fut très remarquée par plusieurs officiers allemands. D'ailleurs, le plus illustre d'entre eux, le général Riedesel, disait un jour dans une lettre qu'il écrivait à son épouse : «Les habitants sont excessivement courtois et obligeants. Je ne crois pas que nos paysans, dans les mêmes circonstances, se conduiraient d'une manière aussi satisfaisante [31].» Quant à madame Riedesel, vous n'avez qu'à parcourir les nombreuses pages de son journal qu'elle consacre aux Canadiens, pour comprendre jusqu'à quel point elle

---

29. Archives du Canada, *MG21, Transcriptions*, collection Haldimand, série B, Vol. 151, 310-311. Lettre du 25 août 1782, Kreutzbourg à Haldimand. L'orthographe originale a été conservée.
30. *Ibid.*
31. Madame de Riedesel, *Letters and Memoirs Relating...*, Carvill 1827, Lettre No 15, 48-50. L'orthographe originale a été conservée.

admirait ce peuple, qui le lui rendait bien d'ailleurs. Souvent on la retrouve faisant un brin de jasette aux cultivateurs lors de ses promenades dans la campagne du voisinage. Puis, à maintes reprises dans ses descriptions de la vie de tous les jours, on ressent une attirance mutuelle et un grand désir, de part et d'autre, de mieux se connaître. Enfin, en guise du bon souvenir de leur passage chez nous, les Riedesel firent honneur aux gens d'ici, en baptisant l'une de leurs filles du prénom «Canada» [32].

La correspondance des officiers allemands est également un excellent témoignage de cette bonne entente et du respect qu'ont les Brunswickers pour les Canadiens. Que l'on se rappelle ces officiers de Sainte-Anne à qui l'on fit le grand honneur de «servir de pères». Et que dire de cet autre officier d'état-major de Batiscan qui écrivit des Canadiens : «Ils sont de très bonnes gens, sérieux, avenants et d'une grande droiture. Conquise leur amitié est sans limite. D'excellente mentalité plusieurs sont de vrais hommes d'esprit. Aucune nation ne pourrait supporter les efforts, le travail et la fatigue avec autant de patience et sans jamais se plaindre [33].»

De plus, maints rapports d'officiers ou de capitaines de milice appuient les témoignages de bonne relation entre les deux groupes. L'un d'eux, rédigé par le lieutenant-colonel Loos, nous le démontre bien : «À Kamouraska j'ai trouvé le régiment de Anhalt-Zerbst en parfait ordre et dans la meilleure des disciplines.» Puis il ajoute : «...qu'après enquête auprès des capitaines de milice ils déclarent leurs satisfactions et n'ont aucune plainte [34].» En un autre moment, il dira encore

---

32. Madame de Riedesel, *op. cit.*, 256-275.
33. August Ludwig Schlözer, *Briesfwechsels*, 1776-1782, Vol. III, No 42, 320. Batiscan, le 2 novembre 1776.
34. Archives du Canada, *MG21, Transcriptions*, collection Haldimand, série B, Vol. 152, 13. Rapport du 28 février 1783, Loos à Hadimand. L'orthographe originale a été conservée.

«les capitaines de milice des différentes paroisses sont entièrement satisfaits des mesures prises par le colonel Leutz et j'ai ouï-dire d'aucune plainte contre les officiers ou les hommes [35]». Mais il n'y a pas que les rapports des Allemands qui signalent que tout se déroule dans le respect réciproque, ceux des capitaines de milice en font également état. L'un d'entre eux, en date du 25 février 1781, signé par le capitaine de milice Pierre Mancan et par l'enseigne Pierre Janelle de la Baie de Saint-Antoine, nous rapporte ce qui suit : «...certifions que nous sommes très contents du comportement des troupes qui sont logées dans cette paroisse et que Monsieur le major de Rauschenblatt, avec les officiers, y ont toujours maintenu les meilleurs ordres [36].»

L'hiver canadien de 1779, égal à lui-même, est très rigoureux. Encore mal accoutumée à de pareils climats et surtout très mal vêtue, une compagnie du régiment von Barner, plus précisément celle du capitaine Thomae, allait malheureusement en faire les frais. Partis pour une expédition qui les conduit sur le lac Saint-Pierre, en janvier 1779, 14 soldats et 2 femmes, mal vêtus pour la circonstance, y laissent leur vie pendant que 30 de leurs compagnons sont atteints d'engelures à divers degrés. Traduit en Cour martiale, par la suite, le capitaine Thomae échappe de justesse au verdict de culpabilité [37]. Toutefois, il est à remarquer que les approvisionnements allemands, en ce qui concerne les vêtements et les munitions, connurent en maintes occasions des délais qui laissèrent croire à un manque évident de planification de la part des fonctionnaires anglais, cause directe de beaucoup de mécontentement chez les troupes [38].

------

35. *Op. cit.*, 22.
36. Archives du Canada, *MG21, Transcriptions*, collection Haldimand, série B, Vol. 151, 231. Lettre du 25 février 1781, Certificat d'officiers des milices. L'orthographe originale a été conservée.
37. Max von Eelking, *The German Allied Troops...*, 240-241.
38. Archives du Canada, *MG11, Colonial Office*, série Q, Vol. 20,

En février, des affiches de propagande américaine, signées de la main du comte d'Estaing et datées du mois d'octobre 1778, invitent les Canadiens français à retourner à l'allégeance du roi français. Néanmoins, cette sollicitation, dont la responsabilité fut celle d'un libraire de Montréal, ne produisit pas l'effet escompté [39].

Durant cette année 1779, quelques incidents mettant en cause les chasseurs de Hesse-Hanau ont pour effet d'exaspérer le gouverneur. En août, par exemple, Kreutzbourg à la tête du corps d'élite refuse de prêter ses chasseurs à Haldimand, à des fins de construction de baraques à l'Île Carleton [40]. Alléguant que son but n'est point de désobéir au gouverneur, il lui écrira qu'au contraire, il est guidé dans sa décision par l'entente que son prince a signée en 1776. Cette dernière, dira-t-il, stipule que le gouverneur britannique ne fera appel aux troupes de Hesse-Hanau que pour des travaux strictement d'ordre militaire. En outre, l'accomplissement de ces tâches constitue, en soi, un risque de tous les instants puisqu'à tous moments, l'un de ses hommes peut être victime de blessures occasionnant ainsi des dépenses supplémentaires à son prince. L'expérience de la guerre de Sept Ans lui ayant appris que, dans des circonstances similaires, des pensions d'invalidité ont été refusées aux victimes allemandes par le gouvernement anglais et que les frais de ces accidents ont été supportés seuls, par son prince, il s'inquiète, dit-il, que des incidents semblables ne se reproduisent [41].

410. Lettre du 13 août 1782, Riedesel à Carleton.
39. Max von Eelking, *The German Allied Troops...*, 241.
40. Archives du Canada, *MG21, Transcriptions*, collection Haldimand, série B, Vol. 151, 113-114. Lettre du 29 août 1779, Kreutzbourg à Haldimand.
41. Archives du Canada, *MG21, Transcriptions*, collection Haldimand, série B, Vol. 151, 120. Lettre du 3 octobre 1779, Kreutzbourg à Haldimand.

Le gouverneur reconnaît la justesse de ses arguments mais rétorque que ce sont des circonstances imprévues qui l'obligent à solliciter l'emploi des chasseurs de Hanau, sans quoi des Canadiens ne pourront être remplacés dans l'exécution de leurs corvées [42]. Malgré cette divergence, Carleton souligne que si le lieutenent-colonel croit son prince d'accord avec sa décision, il exemptera ses chasseurs, bien que ceux-ci soient payés au même taux que les soldats anglais affectés à des travaux similaires. La controverse dure ainsi quelques années, du moins jusqu'au jour où le comte de Hanau donne son appui ouvertement à Kreutzbourg et souhaite que ses hommes soient exemptés de toutes les fatigues paramilitaires [43].

Les Brunswickois, pour leur part, ne connaîtront pas ce genre d'ennui, puisqu'ils n'auront jamais d'objection aux demandes du gouverneur, pas plus d'ailleurs que les troupes d'Anhalt-Zerbst ou encore celles de Hesse-Cassel, ces dernières étant même citées par Lord Germain, comme étant «remplies de bienveillance» à l'égard de son gouverneur. Le secrétaire des Affaires américaines leur exprima sa gratitude à sa façon et leur fit parvenir, à l'occasion, de petits cadeaux spéciaux tels que vêtements, souliers, tabac, etc... [44]

En juillet 1779, le lieutenant-colonel von Speth, l'enseigne Häberlin et 25 soldats brunswickois, libérés par les Américains au cours d'un échange de prisonniers, rentrent au pays [45]. Autorisé par le gouverneur à prendre les commandes

---

42. Archives du Canada, *MG21, Transcriptions*, collection Haldimand, série B, Vol. 153, 66. Lettre du 20 avril 1780, Haldimand à Kreutzbourg.

43. Archives du Canada, *MG21, Transcriptions*, collection Haldimand, série B, Vol. 151, 293. Lettre du 5 juillet 1782, Kreutzbourg à Haldimand.

44. Archives du Canada, *MG21, Transcriptions*, collection Haldimand, série B, Vol. 44, 25. Lettre du 24 mars 1780, Germain à Haldimand.

45. Max von Eelking, *The German Allied Troops...*, 241.

des troupes allemandes au Canada, Speth relève Ehrenkrook de son intérim alors qu'il est lui-même fait brigadier général, en raison de son grade supérieur [46]. À la fin du mois d'août, Speth passe en revue ses troupes et en profite pour retourner en Allemagne les vieux soldats devenus inaptes aux combats [47]. Pour l'hiver qui s'annonce, les Allemands sont bien pourvus, se gardant bien de répéter les erreurs de l'année précédente. En octobre, de nouvelles recrues en provenance d'Anhalt-Zerbst, au nombre de 174, viennent s'ajouter aux troupes déjà en place [48].

Quelque temps plus tard, les quartiers d'hiver leur sont assignés; l'état-major et le bataillon Ehrenkrook seront à Berthier, le bataillon von Barner à Montréal, le régiment du prince Friedrich toujours au même poste, c'est-à-dire, une compagnie au fort Saint-Jean ainsi qu'un officier et 50 chasseurs à l'Île-aux-Noix. Quant aux chasseurs de Kreutzbourg, ils seront à La Prairie et aux environs, le détachement du capitaire von Schoel sera à Québec alors qu'une compagnie de Wittgenstein demeurera à l'Île Carleton [49].

L'année qui suit est sensiblement pareille aux précédentes : les soldats allemands travaillent à la reconstruction des fortifications et servent à la fois de policiers et d'agents de contre-espionnage. Ainsi, le 26 avril, les huit compagnies du brigadier général Rauschenblatt d'Anhalt-Zerbst sont assignées par l'adjudant général à la reconstruction de la citadelle de Québec [50], alors que les hommes de Loos reçoivent des ins-

46. Max von Eelking, *op. cit.*, 242-243.
47. *Ibid.*, 243.
48. Archives du Canada, *MG13, War Office 17*, Vol. 1573, 272, monthly returns, Québec, le 1er novembre 1779.
49. Max von Eelking, *The German Allied Troops...*, 244.
50. Archives du Canada, *MG21, Transcriptions*, collection Haldimand, série B, Vol. 81, partie I, 32. Lettre du 26 juin 1780, de l'adjudant-général à Rauschenblatt.

tructions similaires, le 22 août 1780 [51]. Quant aux fonctions que les soldats allemands occupent dans l'élaboration de ces travaux, elles sont tout aussi nombreuses que leurs spécialités; charpentiers, maçons, forgerons, conducteurs de charrettes, ingénieurs, etc., puisque chacun de ces régiments possède, à l'intérieur de ses cadres, un éventail quasi complet de tous les corps de métiers [52]. En ce qui concerne leurs rôles de policiers ou d'agents de contre-espionnage, ils les conduisent à de nombreuses arrestations de sympathisants. En mai 1780 [53], à titre d'exemple, le lieutenant-colonel Praetorius supervise une série de patrouilles le long de la rivière Richelieu afin d'y surveiller les gens aux allures suspectes. À ce sujet, le lieutenant Wiesener conçoit une carte indiquant les principaux foyers d'espionnage américains, lesquels sont souvent des maisons de Canadiens sympathisants ou, parfois même, de quelques capitaines de milice [54].

Vers la fin du mois de juin 1780, arrivent enfin, en provenance des États-Unis, les renforts de la Hesse-Cassel. Destinés au Canada en septembre 1779, ils sont dans l'obligation de rebrousser chemin suite à de sérieux dommages causés à leurs vaisseaux au cours d'une forte tempête. Il s'agit du régiment Alt. von Lossberg, commandé par le colonel Johan August von Loos, bientôt brigadier général, ainsi que d'un détachement du régiment von Knyphausen, sous les ordres du col. von

51. Archives du Canada, *MG21, Transcriptions*, collection Haldimand, série B, Vol. 83, 138. Lettre du 22 août 1780, de l'adjudant-général à Loos.
52. Archives du Canada, *MG21, Transcriptions*, collection Haldimand, série B, Vol. 155, 68. Rapports du 23 mai 1782 au 31 mai 1782. Aussi Vol. 151, 12; lettre du 12 septembre 1778.
53. Archives du Canada, *MG21, Transcriptions*, collection Haldimand, série B, Vol. 151, 175-177. Lettre du 26 mai 1780, Praetorius à Haldimand.
54. Stephen Francis Gradish, *The German Mercenaries in Canada, 1776-1783*, 80.

Borck [55]. En août, la nouvelle de la mort du duc Charles de Brunswick parvient au Canada alors que son fils, Charles Wilhelm Ferdinand, en a déjà pris la succession [56]. À la fin de ce même mois, après un voyage des plus difficiles, 65 vaisseaux anglais jettent l'ancre dans le port de Québec. À leur bord, quelques recrues de Brunswick ainsi que des provisions pour les deux prochaines années [57].

Lorsqu'une armée est formée de groupes distincts, comme ce fut le cas de l'armée anglo-allemande de 1776 à 1783, nombreux sont alors les cas de frictions qui surviennent entre les groupes en présence. Causées par la fatigue des campagnes, par la frustration des dernières défaites ou encore simplement par l'identité de chacun des groupes, les frictions risquent, si l'on ne fait preuve de vigilance, de se transformer à plus ou moins brève échéance en une implosion aux conséquences fâcheuses. L'année 1781, de par les archives, nous enseigne que les autorités concernées firent preuve de beaucoup de vigilance : l'affaire Barner MacLean reflète bien ce genre d'intervention. En mars donc, l'officier allemand von Barner se dit offensé par le lieutenant anglais Archibal MacLean du 84e régiment. Ce dernier, selon Barner, avait eu «l'audace de s'en prendre à sa réputation en maintes occasions et, ce, publiquement à Montréal [58]». Or, conscient qu'une réprimande directe à MacLean pourrait se révéler une fausse manoeuvre (puisqu'ils appartiennent à des armées de pays différents), Barner en informa donc le supérieur hiérarchique anglais, le brigadier général

---

55. Archives du Canada, *MG11, Colonial Office*, série Q, Vol. 17, partie II, 120. Lettre du 12 juillet 1780, «same to same».
56. Max von Eelking, *Memoirs and Letters and Journals...*, Vol. II, 88.
57. Max von Eelking, *The German Allied Troops...*, 247.
58. Archives du Canada, *MG21, Transcriptions*, collection Haldimand, série B, Vol. 151, 267-243. Lettre du 27 mars 1781, Barner à MacLean. L'orthographe originale a été conservée.

Francis MacLean. Reconnaissant la validité du plaidoyer allemand et dans le but d'en faire un exemple, il demande à Barner de porter sa cause directement devant le gouverneur Haldimand [59]. Ce dernier, évitant de pénaliser un groupe en fonction d'un autre, exige que l'officier anglais rédige une lettre d'excuses personnelles, c'est-à-dire, non pas d'un Anglais envers un Allemand mais plutôt d'un homme envers un autre homme [60]. Aussi, bien que les relations entre les deux groupes n'aient pas toujours été au beau fixe, grâce à beaucoup de vigilance de la part des responsables de chacun des groupes, un bon ordre y fut toujours maintenu.

En septembre 1781, le major général Riedesel annonce à ses troupes son arrivée prochaine au Canada. Relâché en octobre 1780, lors d'un échange de prisonniers, il avait reçu à sa libération le commandement de Long Island [61] et s'était installé depuis à Brooklyn [62]. Madame Riedesel l'ayant rejoint, au printemps 1781, ils en venaient à la décision de rentrer au Canada, la santé du major général ne lui permettant plus de supporter le climat de la région new-yorkaise [63]. Il espérait que celui du Nord fût mieux adapté à sa condition. Le 22 juillet donc, Riedesel et sa famille, accompagnés de soldats anglais,

---

59. Archives du Canada, *MG21, Transcriptions*, collection Haldimand, série B, Vol. 151, 244-276. Lettre du 28 mars 1781, MacLean à Barner.
60. Archives du Canada, *MG21, Transcriptions*, collection Haldimand, série B, Vol. 139, 45. Lettre d'avril 1781, Haldimand à MacLean.
61. Immédiatement après son échange, Riedesel est nommé, par Clinton, lieutenant-général et reçoit le commandement de Long Island. Max von Eelking, *Memoirs and Letters and Journals...*, Vo. II, 89.
62. *Ibid.*
63. Après son insolation qui le fera souffrir toute sa vie, sa santé ne sera plus la même. Max von Eelking, *Memoirs and Letters and Journals...*, Vol. II, 209.

de plusieurs officiers allemands et de 900 soldats de Brunswick et de Hanau également libérés par les rebelles [64], appareillent pour le Canada [65]. Quelque temps auparavant, étaient arrivés au pays le capitaine von Schlagenteuffel et 70 Brunswickois après un échange de prisonniers avec les Américains [66].

Comme Sorel constitue un des points de stratégie militaire par excellence et, par conséquent, l'une des plus importantes places fortes après Montréal et Québec, Riedesel, en tant que grand responsable des troupes allemandes et homme militaire dont la valeur est reconnue par tous et chacun, s'en voit donc a confier la charge [67].

À la suite de la défaite de Saratoga, comme nous l'avons vu précédemment, une réorganisation s'était révélée nécessaire. Avec le retour de Riedesel et ses hommes, ajouté à l'arrivée des nouvelles recrues européennes, des changements s'imposent donc, une fois de plus. Aussi, dès le 20 octobre 1781, le capitaine Schlagenteuffel est nommé à la tête des soldats du régiment de dragons, le lieutenant-colonel Praetorius demeure au poste de commandant du régiment du prince Friedrich, alors que le lieutenant-colonel Ehrenkrook conserve la responsabilité des hommes du régiment von Rhetz. Le lieutenant-colonel von Hille, pour sa part, est nommé en charge du régiment von Riedesel, le major de Luke à la tête du régiment von Specht tandis que le lieutenant-colonel von Barner

---

64. Riedesel ramenait avec lui : 5 officiers d'état-major, 16 capitaines, 24 subalternes, 400 Brunswickois, les autres étant de Hanau et d'Anhalt-Zerbst. Parmi les Brunswickois, le bataillon du major de Luke, lequel était formé de survivants allemands retrouvés dans la région de New York. Max von Eelking, *The German Allied Troops...*, 247.
65. Max von Eelking, *Memoirs and Letters and Journals...*, Vol. II, 105-108.
66. Max von Eelking, *The German Allied Troops...*, 247.
67. Max von Eelking, *Memoirs and Letters and Journals...*, Vol. II, 109.

demeure au poste de commandant du bataillon d'infanterie légère (chasseurs). En plus de ces six régiments, le général Riedesel peut compter sur la moitié du régiment de Hesse-Hanau, d'un régiment et d'un détachement de la Hesse-Cassel ainsi que sur le régiment de la princesse d'Anhalt. Quant au bataillon de grenadiers, ses hommes sont répartis en compagnies, aux différents régiments d'infanterie. Et puisque le régiment von Rhetz se veut le plus touché par les pertes militaires, une compagnie du régiment prince Friedrich complétera ses rangs [68].

Quelque temps plus tard, sous les instances de Clinton, Riedesel suggère au gouverneur Haldimand que l'on se porte sur l'arrière-garde des Américains en Virginie. Toutefois, le gouverneur ne consent qu'à deux petites expéditions, l'une au Vermont, l'autre à Oswégo, qui, dès la fin septembre, ne rapportent absolument rien à ses auteurs, l'ennemi s'étant rapidement chargé de les repousser [69].

Dès le 8 octobre, les quartiers d'hiver leur sont assignés de la façon suivante [70] : les hommes du major général von Riedesel sont cantonnés sur la rive nord du lac Champlain, de La Prairie à Sorel ainsi que de Bécancour à la Pointe-au-Fer. Les troupes sous les ordres du brigadier général von Speth, sur la rive nord du Saint-Laurent, sont à Montréal et Yamachiche, et celles de la rive sud occupent Côteau-du-Lac jusqu'à La Prairie. En ce qui a trait aux chasseurs de Hesse-Hanau, les hommes du lieutenant-colonel Kreutzbourg sont assignés à Saint-Thomas; les troupes du major von Francken à Saint-Valier; celles du lieutenant Young à Ber-

68. Max von Eelking, *op. cit.*
69. Max von Eelking, *The German Allied Troops...*, 248.
70. Max von Eelking, *Memoirs and Letters and Journals...*, 110. Pour les troupes de Hesse-Hanau et Anhalt-Zerbst, voir Archives du Canada, *MG13, War Office*, 240 et 251, monthly returns, 1781.

thier; celles du capitaine comte de Wittgenstein à Saint-Pierre; les hommes du capitaine von Leth à Saint-François; ceux du capitaine Castendyck à Québec; les hommes du lieutenant von den Velden à l'Île Carleton et enfin les hommes du lieutenant Krass (Krafft) sont cantonnés à l'Île-aux-Noix. Quant aux hommes d'Anhalt-Zerbst, ils sont logés à Bécancour, Pointe-du-Lac, Saint-Pierre, Gentilly, Nicolet, Saint-Antoine, Saint-François et Québec.

Pendant le voyage qui la ramène à Québec, Madame Riedesel, qui s'intéresse beaucoup au mode de vie des Canadiens, note des détails sur les habitants qu'elle décrit dans son journal : «Chaque habitant a une bonne maison qu'il blanchit à la chaux, tous les ans. Ceci donne une grande propreté aux villages canadiens qui sont ainsi visibles à une distance considérable. L'espace autour de chacune de ces demeures est habité par les jeunes gens qui, une fois mariés, viennent s'établir à proximité de leurs parents. Pour cette raison ils se nomment «habitants» et non paysans. Chaque habitation a son étable, son jardin et son pâturage et, dispersées le long de la rive du Saint-Laurent, elles contribuent grandement à cet aspect romantique du paysage.» «...Les maisons des villageois sont très commodes et dans chacune d'elles vous êtes certains d'y trouver des lits propres et confortables, entourés de rideaux. Les habitants n'ont pas de chambre, mais couchent dans la plus grande pièce. Le poêle qui est proportionnel à la grandeur de la pièce, sert de cuisinière. La soupe qu'ils mangent est très nourrissante et, généralement, préparée avec de la viande fraîche, des légumes et du porc qui sont bouillis ensemble, néanmoins, il n'y a pas de second plat qui suit la soupe. Ils font du sucre à partir de l'érable qu'ils nomment, par conséquent, «sucre d'érable.» «...Les Canadiens sont hospitaliers et joyeux, ils dansent et fument la journée durant. Plusieurs des femmes ont le goître mais le Canadien est généralement une personne en santé qui vit jusqu'à un âge avancé. Il n'est pas rare de trouver, parmi eux, un arrière-grand-père qui habite avec ses descendants et qui est l'objet des attentions les plus gentilles [71].»

En décembre 1781, la famille Riedesel peut enfin transporter ses pénates de Québec à Sorel où le gouverneur Haldimand vient de lui faire construire une nouvelle demeure [72]. Cette dernière devait devenir à la fois le site du premier sapin de Noël illuminé au Canada, et le gîte de nombreuses personnalités de marque telles la baronne de Fortisson, le prince Edward, le duc de Richmond, le capitaine Charles Peel, le comte et la comtesse de Dalhousie [73]. Bien que, de nos jours, cette demeure ait subi quelques transformations, elle existe toujours en la ville de Sorel et est connue sous l'appellation de «maison des gouverneurs». D'ailleurs, le 10 décembre 1966, des représentants de l'Alliance Allemagne-Canada ont voulu souligner à leur façon cette nuit de Noël 1781, et ont dévoilé une plaque commémorative en bronze sur laquelle on peut lire, en trois langues :

«Dans cette maison, le 25 décembre 1781, fut illuminé un arbre de Noël à la tradition allemande par le général von Riedesel. Cet arbre de Noël est le premier du genre enregistré au Canada.»

«In this house, a Christmas tree was lit by General von Riedesel on the 25th december 1781 in german tradition, which is recorded as the first Christmas tree in Canada.»

«In diesem Hause entzuendete am 25 December 1781 General Riedesel den ersten Weihnachtsbaum deutscher Art in Kanada.»

---

71. Marvin L. Brown Jr, *Baroness von Riedesel and the American Revolution*, 115-117.
72. *Ibid.*, 117-118.
73. A. Couillard Després, *Cité de Sorel*, petit pamphlet, émis lors du bicentenaire du premier sapin illuminé au Canada, sur la «maison des gouverneurs».

Encore une fois, l'hiver 1781-1782 est très rude avec ses amoncellements de neige qui n'en finissent plus et ses vents froids qui viennent à bout des plus résistants. En avril, Carleton est fait commandant en chef de New York [74] et en profite pour demander à Haldimand de renforcer ses défenses auxquelles Riedesel et ses hommes travaillent durant les mois d'été, à l'Île-aux-Noix. Or, comme l'Île-aux-Noix est la clé du lac Champlain, 50 chasseurs de Hanau sont postés à la rivière Lacolle [75].

Soucieux du sort des habitants restés fidèles au roi anglais dans le Vermont et afin de leur offrir la protection de la Couronne britannique, Haldimand, dès les premiers mois de 1782, a envoyé un important détachement de soldats à la frontière de l'État américain. À la fin de l'été, une armée d'invasion composée d'Anglais et d'Allemands a donc été mise sur pied secrètement, se servant de la refortification de l'Île-aux-Noix comme paravent. Pourtant, le signal du départ ne devait jamais venir. En effet, on fut mis au courant, au même moment, de la défaite de Cornwallis à Yorktown et le projet fut relégué aux oubliettes. En novembre, la baronne annonce à son mari la naissance d'une autre fille qu'ils nomment, en hommage aux habitants : «Canada». Mais leur joie réciproque est de courte durée : la petite trouve la mort cinq mois plus tard. Craignant que sa sépulture puisse être profanée par quelques extrémistes catholiques, Madame Riedesel écrira :

«Ma petite fille que j'avais nommée «Canada», ayant été enterrée à Sorel, les officiers me promirent de voir à ce qu'il y ait une inscription gravée sur sa tombe, pour la sauver de toute profa-

---

74. Après cinq années harassantes, le général Clinton a demandé à être relâché du commandement de New York. Ce poste exposé n'avait causé jusque-là que des ennuis et des déceptions à son titulaire. Pierre Benoit, *Lord Dorchester*, 119.
75. Max von Eelking, *The German Allied Troops...*, 250-251.

nation dont elle pourrait souffrir à cause des principes religieux de quelques catholiques canadiens zélés [76].»

Durant ce temps, les Allemands ont reçu l'ordre de prendre leurs derniers quartiers d'hiver comme suit [77] : les dragons à Saint-Antoine dans la partie ouest de Saint-Charles et de Beloeil; le bataillon de grenadiers à Berthier, La Noraie et Lavaltrie ainsi qu'un officier et 25 hommes à la Pointe-du-Lac; le régiment de Rhetz, à l'exception du Corps de garde et de la compagnie du capitaine Olers, est envoyé à Sorel, à Saint-Denis, dans la partie est de la paroisse de Saint-Charles et Beloeil ainsi qu'à la Pointe d'Olivier; le régiment de Riedesel à Sorel; le régiment de Specht à Yamaska, Saint-François, La Baie et Nicolet (ce régiment fournit un officier et 25 hommes sous les ordres du général Clark aux baraques des Trois-Rivières); le bataillon d'infanterie légère de von Barner à Saint-Sulpice, Repentigny et l'Assomption; quant aux nouvelles recrues arrivées à l'automne, Riedesel les distribue parmi les différents régiments.

Fin décembre 1782, plus précisément le 29, Riedesel ordonne à ses hommes le port des mocassins et des raquettes : «Les neiges fréquentes dans cette province obligent ceux qui vont en expédition, etc... et rendent l'utilisation nécessaire, des raquettes et mocassins. ...Le port des mocassins et des raquettes sera donc autorisé, sauf les jours de parade et de garnison [78].» Les ordres exécutés, chaque sous-officier et soldat reçoit ces nouveaux articles qui feront partie dorénavant de l'équipement du soldat allemand et ce, au grand amusement de la population locale pour qui l'utilisation en est depuis longtemps devenue indispensable.

76. Madame Riedesel, *Letters and Memoirs relating...*, Carvill 1827, 275.
77. Max von Eelking, *Memoirs and Letters and Journals...*, Vol. II, 137-138.
78. *Ibid.*, 149-150.

UNITÉS	JAN.	FÉV.	MRS	AVR.	MAI	JUIN	JUL.	AÛT	SEPT.	OCT.	NOV.	DÉC
État-major	•	•	•	•	•	•	•	•	•	•	•	
Rég. dragons	50	50	50	50	50	50	50	50	50	Inc. rég. v. Barner		
Bat. grenadiers	104	113	113	113	113	113	113	113	113	Inc. rég. v. Barner		
Rég. Rhetz	171	171	171	171	171	171	171	171	171	Inc. rég. v. Barner		
Rég. Riedesel	150	150	150	150	150	150	150	150	150	Inc. rég. v. Barner		
Rég. Specht	153	153	151	149	148	148	148	148	148	Inc. rég. v. Barner		
Rég. Pr. Frédéric	605	604	601	600	600	599	598	597	597	592	621	62
Chas. de Brunswick	170	171	169	167	167	167	167	167	167	Inc. rég. v. Barner		
Bat. Ehrenkrook	*	*	*	*	*	*	*	*	*	609	602	60
Rég. von Barner	*	*	*	*	*	*	*	*	*	587	588	58
Total Brunswick	1 403	1 412	1 405	1 400	1 399	1 398	1 397	1 396	1 396	1 788	1 811	1 80
Rég. H.-Hanau dét. Schoell	102	149	148	152	152	152	152	260	262	282	259	25
Art. Hanau		Incorporé au rég. Hesse-Hanau						31	31	32	32	3
Chas. de Creutzbourg	424	407	409	413	413	409	409	466	466	464	487	46
Total Hesse-Hanau	526	556	557	565	565	561	561	757	759	778	778	75
État-major	*	*	*	*	*	*	*	*	*	*	*	
Rég. alt. Lossberg	*	*	*	*	*	*	*	*	*	*	*	
Art. von Lossberg	*	*	*	*	*	*	*	*	*	*	*	
Rég. Knyphausen	*	*	*	*	*	*	*	*	*	*	*	
Total Hesse-Cassel	*	*	*	*	*	*	*	*	*	*	*	
Rég. Pr. Anhalt-Zerbst	*	*	*	*	613	613	613	613	608	604	585	57
Grand total de toutes les troupes	1 929	1 968	1 962	1 965	2 577	2 572	2 571	2 766	2 763	3 170	3 174	3 13
Bat. maj. De Luke	*	*	*	*	*	*	*	*	*	*	*	

* N'est pas encore arrivé
• Absence de données

TÉS	JAN.	FÉV.	MRS	AVR.	MAI	JUIN	JUL.	AÛT	SEPT.	OCT.	NOV.	DÉC.
-major	•	•	•	•	•	•	•	•	★	★	★	★
. dragons			Incorporés au rég. Barner et au bat. Ehrenkrook									
grenadiers			Incorporés au rég. Barner et au bat. Ehrenkrook									
. Rhetz			Incorporés au rég. Barner et au bat. Ehrenkrook									
. Riedesel			Incorporés au rég. Barner et au bat. Ehrenkrook									
. Specht			Incorporés au rég. Barner et au bat. Ehrenkrook									
. Pr. Frédéric	614	614	614	612	613	613	612	613	613	612	678	677
.s. de Brunswick			Incorporés au rég. Barner et au bat. Ehrenkrook									
Ehrenkrook	604	603	601	600	600	600	600	600	633	640	699	698
. von Barner	581	586	583	581	559	557	555	555	582	584	695	701
al Brunswick	1 799	1 803	1 798	1 793	1 772	1 770	1 767	1 768	1 830	1 838	2 074	2 078
g. H.-Hanau dét.												
choell	280	260	259	259	259	259	259	259	263	225	226	227
. Hanau	32	32	32	32	32	32	32	32	34	73	72	72
s. de Creutzbourg	461	459	461	460	458	459	457	458	481	581	586	582
al Hesse-Hanau	773	751	752	751	749	748	746	747	778	879	884	881
-major	*	*	*	*	*	*	*	*	*	*	*	*
g. alt. Lossberg	*	*	*	*	*	*	*	*	*	*	*	*
. von Lossberg	*	*	*	*	*	*	*	*	*	*	*	*
g. Knyphausen	*	*	*	*	*	*	*	*	*	*	*	*
al Hesse-Cassel	*	*	*	*	*	*	*	*	*	*	*	*
g. Pr. Anhalt-Zerbst	558	556	555	549	544	543	542	538	536	539	698	698
and total de toutes troupes	3 130	3 110	3 105	3 093	3 065	3061	3055	3053	3 144	3 256	3 656	3 657
. maj. De Luke	*	*	*	*	*	*	*	*	*	*	*	*

N'est pas encore arrivé
Absence de données
N'est plus au Canada

177

UNITÉS	JAN.	FÉV.	MRS	AVR.	MAI	JUIN	JUL.	AÛT	SEPT.	OCT.	NOV.	DÉC
État-major	9	9	9	9	9	9	9	10	10	10	10	•
Rég. dragons	Incorporés au rég. Barner et au bat. Ehrenkrook											
Bat. grenadiers	Incorporés au rég. Barner et au bat. Ehrenkrook											
Rég. Rhetz	Incorporés au rég. Barner et au bat. Ehrenkrook											
Rég. Riedesel	Incorporés au rég. Barner et au bat. Ehrenkrook											
Rég. Specht	Incorporés au rég. Barner et au bat. Ehrenkrook											
Rég. Pr. Frédéric	683	681	679	679	678	678	678	676	674	675	675	•
Chas. de Brunswick	Incorporés au rég. Barner et au bat. Ehrenkrook											
Bat. Ehrenkrook	700	700	700	699	700	696	695	732	719	719	720	•
Rég. von Barner	699	697	696	696	696	697	693	725	719	719	720	
Total Brunswick	2 091	2 087	2 084	2 083	2 083	2 080	2 075	2 143	2 122	2 123	2 125	•
Rég. H.-Hanau dét. Schoell	227	263	263	263	263	263	280	282	282	282	281	
Art. Hanau	72	34	34	34	34	34	41	41	41	41	41	•
Chas. de Creutzbourg	584	587	587	587	587	586	586	582	581	579	568	
Total Hesse-Hanau	883	884	884	884	884	883	907	905	904	902	890	•
État-major	*	*	*	*	*	•	•	5	5	5	5	
Rég. alt. Lossberg	*	*	*	*	*	•	•	350	349	350	350	•
Art. von Lossberg	*	*	*	*	*	*	*	*	*	*	*	
Rég. Knyphausen	*	*	*	*	*	•	•	199	198	198	197	•
Total Hesse-Cassel	*	*	*	*	*	•	•	199	198	198	197	•
Rég. Pr. Anhalt-Zerbst	698	698	698	698	698	697	697	698	698	698	698	•
Grand total de toutes les troupes	3 672	3 669	3 666	3 665	3 665	3 660	3 679	4 300	4 276	4 265	4 272	•
Bat. maj. De Luke	*	*	*	*	*	*	*	*	*	*	*	*

* N'est pas encore arrivé
• Absence de données

UNITÉS	JAN.	FÉV.	MRS	AVR.	MAI	JUIN	JUL.	AÛT	SEPT.	OCT.	NOV.	DÉC.
État-major	10	10	10	10	10	10	10	10	10	10	•	•
Rég. dragons	Incorporés au rég. Barner et au bat. Ehrenkrook									130	255	255
Bat. grenadiers	Incorporés au rég. Barner et au bat. Ehrenkrook										149	149
Rég. Rhetz	Incorporés au rég. Barner et au bat. Ehrenkrook										312	312
Rég. Riedesel	Incorporés au rég. Barner et au bat. Ehrenkrook										373	373
Rég. Specht	Incorporés au rég. Barner et au bat. Ehrenkrook										349	349
Rég. Pr. Frédéric	672	670	669	668	668	668	667	667	666	662	644	644
Chas. de Brunswick	Incorporés au rég. Barner et au bat. Ehrenkrook											
Bat. Ehrenkrook	726	726	725	724	723	722	721	721	721	722	■	■
Rég. von Barner	722	721	720	719	718	718	716	715	714	711	413	413
Total Brunswick	2 130	2 127	2 124	2 121	2 119	2 118	2 114	2 113	2 111	•	•	•
Rég. H.-Hanau dét. Schoell	278	278	278	278	278	278	278	278	278	305	295	295
Art. Hanau	41	41	41	40	40	40	40	40	40	52	57	57
Chas. de Creutzbourg	563	562	563	560	560	558	557	555	553	545	613	613
Total Hesse-Hanau	882	881	882	878	878	876	875	873	871	902	965	965
État-major	5	5	3	5	5	5	5	5		•	•	•
Rég. alt. Lossberg	349	349	347	347	346	346	346	345	346	396	400	400
Art. von Lossberg	*	*	*	*	*	*	*	*	*	24	24	24
Rég. Knyphausen	197	196	196	196	195	195	195	195	193	★	★	★
Total Hesse-Cassel	551	550	546	548	546	546	546	545	539	420	424	424
Rég. Pr. Anhalt-Zerbst	677	677	675	675	674	673	672	670	673	678	702	702
Grand total de toutes les troupes	4 240	4 235	4 227	4 222	4 217	4 213	4 207	4 201	4 194	•	•	•
Bat. maj. De Luke	*	*	*	*	*	*	*	*	*	231	■	■

• N'est pas encore arrivé
* Absence de données
★ N'est plus au Canada
■ Démantelé

179

UNITÉS	JAN.	FÉV.	MRS	AVR.	MAI	JUIN	JUL.	AÛT	SEPT.	OCT.	NOV.	DÉ(
État-major	22	22	22	21	21	21	21	21	21	21	21	2
Rég. dragons	256	255	254	254	254	254	254	255	255	256	254	27
Bat. grenadiers	150	150	150	150	150	149	150	149	150	148	146	25
Rég. Rhetz	314	313	312	313	313	313	314	311	311	311	314	40
Rég. Riedesel	375	375	375	375	370	372	369	369	367	367	363	39
Rég. Specht	349	349	349	349	349	347	347	346	344	343	339	40
Rég. Pr. Frédéric	642	642	640	639	637	638	636	637	635	636	637	6▮
Chas. de Brunswick				Incorporés au rég. Barner et au bat. Ehrenkrook								
Bat. Ehrenkrook	■	■	■	■	■	■	■	■	■	■	■	
Rég. von Barner	413	413	413	413	413	411	409	406	402	398	394	42
Total Brunswick	2 521	2 519	2 515	2 514	2 507	2 505	2 500	2 494	2 485	2 480	2 468	2 79
Rég. H.-Hanau dét. Schoell	295	293	290	290	289	289	289	289	290	292	329	32
Art. Hanau	57	58	58	58	58	58	60	60	60	60	67	6
Chas. de Creutzbourg	609	608	608	608	607	607	607	604	603	600	599	64
Total Hesse-Hanau	961	959	956	956	954	954	956	953	953	952	995	1 03
État-major	•	•	•	•	•	•	•	•	•	•	•	
Rég. alt. Lossberg	400	400	400	400	397	396	395	392	391	392	415	41
Art. von Lossberg	24	24	24	24	24	24	24	24	24	24	24	2
Rég. Knyphausen	★	★	★	★	★	★	★	★	★	★	★	★
Total Hesse-Cassel	424	424	424	424	421	420	419	416	415	416	439	43
Rég. Pr. Anhalt-Zerbst	701	701	701	700	700	700	700	698	699	693	693	69
Grand total de toutes les troupes	4 607	4 603	4 596	4 594	4 582	4 579	4 575	4 561	4 552	4 541	4 595	4 96
Bat. maj. De Luke	■	■	■	■	■	■	■	■	■	■	■	▮

- • Absence de données
- ★ N'est plus au Canada
- ■ Démantelé

NITÉS	JAN.	FÉV.	MRS	AVR.	MAI	JUIN	JUL.	AÛT	SEPT.	OCT.	NOV.	DÉC.
.at-major	24	23	23	23	23	23	23	14				
ég. dragons	274	270	269	269	268	269	262	204				
ıt. grenadiers	253	253	253	252	252	250	250	200				
ég. Rhetz	400	401	400	399	399	398	391	318				
ég. Riedesel	397	397	397	396	395	394	394	312				
ég. Specht	402	403	402	402	402	402	398	306				
ég. Pr. Frédéric	615	614	614	613	613	611	608	487				
has. de Brunswick	Incorporés au rég. Barner et au bat. Ehrenkrook											
at. Ehrenkrook	■	■	■	■	■	■	■	■				
ég. von Barner	423	423	421	419	417	416	414	212				
otal Brunswick	2 788	2 784	2 779	2 773	2 769	2 763	2 740	2 053				
ég. H.-Hanau dét. Schoell	325	325	322	322	321	321	371	377				
.rt. Hanau	67	68	66	66	66	66	68	57				
has. de Creutzbourg	640	636	636	634	632	595	578	378				
otal Hesse-Hanau	1 032	1 029	1 024	1 022	1 019	982	1 017	812				
.tat-major	●	●	●	●	●	●	●	●				
ég. alt. Lossberg	405	404	404	406	406	406	407	388				
.rt. von Lossberg	24	24	24	23	23	23	23	23				
ég. Knyphausen	■	■	■	■	■	■	■	■				
otal Hesse-Cassel	429	428	428	429	429	429	430	411				
ég. Pr. Anhalt-Zerbst	688	687	687	690	690	690	690	674				
irand total de toutes es troupes	4 937	4 928	4 918	4 914	4 907	4 864	4 877	3 950				
3at. maj. De Luke	■	■	■	■	■	■	■	■				

● Absence de données
■ Démantelé

Les Allemands après la guerre : retour en Europe, établissement et apport à la population canadienne

Le retour en Allemagne. L'établissement au pays; le Québec et l'assimilation des mercenaires, le prix des terres gratuites en Ontario et en Nouvelle-Écosse. Des Allemands sous l'uniforme anglais et américain. Homogénéité de la race. L'apport des Brunswickers à la population : dans le secteur des sciences; de la politique; des arts et des affaires. Des contributions aussi variées que leurs métiers. L'arbre de Noël; l'une de nos traditions des mieux enracinées, mais des plus mal connues chez nous quant à son origine.

Désabusées par tous ces échecs répétés des dernières années, les autorités britanniques ont amorcé des négociations préliminaires secrètes avec les Américains; elles aboutissent, le 30 novembre 1782, à la signature d'un traité provisoire de paix [1]. Bien qu'il y ait entente, les Américains ne cessent pas pour autant les combats et continuent d'accumuler les victoires, les unes après les autres. Au pays on ne sait plus sur quel pied danser; un jour la rumeur veut que l'on soit en guerre, le lendemain, elle ne parle plus que de paix. Ce n'est que vers la fin du mois de mars 1783 que l'on met définitivement fin aux hostilités. Pour le major général Riedesel et ses troupes allemandes, cela signifie, à plus ou moins brève échéance, le retour en Europe puisque, pour le gouvernement anglais, chaque jour passé en Amérique par les mercenaires représente maintenant un luxe qu'il ne peut se permettre bien long-temps [2]. C'est donc vers la mi-juin que l'ordre attendu parvient au major général stipulé comme suit : «Les négociations préliminaires ayant débuté et comme ils ont l'intention de s'abstenir de toutes les opérations contre le Canada, j'ai reçu des ordres du roi de vous informer que des instructions ont été données au gouverneur Haldimand, afin de voir aux prépa-ratifs nécessaires en vue de votre retour et celui des troupes de son Altesse, le duc de Brunswick [3]»; signé lord North.

Avec la collaboration du gouverneur, les préparatifs vont bon train et, au soir du 2 août 1783, la famille Riedesel et une partie des troupes allemandes montent à bord des vaisseaux qui les ramèneront en terre natale. Au total, la flotte comprend 16 vaisseaux en première division tandis que 8 autres complètent la seconde, soit [4] :

I.
Troupes de Brunswick

Commandement : Major général von Riedesel
A- Dragons de Riedesel commandés par le major Baum

---

1. Samuel Eliot Morison et Henry Steele Commager, *The Growth of the American Republic*, Vo. 1, 229.
2. Max von Eelking, *Memoirs and Letters and Journals...*, Vol. II, 174.
3. *Ibid.*, 175.
4. Le journal *La Gazette de Québec*, bibliothèque de la ville de Montréal, salle Gagnon, bobine No 4, 1er août 1782 à 1787.

B- Bataillon de grenadiers du prince Frédéric par le col. Praetorius

C- Régiment d'infanterie de Riedesel par le col. Hille

D- Régiment d'infanterie de Rhetz par la major Luke

E- Régiment d'infanterie de Specht par le major Ehren-krook

II.

Troupes de Hesse-Cassel

Commandement : Major général von Loos

A- Régiment Alt. von Lossberg commandé par le major général von Loos

III.

Troupes de Hesse-Hanau

Commandement : Colonel Lentz

A- Compagnie d'artillerie commandée par le major Pausch

B- Corps de chasseurs par le colonel Kreutzbourg

C- Premier bataillon du prince héritier de Hesse-Hanau par le col. Lentz

IV.

Troupes d'Anhalt-Zerbst

Commandement : Colonel Rauschenplatt

A- Régiment d'Anhalt-Zerbst commandé par le col. Rauschenplatt

Après une traversée record de l'Atlantique en 19 jours, et fier d'être de retour en Allemagne avec ses hommes, Riedesel s'empresse d'écrire au duc Ferdinand de Stade, le 26 septembre : «Gracieux Souverain, j'ai l'honneur d'annoncer à votre Majesté, mon arrivée ainsi que celle du restant des troupes brunswickoises, saines et sauves, sur les côtes de l'Allemagne [5].» Puis, chemin faisant vers Wolfenbüttel, il en profite

---

5. Max von Eelking, *Memoirs and Letters and Journals...*, Vol. II,

pour remercier et rendre hommage aux commandants de ses régiments : «Je ne peux passer l'occasion de vous exprimer mes remerciements pour le zèle et la fidélité que vous avez manifestés durant le service... [6]» Le 8 octobre, les troupes pénètrent enfin dans la ville de Brunswick, après plusieurs années d'absence, et y sont accueillies par le duc en personne, accompagné d'une immense foule des plus enthousiastes [7].

Aux États-Unis, les recrues de Hesse-Hanau, de Waldeck et d'Anhalt-Zerbst quittent New York en juillet 1783, suivies en août par celles d'Ansbach-Bayreuth, de la première division de Hesse-Cassel et, quelque temps plus tard, de celles de la seconde division de Hessois. Cette première division, sous les ordres du major général von Kospoth comprend alors : le régiment Knyphausen, Dittfurth, prince Friedrich, Bose, Porbeck, Bünau, Benning, Knoblauch ainsi que les grenadiers d'Angelleli. Prenant la mer le 15 août 1783, cette première division rejoint l'Europe durant les mois d'octobre et novembre suivants. Quant à la seconde division, sous le commandement du major von Wurmb, elle lève l'ancre au mois de novembre et touche les côtes de l'Angleterre à la fin décembre de cette même année. Retenue cependant à Plymouth, Deal, Portsmouth, Dover et Chatham, elle ne reprend la mer qu'en avril 1784 et ne débarque en terre allemande que dans les derniers jours de ce même mois [8]. À leur arrivée, les troupes sont accueillies par le prince héritier et sont alors passées en revue par le landgrave. Pour leur part, les chasseurs hessois, en raison du manque de transport, n'appareillent pas avant le mois de novembre 1783 et ne rentrent à Cassel qu'en mai 1784

181. Lettre de Riedesel au duc de Brunswick, le 26 septembre 1783.
6. *Ibid.*, 182.
7. Major Baurmeister, *Confidentials Letters and Journals...*, 23.
8. Max von Eelking, *The German Allied Troops...*, 259-260.

alors qu'à leur tour, ils sont retenus en Angleterre de longs moments [9].

Quant aux autres soldats des régiments allemands, prisonniers aux États-Unis, ils sont libérés par les rebelles en mai 1783, à Frederick, Maryland. Après avoir marché 236 milles en 13 jours, selon le journal de John Conrad Döhla, ils rejoignent leurs anciens quartiers où ils reçoivent de nouveaux vêtements et couvertures. En août et septembre 1783, ils atteignent enfin les ports d'embarquement. Au nombre de 1 500 soldats de Brunswick, de Hesse, d'Anhalt-Zerbst et de Waldeck, leur flotte de 14 vaisseaux et de 2 frégates prend alors le chemin qui les ramène en terre natale. Tout comme ceux qui les y ont précédés, ils ont droit aux honneurs et aux traitements de faveur [10]. D'ailleurs, à ce sujet, Baurmeister écrira : «Même les troupes de la petite principauté de Waldeck eurent droit, elles aussi à de grandes démonstrations de joies, réservées aux héros de campagnes victorieuses [11].»

L'expérience militaire américaine des soldats allemands leur sera particulièrement utile lors de la Révolution française qui suivra en 1789. Ainsi, un général prussien et historien militaire dira des troupes de Hesse-Cassel : «De toutes les armées des pays qui participèrent à la guerre contre la France, elles furent les plus disciplinées et les mieux entraînées [12].»

Pour plusieurs mercenaires allemands, Herbert Wilhelm Debor [13] parle de 4 549 hommes, l'année 1783 marque le début officiel [14] de leur nouvelle vie en terre d'Amérique. Debor, qui

---

9. Max von Eelking, *op. cit.*, 260.
10. *Ibid.*, 260.
11. Major Baurmeister, *Confidentials Letters and Journals...*, 22-23.
12. Max von Eelking, *The German Allied Troops...*, 255.
13. Herbert Wilhelm Debor, *German Soldiers of the American War of Independence as Settlers in Canada*, traduit par le Dr Udo Sautter, 2.
14. Puisqu'un certain nombre de mercenaires, à cette date, ont déjà

a mené une étude exhaustive de plusieurs années sur le sujet, soutient que 2 300 à 2 400 soldats immigrèrent au Canada. De ce nombre, selon ses travaux, 1 300 à 1 400 s'établirent au Québec et y firent souche, pendant que 950 à 1 000 autres choisirent l'Ontario (Haut-Canada) et les provinces maritimes. Pour appuyer sa thèse, M. Debor estime que plusieurs soldats allemands qui immigrèrent au Québec, développèrent de solides liens avec la population locale en raison des sept années, pratiquement de paix, qu'ils passèrent chez nous. De plus, il soutient que ces jeunes Allemands furent toujours très respectueux envers l'autorité en place, c'est-à-dire la Couronne britannique, qui ne manqua pas, à la fin des hostilités, de se montrer beaucoup plus généreuse en dons de terres et autres gratifications que le Congrès américain. Une étude réalisée en 1982 par le Dr Virginia Easley de Marce, une Américaine de Arlington, Va., corrobore les dires de M. Debor. Ce travail généalogique s'avère particulièrement intéressant en raison des nombreuses informations relatives à chacun des soldats immigrés au Canada [15].

Pour certains, le choix de demeurer en Amérique est assez simple. En effet, devant la nécessité de réduire de presque de moitié ses effectifs militaires à la fin du conflit, le duc de Brunswick ordonne que les coupables de crimes, de conduite reprochable ou encore ceux jugés inaptes à de futurs services militaires, demeurent au Canada [16]. Quant aux «étrangers», c'est-à-dire, ceux qui ne sont pas des natifs du Brunswick, ils sont fortement encouragés à rester au pays. D'autres subissent

---

reçu leur licenciement des autorités militaires allemandes et sont établis chez nous.

15. Il s'agit de : *The Settlement of Former German Auxiliary Troops in Canada After the American Revolution,* Arlington, 1982, 223 p.

16. Edward Jackson Lowell, *The Hessians and...*, 291. M.S. Journal of the Grenadier Bataillon von Platte; *Eelking's* «Hülfstruppen», Vol. II, 253-255; Appendice D.

également des pressions analogues, en 1777; à titre d'exemple, plus précisément le 23 décembre, Féronce Rotencreutz, premier ministre du duc de Brunswick, écrivait à Faucitt : «Il faut absolument ne point faire revenir ces pauvres capitulants (de Saratoga) en Allemagne, ils seront mécontents et leurs exagérations dégoûteront tout le monde de votre guerre d'Amérique, faites aller ces restes à une de vos îles en Amérique... [17]» Le même sort est réservé aux Hessois de Trenton [18]. Néanmoins, tous ne sont pas forcés de demeurer en Amérique, au contraire; certains, comme ceux du régiment d'Anhalt-Zerbst, sont contraints de retourner en Europe, alors que l'on a déjà réservé leurs services pour l'empereur d'Autriche [19]. Toutefois, au moment du départ, beaucoup de déserteurs de tous les régiments ainsi que des soldats qui ont été libérés par leur prince ont déjà choisi de s'établir en terre canadienne et, dans bien des cas, y ont pris épouse. Bien que leur nombre, si on le compare à d'autres vagues d'immigration canadienne, nous apparaisse fort peu important, il représente néanmoins un pourcentage, pour cette époque, non négligeable. En effet, la population canadienne de 1783 étant d'environ 110 000 âmes; cet apport de soldats allemands représente une contribution de 3 à 4% de toute la population mâle du Canada. Or, cette assimilation par la population canadienne se réalise d'une façon si rapide et si parfaite que la quasi-totalité de leurs descendants, encore aujourd'hui, ignorent à peu près tout de leurs ancêtres brunswickers. Que ce soit chez les francophones ou les anglophones du Canada, les noms

17. Friedrich Kapp, *Der Soldatenhandel...*, 254. XIX, lettre de Féronce à Faucitt, State Papers Office, German State, Vol. 109. L'orthographe originale a été conservée.
18. *Ibid.*, 255. XI, lettre du landgrave de Hesse-Cassel au commandant des troupes hessoises en Amérique, bibliothèque de la société Historique de New York.
19. Virginia Easley De Marce, *The Anhalt-Zerbst Regiment in the American Revolution*, VI.

allemands sont tranformés et ne laissent qu'aux mordus de la généalogie l'espoir de les retracer.

Parmi les régiments allemands qui séjournèrent chez nous, le Corps des chasseurs représente le groupe qui connut la plus forte immigration. Pour n'en citer qu'un, celui de Hesse-Hanau y laissa près de la moitié de ses hommes. Max von Eelking note, dans ses écrits, une explication fort plausible émanant de l'un de ces officiers hessois qui attribue ce phénomène à la similarité du mode de vie. Recrutés dans les forêts européennes, ces hommes retrouvent chez nous et ce, grâce à l'absence de guerre réelle, des plaisirs et des joies qu'ils partagent avec les Indiens. Loin de la vraie guerre, ils sont en mesure d'apprécier ce que l'Amérique a à leur offrir, beaucoup plus que leurs compatriotes qui sont plus au sud, directement impliqués dans les combats et leurs répercussions [20].

Bien que plusieurs mercenaires allemands fassent souche aux environs des grandes places, telles Montréal, Québec, Trois-Rivières, Sorel et Chambly, nombreux sont ceux qui se fondent dans les petites localités où se sont tenus leurs quartiers d'hiver ou encore sur des terres qui leur sont offertes à la fin des hostilités. Alexandre Fraser, seigneur de Saint-Gilles, leur concède pour sa part des lots dans la partie nord de son domaine où tous se doivent alors «de défricher un arpent carré la première année et de payer chaque an, une rente de trois livres tournois par arpent de front et trois sols de cents [21]».

Malheureusement, tous n'ont pas la chance d'habiter des terres comme celles d'Alexandre Fraser et, bien qu'ils reçoivent, en dons, des terres du gouvernement au même titre que les loyalistes, leurs premières exhubérations de joie font vite place à d'interminables attentes et ce, dans des conditions

---

20. Max von Eelking, *The German Allied Troops...*, 253.
21. Joseph Edmond Roy, *Histoire de la Seigneurie de Lauzon*, Vol. III, 159-160. L'orthographe originale a été conservée.

d'extrême misère. Conduits par le baron de Reitzenstein, les soldats allemands et leurs familles débarquent à Cataraqui (aujourd'hui Kingston, Ontario) le 26 juin 1784, après avoir surmonté moult difficultés dont les pires, hélas, pointent déjà à l'horizon. Dès leur arrivée, ils ont la surprise de constater que pas un seul terrain n'a été arpenté. En juillet, comme les travaux d'arpentage n'ont que très peu progressé et que la belle saison s'éloigne à grands pas, Reitzenstein prend la décision d'adresser quelques prières au gouverneur, espérant ainsi accélérer le processus d'établissement. Aussi lui écrit-il, le 1er août 1784 :

«Votre Excellence aura la grâce de me permettre que j'aie l'honneur de Vous présenter très humblement la triste situation des soldats congédiés, qui est à tout égard infiniment plus dure que celle des Loïalistes et qui mérite certainement la Compassion de Votre Excellence. Les Loïalistes étant pourvus du gouvernement, des Couvertes et des Hardes quoiqu'ils étaient auparavant mieux fournis de ces effets que les pauvres soldats aïant eu l'avantage d'avoir leurs ménages en ordre, puisqu'ils étaient depuis un tems considérable dans un endroit fixe, sont en état de se garantir de la rigueur du tems pendant que d'autres sont obligés de couchés à moitié nues à terre, sans aucune couverture; exposées à toute la rigueur du tems et aux mauvaises vapeurs, que la terre après la pluie, et les brouillards si fréquents par ici, exhalent; d'où vient que les maladies augmentent d'un jour à l'autre, qu'en peu de temps la plus grande partie de ces pauvres soldats n'auront plus la force de soutenir dans les travaux et ils tomberont comme des mouches. Et si les hommes sont dans une telle situation, Votre Excellence peut s'imaginer dans quel état pitoïable se trouvent les femmes et leurs pauvres enfans ! [22]»

---

22. Archives du Canada, *MG21, Transcriptions*, collection Haldimand, série B, Vol. 152, 165-168. Lettre du 1er août 1784, de Reitzenstein au gouverneur. L'orthographe originale est conservée.

Deux semaines plus tard, devant la lenteur du gouvernement, le baron Reitzenstein adresse une nouvelle missive, cette fois au major Mathew dans l'espoir que ce dernier puisse intercéder en leur faveur. Ainsi lui précise-t-il l'état lamentable de ses hommes :

«Vous avez eu la bonté, Monsieur, de me promettre, que Vous voulliez faire toute diligence possible pour pourvoir les pauvres Soldats Congédiés, de Couvertes; daignez donc me permettre Monsieurs que je Vous prie très humblement de faire attention à la situation pitoïable de ces pauvres gens, qui sont abandonnés de coucher à terre sans auqu'une couverture et exposés à tout la rigueur de la pluie si fréquent en cette saison et les mauvaises vapeurs que la terre exhâle après le brouillard, que nous avons presque journellement, et de nuit froid comme dans l'automne; avec leurs femmes et pauvres enfans. En considérant cette triste situation Monsieur, je suis certain que Votre Coeur généreux aura pitiée de ces pauvres abandonnés [23].»

Heureusement, ils ne sont pas tous accablés de pareilles souffrances. En Nouvelle-Écosse, par exemple, ils reçoivent, au même titre que les loyalistes, un transport sans aucun frais, 300 acres de terre exemptes de taxes pour une douzaine d'années ainsi que quelques autres avantages du même genre [24]. Ces dons généreux en attirent plus d'un et nombreux sont alors ceux qui s'y laissent tenter. Debor, pour sa part, estime que 950 à 1 000 hommes choisissent de s'établir en Ontario et en Nouvelle-Écosse, cette dernière accueillant la très grande majorité d'entre eux. En effet, plusieurs soldats

---

23. Archives du Canada, *MG21, Transcriptions*, collection Haldimand, série B, Vol. 162, 353-354, Reitzenstein au major Mathew.
24. Max von Eelking, *The German Allied Troops...*, 259.

ARMÉE ALLEMANDE EN AMÉRIQUE DE 1776-83
29 867 SOLDATS

ÉTAT MAJOR GÉNÉRAL

HESSE-CASSEL — ÉTAT MAJOR

- BATAILLON VON LINSINGEN — grenadiers — 1
- BATAILLON VON BLOCK — grenadiers — 2
- BATAILLON VON MINNIGERODE — grenadiers — 3
- BATAILLON VON KÖHLER — grenadiers — 4
- RÉGIMENT LEIB — infanterie — 5
- RÉGIMENT VON WUTGENAU — mousquetaires — 6
- RÉGIMENT ERBPRINZ — fusiliers — 7
- RÉGIMENT PRINZ CARL — mousquetaires — 8
- RÉGIMENT VON DITFURTH — fusiliers — 9
- RÉGIMENT VON DONOP — mousquetaires — 10
- RÉGIMENT VON LOSSBERG — fusiliers — 11
- RÉGIMENT VON KNYPHAUSEN — fusiliers — 12
- RÉGIMENT VON MIRBACH — mousquetaires — 13
- RÉGIMENT VON TRÜMBACH — mousquetaires — 14
- RÉGIMENT VON RALL — grenadiers — 15
- RÉGIMENT VON WISSENBACH — garnison — 16
- RÉGIMENT VON HUYN — garnison — 17
- RÉGIMENT VON STEIN — garnison — 18
- RÉGIMENT VON BUNAU — garnison — 19
- CORPS D'ARTILLERIE — artilleurs — 20
- CHASSEURS (compagnies) — 21
- RÉGIMENT COMBINÉ (temporaire) — 22
- CORPS DE YAGERS — 23

BRUNSWICK — ÉTAT MAJOR

- RÉGIMENT PRINZ LUDWIG — dragons — 30
- RÉGIMENT PRINZ FRIEDRICH — infanterie — 31
- RÉGIMENT VON RIEDESEL — infanterie mousquetaires — 32
- RÉGIMENT VON SPECHT — infanterie mousquetaires — 33
- RÉGIMENT VON RHETZ — infanterie — 34
- BATAILLON VON BREYMANN — grenadiers — 35
- BATAILLON VON BARNER — infanterie légère (chasseurs) — 36

MIS SUR PIED AVEC LES SURVIVANTS DE SARATOGA
- RÉGIMENT VON EHRENKROOK — 38
- RÉGIMENT VON BARNER — garnison — 39

HESSE-HANAU — ÉTAT MAJOR

- RÉGIMENT ERBPRINZ — infanterie, grenadiers — 40
- CORPS LIBRE — infanterie légère (chasseurs) 41
- CORPS DE CHASSEURS — 42

ANSBACH-BAYREUTH — ÉTAT MAJOR

- RÉGIMENT ANSBACH — fantassins, grenadiers — 60
- RÉGIMENT BAYREUTH — fantassins, grenadiers — 61
- CORPS CHASSEURS — 62

WALDECK — ÉTAT MAJOR

- 3e RÉGIMENT WALDECK — grenadiers, fantassins — 50

ANHALT-ZERBST — ÉTAT MAJOR

- RÉGIMENT DE LA PRINCESSE D'ANHALT — 70

HANOVRE

SOUS L'UNIFORME ANGLAIS — 80

LE RÉGIMENT "TYPE" ÉTAIT COMPOSÉ POUR :
1- INFANTERIE : 21 officiers à commissions
    60 sans
    5 non-combattants
    22 musiciens
    525 soldats

2- GRENADIERS : 16 officiers à commissions
    44 sans
    1 non-combattant
    20 musiciens
    420 soldats

■ RÉGIMENTS QUI FURENT STATIONNÉS AU CANADA

LE RÉGIMENT OU BATAILLON
ÉTAIT COMPOSÉ DE 5 À 6 COMPAGNIES

LA COMPAGNIE "TYPE" ÉTAIT POUR :
1- CHASSEURS : 4 officiers à commissions
    12 sans
    3 musiciens
    1 off. non-combattant
    105 soldats

2- ARTILLERIE : 5 officiers à commissions
    14 sans
    3 musiciens
    1 off. non-combattant
    129 soldats

CE PLAN A ÉTÉ RÉALISÉ PAR JEAN-PIERRE WILHELMY

Réalisé par J.P.W. d'après les "ARCHIVES DU CANADA".

Grenadier du régiment de Hesse-Hanau, réalisé par Jean-Pierre Wilhelmy d'après EMBLETON/OSPREY.

Mousquetaire du régiment d'infanterie de Anhalt-Zerbst, réalisé par Jean-Pierre Wilhelmy d'après EMBLETON/OSPREY.

Hesse Hanau Chasseurs Continued

N°	Names	Rank	N°	Names	Rank
55	John Koch		88	Anth'y Goekel	Private
56	Henry Launhard		89	August Schuster	
57	George Weber		90	John Zorn	
58	Simon Gildner		91	Nicholas Weyand	Privates
59	Julius Peters		92	Fred'k Hoffman	
60	Godfried Rose W.6		93	Henry Grauling	
61	Fred' Munich		94	Charles Wittman	N Com'd Officer
62	Mathias Heil	Privates	95	Godhard Schaeffer	
63X	Nicholas Guillery		96	William Schilling	
64	Caspard Dengen		97	Fred' Louis Goedteck W.6	
65	Jacob Henkle		98	Steph' Gotschal W.6	
66	Charles Weysen Stein		99	John Richter	
67	Francis Dieck		100	August Neuburger	
68	Michel Deetrich		101	Francis Hufschmidt	
69	Adam Klein		102	Phillip Wagner	Privates
70	Charles Thuenel	Surgeons Mate	103	Francis Grubschmit	
71	Jean Fetter	Private	104	John Horner	
72	Henry Lerche	N Com'd Officer	105	John Ditzel	
73	Andrew Mongel		106	Charles Fred'k Cohn	
74	John Kalkhoff		107	Francis Heiger	
75	Adam Hartline	Privates	108	George Wimmer	
76	Andrew Schmit		109	Conrad Wagner	N Com'd Officer
77	Geo. Alb' Beyer		110	John Glober	
78	Ernest D. Wilhelmi	Lieutenant	111	John Farnacht	
79	Christ'n Kresser		112	John Hofman	
80	Henry Schrool		113	John Spatz	Privates
81	Martin Ham	Privates	114	Martin Theiser	
82	Phillip Schmidt		115	Valentin Scheid	
83	William Kinstler W		116	Henry Claus	
84	Daniel Zellman	N Com Officer			
85	John Schneider			1 Lieutenant	
86	Michel Minoni	Privates		3 Surgeons Mates	
87	Jean Dieler			9 N Com'd Officers	
				99 Privates	
				112 Men	
				4 Privat'	
				116	

Extrait d'une pétition pour l'obtention de terres de la Couronne à Barford et Hinchinbrook.

allemands, que ce soit au cours d'échanges de prisonniers ou encore lors de la venue de nouvelles recrues en renfort, séjournent à Halifax, lieu de transit à de futures destinations. Lorsque sonne l'heure du retour, la Nouvelle-Écosse ne leur est donc plus tout à fait étrangère. Il en va ainsi des soldats du régiment von Stein/von Seitz/von Porbeck des troupes de la Hesse-Cassel puisqu'ils tiennent garnison à Halifax de 1778 à 1783[25]. Pour certains autres, on parle de 500 recrues des différents régiments hessois destinés aux colonies du Sud, ce sont des changements à leur itinéraire qui leur permettent d'apprécier la région d'Halifax durant les deux dernières années de cette guerre[26]. De plus, comme c'est le cas de quelques soldats d'Ansbach-Bayreuth et de Waldeck, de petits groupes reçoivent, à la fin des hostilités, des terres de la Couronne britannique sur le territoire de la Nouvelle-Écosse. Maxwell Sutherland nous en parle dans «Case History of a Settlement»[27]; cependant, nous ne sommes pas entièrement d'accord avec lui lorsqu'il affirme que les soldats allemands qui s'y établissent, quittent leurs terres très tôt après en avoir pris possession. À notre humble avis, la cause première de cette disparition tient beaucoup plus au fait qu'ils sont assimilés rapidement par les anglophones de la province et que cette situation les rend pratiquement impossibles à retracer.

Certes, nombreux sont ceux qui optent, à la fin des hostilités, de se joindre à des compatriotes déjà bien établis de l'autre côté de la frontière, comme l'affirment plusieurs observateurs; néanmoins, selon Debor, bon nombre de ceux

---

25. Virginia Easley De Marce, *The Settlement of Former German Auxiliary Troops in Canada After the American Revolution*, 2. Ce régiment changea de nom à trois reprises : Stein, Seitz et Porbeck.
26. *Ibid.*, 8, 15.
27. Maxwell Sutherland, Case History of a Settlement, dans *Dalhousie Review*, Vol. XLI, printemps 1961, 65-74.

qui quittent le pays de leur martyre (U.S.A.) viennent en revanche combler le vide laissé par ceux qui prennent cette décision.

Au cours de la Révolution américaine, de nombreux Allemands combattent sous différents uniformes. Certains endossent celui des Anglais, des Hanovriens pour la plupart; d'autres, ceux des rebelles ou de leurs alliés, rendant ainsi aux chercheurs généalogistes la tâche difficile. Des premiers, quoique leur nombre exact ne soit pas encore connu, nous savons par une correspondance du 28 mai 1776 de Barrington à Carleton que 449 soldats allemands furent répartis dans les rangs anglais de la façon suivante :

81 recrues dans le 9e régiment anglais, 53 recrues dans le 20e régiment, 14 dans le 21e régiment, 35 dans le 24e régiment, 5 dans le 31e régiment, 102 dans le 33e régiment, 42 dans le 34e régiment, 74 dans le 53e régiment et 43 dans le 62e régiment [28].

Toutefois, l'une des pires énigmes pour les généalogistes est certes celle des Allemands qui immigrèrent chez nous et qui servirent la cause des rebelles, comme nous le raconte Clifford Neal Smith dans *Encyclopedia of German-American Genealogical Research*, «Des mercenaires allemands servirent avec les Français dans la Révolution américaine [29]». Selon Smith, au moins un régiment allemand, le Royal

---

28. Archives du Canada, *MG21, Transcriptions*, collection Haldimand, série B, Vol. 38, 15-16. Lettre du 28 mai 1776, Barrington à Carleton.
29. Clifford Neal Smith, «The German Genealogical Research, German Mercenaries serving with the French in the American Revolution».L'article de Smith pourrait être «The Germans in the French services», de A.B. Faust dans *The German element in the United States*, New York, 1927, No 42, Vol. I, S. 344-349.

Regiment Allemand Deux Ponts de la principauté de Zwei-brücken, servit avec l'armée française durant la guerre de l'Indépendance américaine. Cependant, un article, rapporte Smith, intitulé «Die Deutschen Truppen Im Französischen Hülfsheere Des Amerikanischen Unabhängigkeitskrieges» (Les troupes allemandes dans l'armée française durant la Révolution américaine), affirme que bon nombre de soldats allemands auraient servi dans les rangs français. D'abord un bataillon de (Kurtrier) grenadiers aurait fait partie, selon cet article, du régiment Saar, appelé détachement du régiment «La Sarre», lequel quelque temps plus tard se serait joint au régiment Saintonge, sous les ordres du colonel Adam Philipp, comte von Custine. Plusieurs soldats recrutés en Alsace et en Lorraine auraient été regroupés en compagnies de chasseurs dans les régiments français bourbonnais et soissonnais. De plus, une grande proportion de la cavalerie française sous les ordres du duc de Lauzon aurait été également constituée d'Allemands, tout comme les 600 hommes d'un régiment des troupes d'Anhalt-Zerbst auraient formé une partie de l'armée du comte D'Estaing. Ces derniers pourraient même être, toujours selon l'article, les hommes du vicomte de Noailles du Corps de West Indies, lequel vicomte fit capituler les occupants des îles britanniques de Saint-Vincent et Grenade en 1778. En terminant, l'article nous rapporte qu'il se pourrait fort bien que les Français eussent engagé un bataillon d'Ansbach, mais aucun document ne semble assez clair pour que l'on puisse affirmer que le bataillon fut envoyé en Amérique.

Au Québec, il est certes très facile de retracer des mariages de soldats allemands avec une belle de chez nous. Il suffit de parcourir nos registres anciens de paroisses où furent cantonnés ces mêmes soldats pour y rencontrer plusieurs témoignages d'unions, de naissances ou de sépultures. Cependant, pour un nombre tout aussi important d'autres mariages entre un soldat et une Québécoise catholique, l'énigme demeure pour le chercheur généalogiste. En fait, environ la moitié de ces soldats sont de pratique religieuse protestante lors de leur arrivée au pays et, bien que la chose nous paraisse curieuse, il semble bien que ce sont les belles de chez nous qui, aveuglées par l'amour, et malgré l'emprise importante qu'exerce sur elles l'Église catholique d'alors, oublient momentanément leurs devoirs religieux et se marient sans autorisation dans la religion de leurs futurs époux.

Dans son «Histoire de l'Église catholique au Québec, de 1608 à 1970[30]», Nive Voisine nous dit : «Depuis la conquête, les catholiques canadiens vivent désormais à côté d'une population protestante qui peut contaminer leur foi. Ces étrangers sont d'ailleurs très présents, puisque beaucoup de militaires logent chez les habitants. Cette promiscuité crée une première difficulté aux autorités religieuses, celle des mariages mixtes...» «Cette situation nouvelle pose un problème à la fois théologique et moral...» Pour prévenir de tels effets, les évêques mettent graduellement au point une politique uniforme. Les pasteurs d'âmes doivent autant que possible détourner leurs fidèles du mariage mixte; quand ils ne peuvent empêcher un tel mariage ou convertir la partie non catholique, ils doivent exiger la célébration devant un prêtre catholique et la promesse d'élever les enfants dans cette même religion.

Quant à celles qui firent fi de cette autorisation et qui se marièrent dans la religion de leur époux, il est remarquable, peut-être en raison du nombre limité à cette époque des lieux de culte protestant chez nous, de constater par les actes de naissance des enfants issus d'un tel mariage, qu'un très grand nombre de ces Québécoises retournent à leur ancienne pratique religieuse et entraînent avec elles l'époux et les autres membres de la famille. Or, comme il y a toujours exception à la règle, on peut lire dans l'*Histoire de la Seigneurie de Lauzon*, de Joseph-Edmond Roy, qu'un bon curé avant-gardiste s'en remet aux fondements des vieilles écritures et dispense son

---

30. Nive Voisine, *Histoire de l'Église catholique au Québec, 1608-1970*, 28-29.

ministère à sa façon. «Dès l'origine de l'établissement de St-Gilles, nous raconte Roy, ce fut le curé de St-Nicolas qui se chargea d'en desservir les colons et comme la population était partie protestante et partie catholique, il distribuait les soins de son ministère avec une charité vraiment évangélique, sans s'occuper des croyances. Il baptisait, mariait, enterrait comme si tous eussent appartenu au même troupeau [31].»

Les nombreuses unions aux Québécoises francophones tiennent certes au fait que plusieurs soldats allemands de la région du Rhin ou de l'Alsace peuvent parler le français, ou encore que bon nombre de ces mercenaires sont originaires de pays francophones tels la France, la Suisse ou la Belgique, mais la raison première de ces unions est sans aucun doute la résultante des nombreux billetages chez les habitants. Au début, bien sûr, il y a plusieurs difficultés d'adaptation de part et d'autre, le manque de vivres par exemple ou encore le nombre élevé de soldats billetés chez un même habitant crée des tensions réciproques. Toutefois, avec les années, forcés de vivre les uns avec les autres, plusieurs apprennent à mieux se connaître et, sans même s'en douter, pavent ainsi la voie à de grandes amitiés. Nombreux sont alors ceux qui se découvrent des affinités qui les conduisent à unir leurs destinées. Quelques-uns retournent en Europe avec leur nouvelle épouse; toutefois, pour la quasi-totalité de ces unions, c'est l'époux qui prend pays.

Recrutés un peu partout à travers l'Allemagne, l'Europe et même au-delà lorsque les nouvelles recrues se font de plus en plus rares, ils nous laissent des noms aussi différents que leurs provenances. Difficiles à prononcer, certains se métamorphosent et les Koch deviennent Caux, les Besserer — Besré, les Maher — Maheu, les Loeder — Laître/Lettre, les Beyer — Payeur, les Pfeiffer — Fiffre, les Schumpff — Jomphe. Pour

---

31. Joseph-Edmond Roy, *Histoire de la Seigneurie de Lauzon*, Vol. III, 159-160.

d'autres, une traduction pure et simple en résulte et les Zimmerman deviennent Carpenter, les Stein — Stone, les Schwartz — Black, les Jaeger — Hunter, les Vogel —L'Oiseau et ainsi de suite. Pour d'autres encore, plus difficilement transformables, peu ou pas de changements ne sont apportés à l'orthographe. On retrouve dans cette catégorie : les Bartholomae, Baumann, Braun, Carl, Duff, Eschenbach, Fischer, Franck, Glackemeyer, Grimm, Grothe, Heinemann, Henckel, Hoffman, John, König, Krafft, Kühn, Lange, Loedell, Löw, Ludwig, Lutz, Mauck, Mayne, McDonald, Metzger, Mines, Minoni, Moro, Moses, Nieding, Peterson, Phillips, Piuze, Reich, Reinhard, Reitz, Richter, Rosenthal, Sander, Sauer, Schaffalisky, Schell, Scherrer, Schiller, Schmidt, Schneider, Singer, Smith, Spahn, Steiger, Troestler, Verner, Vicario, Vogeler, Voges, Voss, Wagner, Wilhelmi, Wolf, Ziegler et combien d'autres [32].

Comme pour mieux se fondre dans leur nouvelle identité québécoise, plusieurs soldats allemands changent non seulement leurs noms de famille, mais également leurs prénoms. Ainsi les Wilhelm deviennent Guillaume, les Jacob — Jacques, les Andreas — André, les Ernst — Ernest, les Gottlieb — Théophile, les Johann — Jean, les Friedrich — Frédéric, les Stephan — Étienne, les Heinrich — Henri, les Kaspar — Gaspar, les Ludwig — Louis, etc. À l'orthographe des noms de famille, la phonétique change les «Sch» par les «J» ou «G», et les Schenck deviennent des Juinque, Schumpff — Jomphe, Schaeffer — Geffre. Les prononciations «B» et «P» s'entremêlent et comme dans certains dialectes allemands, il en résulte, par exemple,

---

32. Archives du Canada, archives du Public Record Office de Londres, archives allemandes, également avec les listes nominales indexées de Mme Virginia Easley De Marce dans *The Settlement...*, ainsi que celles de M. Herbert Wilhelm Debor dans *German Soldiers of the American War...*

pour Bohle — Pohle; les lettres «Y» deviennent «J» et Yurgens se transforme alors en Jurgens [33].

Pour plusieurs patronymes de Brunswickers qui subissent une francisation, qui viennent de pays francophones ou encore qui résultent d'une infiltration française comme ce fut le cas dans le Haut et le Bas-Rhin dans la région de la Moselle ou dans la Sarre, il est difficile d'imaginer que ces noms furent un jour ceux de mercenaires allemands et il est presque impossible de les différencier des patronymes que portent les francophones du Canada. On retrouve dans cette catégorie : les Albert, Allé, Bartholomé, Beauclair, Berger, Bésette, Biennommé, Boland, Bossé, Caux, Claude, Chenaille, Coache, Conrad, Dallaire, David, De Pincier, De(s) Coudres, Durdy, Duvinet, Hébert, Faille, Fausse, Ferdinand, Fiffre, Frédéric, Gabriel, Gallant(d), Gagné, George, Gervais, Gille, Godiché, Grothé, Guérard, Hamel, Hinse, Hotte, Hubert, Jacques, Jenot, Jomphe, Jordan, Laître, Lamarre, Lambert, Laparé, Lemaire, Léonard, Lessard, Lettre, Loiseau, Maher, Maheu, Maillé, Major, Martin, Mayer, Miller, Millon, Molle, Mouché, Noé, Olivier, Pagé, Pambrun, Pape, Paul, Payeur, Piquette, Plasse, Platte, Pousse, Presser, Raymond, Rinier, Robin, Roussel, Rose, Saint-Pierre, Séverin, Telle, Thomas, Tornier, Tyssère, Viger, etc.

Même chose chez les anglophones où l'on retrouve les Arnold, Baker, Bowmann, Brown, Busch, Carl, Duff, Fischer, Franck, Fraser, Hill, Holland, Hoppe, Hunter, John, Krafft, Kuhne, Lake, Lange, Lowe, Ludwig, MacGraw, Mack, Martin, Mauck, Mayne, McDonald, Moro, Page, Peters, Reitz, Russel, Roose, Sander, Sayer, Schiller, Schmidt, Schmit, Schutt, Singer, Smith, Sommers, Steiger, Stone,

---

33. Mme Virginia Easley De Marce, *The Settlement of Former German Auxiliary Troops in Canada after the American Revolution*, section III, Annotations to the Lists, 48-50.

Stengel, Sweet, Thomas, Ulrich, Will, Wolf, Young, Ziegler et une foule d'autres patronymes [34].

À la lumière de cet apport allemand à la population canadienne, il nous est permis de mettre quelque peu en doute l'idée d'homogénéité dont on nous a tant parlé à ce jour. Dès juin 1945, Gabriel Nadeau avait écrit dans les mémoires de la Société généalogique canadienne-française [35] : «On dit avec raison peut-être, que nous étions le seul peuple au monde qui eût de ses origines une connaissance exacte. Mais, si les origines de la race canadienne-française ont été étudiées avec soin, il n'en est pas de même des apports si nombreux, étrangers et autres dont elle s'est enrichie depuis deux siècles. Pour cette raison, l'idée qu'on se fait en général des Canadiens est celle d'une race parfaitement homogène, libre d'alliages et qui s'est gardée telle, tout au long de son histoire. Cette idée n'est juste que pour la plus grande partie du régime français, car il y a eu dans le passé des apports étrangers non négligeables et ces apports n'ont pas discontinué... Les apports étrangers commencèrent véritablement à la fin du régime français. Peuple cloîtré jusque-là, pour ainsi dire, les Canadiens virent tout à coup se planter au milieu d'eux, un nombre considérable d'hommes qui ne venaient pas de France... Il est heureux que ces nouveaux venus aient été pour

---

34. Archives du Canada, archives du Public Record Office de Londres, archives allemandes; voir les listes nominales (muster rolls). *À noter :* bien que ces patronymes furent un jour celui d'un ou plusieurs Brunswickers qui immigrèrent au Canada il ne faut pas croire pour autant, que nécessairement, tous ceux qui portent ces noms chez nous descendent de ces mercenaires. Ex. Gagné : même si ce mercenaire immigra au Canada à la fin du conflit cela ne signifie pas pour autant que tous ceux qui portent le nom «Gagné» soient de ses descendants.

35. Gabriel Nadeau, *L'apport germanique dans la formation du Canada français*, dans les Mémoires de la Société généalogique canadienne-française, juin 1945, Vol. I, no 4, 274-277.

la plupart de sexe masculin, les Canadiens n'eurent à leur donner que des femmes. Leurs femmes à eux, ils continuèrent à les prendre parmi celles de leur sang, maintenant ainsi pendant longtemps la pureté de leurs alliances. La conception d'une race canadienne-française pure, telle qu'elle existe aujourd'hui apparaîtra fausse quand tous les éléments hétéroethniques qui la composent seront connus...» Puis il ajoute : «Sur les Allemands et le rôle qu'ils ont joué chez nous, il n'existe à peu près pas d'études générales.»

Malheureusement, près d'une quarantaine d'années ont passé depuis ces propos de M. Nadeau et très peu d'études exhaustives n'ont encore été menées sur le rôle important joué chez nous par les Allemands et surtout, en ce qui nous concerne, par les Brunswickers. Important croyons-nous, bien sûr par le nombre, mais surtout par la qualité de cette immigration. En effet, la population canadienne de 1783 représente une société de gens dont le niveau d'instruction est relativement bas, en raison du départ de ses intellectuels et de ses commerçants, après la défaite française de 1760. Cette population rurale représente environ 80 % de l'ensemble des citoyens. Or, cette immigration de soldats qualifiés, ne serait-ce que par la riche expérience acquise au sein de cette armée des plus disciplinées, joue un rôle remarquable sur le plan économique et social canadien. Médecins de compagnies, marchands de toutes sortes, corps de métiers des plus variés [36], musiciens et que sais-je encore, enrichis de cette expérience militaire, occupent des postes de confiance des plus diversifiés et contribuent à l'essor de notre pays par la pratique de leur art. Au Québec, bien qu'ils fussent nombreux à s'y établir, leur rôle demeure mal connu par nos concitoyens.

---

36. Archives du Canada, *MG21, Transcriptions*, collection Haldimand, série B, Vol. 151, 12. Liste des professions du régiment d'Anhalt-Zerbst. Également dans Otto Froelich, *Le programme Hetrina*, Vol. II-III et IV.

Aussi, dans les quelques lignes qui suivent tentons ensemble d'en découvrir quelques-uns.

Le secteur des sciences et plus particulièrement celui de la médecine voit plusieurs Brunswickers s'illustrer [37]. Parmi ceux qui y jouent un rôle fort apprécié chez nous : Friedrich Wilhelm Oliva [38]. Né vers 1749, il épouse le 14 juin 1782 Catherine Couillard des Islets avec laquelle il aura huit enfants. Mais voyons plutôt ce que raconte Murray Greenwood à son sujet : «Pendant la guerre de l'Indépendance américaine, Frédéric-Guillaume Oliva servit comme chirurgien-major dans le régiment Alt von Lossberg, prêté à la Grande-Bretagne. L'expérience d'Oliva dans l'armée, dut lui être grandement bénéfique sur le plan professionnel car les troupes allemandes eurent leur part de lésions et de blessures comme aussi de maladies, telles le scorbut, la petite vérole et la dysentrie. La guerre terminée, Oliva exerça la médecine à Saint-Thomas-de-Montmagny mais, en 1792, il déménagea à Québec avec sa famille et y pratiqua le reste de sa vie.»

À l'instar de plusieurs soldats allemands qui s'établirent dans la province de Québec, Oliva était un catholique. Il s'assimila à la société canadienne et non à l'anglaise en épousant la fille du co-seigneur de la Rivière-du-Sud, Louis Couillard Des Islets. Avec plusieurs de ses concitoyens, il signa le Manifeste loyaliste de 1794, rédigé en opposition à la Révolution française et à «des personnes méchantes et mal intentionnées» qui suivraient cet exemple. Ce manifeste exaltait la constitution britannique et condamnait ceux qui dirigeaient alors la France.

---

37. En 1783, environ 35 apprentis chirurgiens et chirurgiens des régiments de Brunswick et de Hesse, immigrèrent au Canada. Herbert Wilhelm Debor, *The Cultural Contributions of the German Ethnic Group to Canada*, 1965, 36.
38. F. Murray Greenwood, *Oliva, Frédéric-Guillaume dans le dictionnaire bibliographique du Canada*, Vol. 4. OLIVA.

Oliva semble s'être entièrement dévoué au bien-être de ses patients, quelle que fût leur condition sociale; il lui arriva même de demander aux autorités de retarder la mise en application d'une sentence d'emprisonnement contre un habitant jusqu'à ce que ce dernier fût entièrement remis d'une grave attaque de dysentrie. Quant à ses théories médicales, connues en grande partie grâce aux Mémoires de Philippe Aubert de Gaspé, elles paraissent avoir eu pour fondement un scepticisme de bon aloi face aux opinions généralement admises par la Faculté. Aubert de Gaspé, qui fut vacciné par le docteur Oliva contre la petite vérole à l'âge de cinq ans, écrit que le docteur fit oeuvre de pionnier en prescrivant l'air frais et l'exercice quotidien à ceux qui étaient affligés de la maladie ou qui étaient vaccinés contre elle, à une époque où le traitement habituel faisait appel à la chaleur et aux boissons alcooliques. Selon Aubert de Gaspé, Oliva dit un jour, pendant une épidémie de petite vérole : «Quel bonheur pour les malheureux attaqués de cette maladie, s'ils tombaient malades dans les forêts, près d'un ruisseau sous un abri de sapin, quatre-vingt-dix sur cent recouvreraient probablement la santé.» Même si plusieurs le croyaient fou à cette époque, il prescrivait des bains glacés pour soigner le typhus et il réussit, dit-on, à sauver de cette façon la vie de son fils Frédéric-*Godlip* [39].

En 1788, Oliva fut nommé membre du premier Bureau des examinateurs en médecine du district de Québec, organisme créé par une loi votée cette même année et réglementant l'exercice de la médecine et de la chirurgie. Un bureau semblable fut créé en même temps à Montréal. Comme examinateur, il parait avoir exploré les questions les plus fondamentales de la thérapeutique médicale. Nous savons, par exemple, qu'il demanda à Pierre Fabre, dit Laterrière, non point de nommer les instruments nécessaires à la chirurgie, ni même de décrire la circulation du sang, mais d'exposer les

---

39. L'orthographe de l'auteur a été respectée.

différences entre le patient décrit dans les livres et le patient alité. En 1795, Oliva, ainsi que James Fisher, John Mervin Nooth et George Longmore, furent interrogés par la Chambre d'assemblée sur le problème des maladies contagieuses apportées dans la colonie par les navires océaniques. Cette même année, l'assemblée vota une loi qui autorisait le gouverneur à mettre en quarantaine les navires soupçonnés de porter quelque maladie contagieuse. Malgré ses nombreux succès, Oliva était, semble-t-il, un homme modeste. La complaisance avec laquelle, dans leurs annonces, les médecins se glorifiaient des études qu'ils avaient pu faire en Europe ne se retrouve aucunement dans l'annonce de l'ouverture de son cabinet à Québec et, pour un médecin, il était d'une humilité charmante devant les pouvoirs de guérison que possède la nature. Aubert de Gaspé écrit que sa mort «fut une perte irréparable pour la ville de Québec où les bons médecins étaient bien rares».

Une autre brillante carrière en médecine d'un Brunswicker : celle du Dr Henry Nicolas Christopher Loedel. Tout d'abord chirurgien de la compagnie du capitaine Lonheissen des grenadiers de Brunswick, on le retrouve occupant des fonctions similaires, après la défaite de Saratoga, mais cette fois pour la compagnie du capitaine Hambach du régiment von Barner. Libéré le 21 juillet 1783 par les autorités allemandes, le Dr Loedel, malgré son jeune âge, ne tarde pas à faire valoir ses qualités de médecin et chirurgien à son entourage. Un excellent article de Louis Richard dans le *Bulletin des recherches historiques* de 1950 nous fait connaître l'apport de la famille Loedel à notre pays [40].

«Dès le premier janvier, nous raconte M. Richard, il devient l'associé du docteur Charles Blake, chirurgien militaire irlandais protestant venu au pays durant la guerre avec le 34e

---

40. Louis Richard, *Bulletin des recherches historiques*, Vol. LVI, 1950, 78-89.

régiment d'infanterie d'Irlande [41], autre médecin éminent qui ne tarda pas à se tailler une réputation enviable et une clientèle lucrative au sortir de l'armée.

Bientôt reconnus pour leurs talents, ces deux médecins, Blake et Loedel, travaillant de concert et tous deux très actifs, édifièrent solidement les bases de leurs fortunes respectives.

Les termes et conditions de cette société sont arrêtés dans une minute du notaire J.-G. Beek, de Montréal, en date du 30 avril 1787, par laquelle on constate que les docteurs Blake et Loedel partagent leurs actifs, passifs et bénéfices dans la proportion de deux tiers au docteur Blake, qui était sans doute l'aîné des deux et le plus expérimenté, et un tiers au docteur Loedel.

En plus de la pratique de leur art, ces deux médecins étaient aussi apothicaires et ce commerce leur fut des plus profitables.

Dès qu'il devint l'associé de Blake et que son avenir sembla assuré, le docteur Loedel songea à fonder un foyer et, le 30 janvier 1784, par-devant le ministre anglican David Chabrand Delisle, il épousait Marguerite Gamelin, née à Montréal le 22 octobre 1762, fille de Pierre-Joseph Gamelin et de Marie-Louise de Lorimier, à l'église anglicane Christ Church, à Montréal.

Par cette alliance, le docteur Loedel entrait dans la famille d'un des marchands les plus importants de Montréal dont les membres fréquentaient la société anglaise où trois des filles trouvèrent leurs maris.

Ce fut même Pierre-Joseph Gamelin qui causa tout un émoi, en 1771, lorsqu'on découvrit qu'il était en même temps marguillier de la paroisse Notre-Dame, à Montréal, et membre d'une loge de francs-maçons. L'affaire fit assez de bruit et fut le sujet de démarches de la part de monseigneur Briand

41. Selon un mémoire du Public Record Office, Chancery Lane, W.C.2, Londres, Angleterre, en date du 16 janvier 1946, Louis Richard.

auprès de monsieur Gamelin pour lui faire abandonner la franc-maçonnerie, ce qu'il dut faire car il continua à être marguillier et à occuper le banc d'oeuvre [42].

Vers la fin du dix-huitième siècle, les membres de la profession médicale firent pression auprès du gouvernement pour obtenir une certaine mesure de protection contre les charlatans et praticiens irréguliers qui augmentaient en nombre et constituaient un danger pour la santé publique. Le 30 avril 1788, le Conseil législatif promulga la loi Geo. III, ch. 8, défendant à qui que ce soit de pratiquer la médecine et la chirurgie dans la province de Québec, ou la profession d'accoucheur dans les villes de Québec ou Montréal, sans avoir au préalable obtenu la permission d'un bureau compétent d'examinateurs.

L'associé du docteur Loedel, le docteur Charles Blake, avec les docteurs Selby, Sym, Bender et Jobert, fut un des premiers examinateurs et une des premières licences. La première licence accordée par ce bureau fut celle du docteur Henry Loedel.

Ce document portait le certificat suivant :

«We, whose names are hereunto subscribed, examining Commissioners appointed under an Act or Ordinance of His Excellency the Governor and Council of the Province of Quebec, made and passed the thirtieth day of April in the twenty eight year of His Majesty's Reign, intituled, «An Act or Ordinance to prevent persons practicing Physic and Surgery within the Province of Quebec, and Midwifery in the Towns of Quebec and Montreal without license» do certify to His Excellency The Right Honorable Lord Dorchester, that we

---

42. Voir *L'Église du Canada après la Conquête*, par l'abbé Auguste Gosselin, 1re partie, 1760-1755, Québec, 1916, 380-384. Aussi, *Le Bulletin des recherches historiques*, Vol. 26, p. 240, Louis Richard.

have examined Henry Loedel of the parish of St. Mary, in the District of Montreal, and find that he has been regularly bred to the profession of Surgery, and we conceive that he may be licensed to practice in Surgery and Pharmacy or as an Apothecary, and Man-Midwife.

(Signé) Chass. Blake

Geo. Selby

R. Sym

X. Bender

Jean-Bte Jobert

We do certify that we were present at the examination for the said Henry Loedel.

(Signé) Picotté de Belestre

J.E. de Longueil

J. Fraser

Hertel de Rouville [43].»

On y a remarqué que le docteur Loedel habitait alors «dans la paroisse Sainte Marie de Montréal». Il faut lire, naturellement, le faubourg Sainte-Marie, car il n'y avait alors que la paroisse Notre-Dame, à Montréal.

Quelques années plus tard, le docteur Loedel est lui-même commissaire pour l'examen des candidats. Son nom apparaît comme tel en 1795, 1797 et 1798 [44].

En outre de l'exploitation de leur clientèle profitable, les docteurs Loedel et Blake conservèrent des attributions militaires rémunératrices.

---

43. D'après une reproduction photographique de ce document publiée dans *History of Medicine in the Province of Quebec*, par Maude E. Abbotts, B.A., M.D., de l'Université McGill, Montréal, 1931, p. 35, Louis Richard.
44. Le lieutenant-colonel D.-B. Papineau, de Québec, un de ses descendants, dit que le nom du docteur Loedel apparaît comme commissaire le 20 février 1795 et encore le 15 décembre 1798, Louis Richard.

À l'époque de son mariage, le docteur Loedel était «médecin chirurgien de l'état-major de l'hôpital en garnison, à Montréal».

Plus tard, le 22 juillet 1813, soit environ 30 ans après, il enregistre une plainte auprès du gouverneur, réclamant plusieurs mois d'arrérages de salaire comme «hospital mate», au taux de sept chelins, six deniers par jour, et il déclare qu'il reçoit cette rémunération depuis bien des années de «l'Agent des Hôpitaux de l'Armée», en Angleterre [45].

Le docteur Daniel Arnoldi, médecin contemporain de Loedel, à Montréal, rend hommage au courage de ce dernier et raconte comment, au cours d'une épidémie de typhus, à la fin de l'année 1799, alors que les autres médecins de la ville ne pouvaient être atteints, il ne craignit point de prodiguer ses soins aux soldats et officiers du 41e régiment qui étaient atteints de cette fièvre qu'il finit par contracter lui-même. Le docteur Arnoldi atteste que Loedel en fut si malade que l'on désespéra pendant longtemps de lui sauver la vie. Il eut une très longue convalescence et sa santé en demeura fort affaiblie, pour le restant de ses jours [46].

Le 16 mai 1794, les docteurs Blake et Loedel comparurent de nouveau devant le notaire J.-G. Beek, à Montréal, numéro 903 des minutes de ce dernier, pour renouveler les articles de leur société.

Cette fois, c'est sur une base d'égalité que traitent les deux associés. Ils déclarent tout partager de moitié, exception faite de la demi-solde du docteur Blake comme chirurgien de l'armée à sa retraite.

---

45. Voir la requête de Henry Loedel à son Excellence Sir George Prévost, le 22 juillet 1813, conservée aux Archives Publiques du Canada, à Ottawa, Louis Richard.
46. Voir la déclaration du docteur Arnoldi, en date du 1er avril 1830, Archives Publiques du Canada, Ottawa, série C 206, p. 36, Louis Richard.

Leurs propriétés comprennent «une maison près du bord de l'eau» habitée par Blake, «une maison rue Notre Dame» qui est sans doute la résidence de la famille Loedel, maintenant composée des époux Loedel et de cinq jeunes enfants, et «une ferme dans le faubourg de Québec».

L'acte de renouvellement de cette société contient aussi un inventaire des créances à recevoir s'élevant à la somme imposante pour l'époque de £2 681,55. 11, composé de 433 noms.

Cette liste de débiteurs est fort intéressante. Elle indique tout d'abord la qualité des personnages à qui ces deux médecins ont procuré des soins ou vendu des médicaments, ainsi qu'elle mesure l'étendue de leurs renommées. On y voit des noms de Johnstown, aux États-Unis, de Michilimakinac, ainsi que de Kingston, Osmegatchy, Varennes et autres endroits.

Leur plus gros débiteur est Sir John Johnson qui doit £ 126, et on y relève aussi les noms de MM. Alex. Henry, Miles McDonnell, le capitaine de Lord Selkirk, à la Rivière-Rouge, le capitaine Fortune, le major Murray, William England, propriétaire du site où l'on construira plus tard l'hôpital général de Montréal, Thomas Busby, Benjamin Holmes, Benaiah Gibb, et autres.

Il y a aussi les noms de 23 médecins en plus d'un nombre de clients aux noms descriptifs comme «William Smith, le jardinier», «Fynn, le charpentier du roi», «Simon, le tonnelier», «Abraham, le juif, tailleur», «Pickard, le boucher», «M. Chewatt, arpenteur», «Shiller, le bailli», «John Jones, cordonnier», «John Long, éditeur [47]».

En 1785 le docteur Blake avait acheté quatre esclaves nègres qui, d'après certaines pièces authentiques, demeurèrent en sa possession un grand nombre d'années. Attendu que Blake et

---

47. Voir *History of Medicine in the Province of Quebec*, par Maude E. Abbott, Montréal, 1931, 44-45, Louis Richard.

Loedel partageaient également tous leurs biens, la seule exception étant, d'après l'acte notarié de 1794, la demi-solde de Blake, il est à supposer que ces esclaves appartenaient aussi au docteur Loedel, du moins de moitié [48]. Les eut-il à son service?

Leurs intérêts professionnels et d'affaires étant si étroitement liés et s'entendant d'ailleurs très bien, ces deux médecins cultivèrent entre eux de nombreux liens d'amitié et d'estime. À mesure qu'elles se développaient, leurs familles respectives conservèrent et augmentèrent ces liens et les relations sociales qui s'ensuivirent.

L'état de fortune du docteur Loedel lui permit de faire instruire ses fils en Angleterre, du moins les deux aînés, Henry-Pierre et Pierre-Charles, qui suivirent les traces de leur père et étudièrent la médecine et la chirurgie.

Ils obtinrent tous deux leurs licences en Europe où ils se trouvèrent à l'époque des guerres continentales et ils furent bientôt enrôlés comme médecins et chirurgiens militaires dans les forces armées de l'Angleterre qui était alors constamment aux prises avec les armées de Napoléon 1er.

L'aîné, Henry-Pierre, soignait les artilleurs blessés des armées du Duc de Wellington à Waterloo, le 18 juin 1815 [49].

Le second, Pierre-Charles, gradué du collège royal de Londres, raconta souvent, plus tard, à ses contemporains de Joliette, qu'il était à bord du «Bellérophon» lorsque ce navire transporta Napoléon 1er à son exil final de Saint-Hélène et qu'il avait bien vu l'empereur des Français dans l'attitude où l'histoire nous le représente généralement.

De retour au pays les deux fils s'établirent l'un à Montréal et l'autre à l'Assomption.

48. History of Medicine..., *op. cit.*, p. 45, Louis Richard.
49. Voir Archives Publiques du Canada, série C 207, p. 4. Aussi *La Gazette de Québec*, 28 novembre 1825, Louis Richard.

Henry-Pierre, en plus de pratiquer, enseigna l'art de la médecine et, en collaboration avec les docteurs Coldwell et Robertson, fut un des fondateurs de l'Hôpital général anglais de Montréal, en 1819. Ces trois médecins furent aussi, quelques années plus tard, vers 1823, les co-fondateurs de la faculté de médecine de l'Université McGill de Montréal. Le docteur Henry-Pierre Loedel mourut prématurément, en 1825, victime du typhus contracté, comme son père, en soignant des malades atteints de ce mal, à l'hôpital général.

Le docteur A.-A. Foucher, de Montréal, dans un discours au deuxième congrès des Médecins de langue française de l'Amérique du Nord, dont il était président, dit ce qui suit [50] :

«L'Hôpital Général anglais fondé à Montréal en 1819 contenait dans ses règlements, à l'article 3, chapitre 3 l'arrêté suivant : «La situation de médecin ou chirurgien ne pourra être donnée qu'à ceux qui auront un diplôme de quelque université ou collège dans les limites de l'empire Britannique.» Cette mesure rendait l'accès à cet hopital impossible à ceux qui avaient acquis leur éducation médicale au pays.

«Si d'un côté, elle assurait à l'hôpital le secours de médecins ayant suivi des cours réguliers, par le fait même, elle accordait aux favorisés de la fortune des positions que leur mérite personnel ne leur aurait peut-être pas obtenues.»

Ces remarques pouvaient viser les cas tels que les deux fils Loedel, Henry et Pierre-Charles, diplômés d'universités d'Angleterre, mais le docteur Foucher, à cette occasion, s'empressa d'ajouter :

«Cependant les médecins de cette institution ont joué un rôle si important dans l'histoire médicale du pays qu'il n'est que juste de reconnaître que ces remarques ne s'appliquent pas à eux.

---

50. Extrait d'une lettre du docteur Foucher à monsieur le chanoine Frs-Régis Bonin, le 4 octobre 1929, communiqué à l'auteur, en 1944, par M. l'abbé O. Valois, secrétaire de la Société historique de Joliette, Louis Richard.

«En effet, nous avons vu les Drs. Coldwell, Robertson et Loedel enseigner privément la médecine; ce furent les premiers médecins de l'Hôpital Général anglais et ce furent eux qui plus tard (en 1829) fondèrent l'Université McGill [51].»

Pierre-Charles se fixa à l'Assomption. Le soir du 5 mars 1821, au manoir seigneurial de Lavaltrie, il épousait Marie-Antoinette Tarieu Taillant de Lanaudière, fille cadette de feu l'honorable Charles Gaspard de Lanaudière, seigneur de Lavaltrie, et de Suzanne-Antoinette Margane de Lavaltrie.

C'est ainsi qu'il devint le beau-frère de monsieur Joliette lequel épousa Marie-Charlotte Tarieu Taillant de Lanaudière, autre fille du seigneur de Lavaltrie.

Le mariage de monsieur Loedel fut célébré devant le ministre protestant John Jackson, pasteur de l'église anglicane Christ Church, de William-Henry, ainsi que se nommait alors la ville de Sorel et celui-ci en a dûment consigné l'acte au registre de son église, à Sorel.

Pierre-Charles Loedel et Marie-Antoinette de Lanaudière eurent une fille qui épousa le docteur Bernard-Henri Leprohon. Ceux-ci furent les parents de monsieur Charles-Bernard-Henri Leprohon, ancien shérif de Joliette.

John Justus Diehl [52], beau-frère du docteur Arnoldi, fut un ami intime des docteurs Loedel et Blake et il les avait désignés ses exécuteurs dans son testament.

Après sa mort, son jeune fils, Pierre Diehl, fit un apprentissage avec les deux médecins après quoi ils se chargèrent de

---

51. Il s'agit ici du docteur Henry-Pierre Loedel, mort prématurément en 1825. La faculté de médecine de l'Université McGill fut fondée vers 1823 et non 1829 tel que mentionné dans la lettre du docteur Foucher. Le docteur Henry-Pierre Loedel eut à peine le temps de voir s'épanouir l'oeuvre à laquelle il collaborait, Louis Richard.

52. John Justus Diehl est ce tailleur qui fit une requête contre les officiers des Chasseurs de Hesse-Hanau le 19 août 1782. Archives du Canada, *Collection Haldimand*, série B, Vol. 151, 307.

terminer son éducation en Europe et l'envoyèrent étudier la médecine à l'Université et Infirmerie Royale d'Édimbourg, en Écosse. Il y rencontra là Jacques Labrie, de St-Eustache, alors étudiant.

Diehl revint au pays diplômé et dès 1811 fut un des examinateurs pour le district de Montréal. Il devint l'associé de son oncle, le docteur Arnoldi, et eut une brillante carrière qui justifia pleinement l'intérêt que lui témoignaient les docteurs Loedel et Blake qui l'avaient traité comme leur fils et à qui il fut reconnaissant de la direction qu'il avait reçue d'eux [53].

Le docteur Charles Blake décéda le 22 avril 1810. Sa veuve, Harriett Antill, épousa en secondes noces Bernard-Antoine Panet, en 1814. Le docteur Blake avait eu une fille qui épousa le juge Thomas Cushing Aylwin.

Le 15 avril 1818, le gouvernement concéda par lettres patentes au docteur Loedel, à titre d'ancien milicien, les lots 11 du quatrième rang et 11 du cinquième rang dans le canton de Godmanchester, comté de Huntingdon.

Situées au nord-ouest de la rivière Châteauguay, environ à mi-chemin entre Dewittville et Huntingdon, ces terres sont arrosées par un petit cours d'eau qui porte encore aujourd'hui le nom de rivière Loedel sur les cartes géographiques cadastrales modernes du ministère de la Colonisation du gouvernement de la Province de Québec, bien qu'à notre connaissance il n'y eut jamais de membres de cette famille en résidence sur ces terres.

Le docteur Loedel, frêle de santé depuis la longue maladie qu'il subit à la suite de l'épidémie de typhus de 1799, fut frappé d'apoplexie, vers les sept heures du matin, à sa résidence de la rue Saint-Urbain, à Montréal, le 14 janvier 1830. Malgré les meilleurs soins, il expira vers les deux heures de l'après-midi, le même jour [54].

---

53. Voir *History of Medecine in the Province of Quebec*, par Maude E. Abbott, Montréal, 1931, 45-46, Louis Richard.
54. Voir la déclaration du docteur Arnoldi, en date du 1er avril

Ses funérailles eurent lieu le 20 janvier et il fut inhumé dans la voûte du docteur Blake au cimetière anglican de Montréal. On le disait âgé de 75 ans. L'acte de sa sépulture est contresigné par son fils, Pierre Charles Loedel, et son gendre, William Hall [55].

La veuve du docteur Loedel, Marguerite Gamelin, survécut neuf ans à son époux et vécut ses dernières années à Joliette, chez son fils, le docteur Pierre-Charles, où elle mourut le 11 février 1839. Elle fut inhumée dans l'église de Saint-Paul de Lavaltrie, du côté de l'Épître, dans la nef, le 15 du même mois, et une inscription qui existe encore dans cette église rappelle sa mémoire [56].

Comme nous venons de le constater, à la lumière des carrières des Dr Oliva et Loedel, les Brunswickers nous laissèrent d'excellents médecins; Auguste-France Globensky (Glaubenskindt) fut également l'un d'eux. Né à Berlin, le 1er janvier 1754, il est le fils de Joseph Globensky vel Glaubenskindt, d'origine polonaise, et de Marie Richter. Lieutenant-chirurgien du Corps libre des Chasseurs de Hesse-Hanau,

---

1830. Archives Publiques du Canada, série C 206, 36, Louis Richard.

55. L'acte de sa sépulture au registre de l'église anglicane Christ Church se lit comme suit :
«Henry Nicholas Christopher Loedel of Montreal Physician died on the fourteenth day of January One Thousand Eight Hundred and Thirty. Aged seventy five years, and was buried on the twentieth following, by me.»
(Signé) B.B. Stevens,
Ev. g Lecturer.
Witnesses Present :
(Signé) Wm. Hall
Peter Charles Loedel (Louis Richard)

56. On sait qu'il n'y avait ni église paroissiale ni cimetière à l'Industrie en 1839. C'est pourquoi l'inhumation de Madame Henry Loedel eut lieu à Saint-Paul, Louis Richard.

Auguste-France épouse aux lendemains de la guerre de la Révolution américaine, le 23 février 1784, Marie-Françoise Brousseau dit Lafleur de Verchères. De cette union seize enfants voient le jour soit six filles et dix garçons [57]. Messieurs Jacques Prévost et Yvon Globensky nous instruisent, dans les quelques lignes qui suivent, sur l'histoire de leur ancêtre : Auguste-France Globensky. «Il avait trente ans lors de son mariage à Verchères, en 1784, écrit M. Prévost. Il y pratiqua la médecine une dizaine d'années. Au cours de ce stage, il reçut de son père une invitation pressante de retourner en Allemagne. Le brave père d'Auguste, qui était haut placé à Berlin, qui jouissait d'un belle aisance comme de beaucoup d'influence, avait engagé un capitaine de navire à venir au Canada pour lui ramener son fils et son épouse : mais cette dernière refusa de quitter le Canada [58].» Quelques années plus tard, sous les instances de M. le curé Mailloux et du seigneur Eustache Lambert-Dumont, Auguste-France vint s'installer à Saint-Eustache où il fut reconnu comme un excellent médecin, affirme l'un de ses descendants, M. Yvon Globensky. Bien que nous possédions très peu de détails sur sa carrière de médecin, nous dit-il, ses nombreuses (36) années de pratique médicale sont, à elles seules, un sérieux indice de son dévouement pour les gens de Saint-Eustache et ce, jusqu'à sa mort, le 19 avril 1930. On rapporte d'ailleurs que ses dernières paroles furent celles-ci : «Je ne suis pas un Globensky, je me nomme réellement...» Il ne put terminer sa phrase. Son confesseur s'empressa de rassurer les personnes présentes en leur faisant comprendre qu'il était, en fait, beaucoup plus qu'un simple Globensky mais qu'il n'était pas en son pouvoir d'en révéler davantage. Si l'on considère que son père était secrétaire du roi de Prusse,

---

57. Yvon Globensky, *Globensky Auguste France*, article non publié, 4 p.
58. Jacques Prévost, *Les Globensky au Canada français*, M.S.G.C.F. Vol. XVII, 1966, 158.

nous affirme M. Yvon Globensky, que le prince de Locowitz de Pologne assistait à son baptême et que, par surcroît, on peut observer sur l'argenterie familiale rapportée d'Allemagne des blasons à demi oblitérés, on en vient à la même conclusion que son confesseur : Auguste-France était issu de la noblesse et peut-être même de sang royal [59].

Tout comme leurs frères brunswickers, Oliva, Loedel et Globensky, d'autres chirurgiens de compagnies participent à l'avancement de notre pays. Le docteur Xavier Bender, chirurgien-major des troupes de Hesse-Hanau, devient, pour sa part, membre du premier Bureau d'examinateurs médical du district de Montréal, en 1788 [60]; Théodore Besserer, apprenti chirurgien de la compagnie du capitaine Dietrich du régiment brunswickois prince Frédéric, exerce, quant à lui, la médecine à Château-Richer et Sainte-Famille de l'Île d'Orléans [61] tandis qu'un autre apprenti chirurgien du nom de Conrad Just est tour à tour médecin et apothicaire de Sainte-Famille [62]. Quant à Edmond von König, l'ancêtre de tous les König/Koenig du district de Québec [63], il reçoit son congé des autorités allemandes en 1783. Second fils d'un baron, membre d'une famille influente de Prusse, Edmond-Victor épouse, avant même la fin des hostilités, en 1782, une Canadienne française, Marie-Louise Jean, qui lui donne huit enfants : cinq filles et trois garçons. Établi en la paroisse de Notre-Dame de Bonsecours de l'Islet où il pratiqua probablement son art, le

---

59. Yvon Globensky, *La famille Globensky*, éd. famille, avril 1982, Société de généalogie de Québec, cahier spécial I, 102 p.
60. Herbert Wilhelm Debor, *The Contributions of the German Ethnic Group to Canada*, 36.
61. Pierre-Georges Roy, *Les Besserer de la province de Québec*, B.R.H. Vol. XXIII, 1917, 30-31.
62. Antoine Roy, *Rapport de l'archiviste de la province de Québec pour 1948-1949*, VG 1798.
63. Pierre-Georges Roy, *Le baron Edmond-Victor von König*, B.R.H. Vol. XXIII, 1917, 316-317.

lieutenant-chirurgien du régiment du prince Frédéric rend l'âme en cette même paroisse à l'âge respectable de quatre-vingt-trois ans [64]. Enfin, c'est dans la région de Sorel que le Dr Charles Schiller du régiment Riedesel fit profiter ses concitoyens de ses talents et de ses aptitudes pour la médecine [65].

On retrouve bien peu de documents concernant les chirurgiens de compagnies qui sont restés en Canada à la fin des hostilités. Celui que je veux vous présenter s'intitule :

Liste des chirurgiens des troupes de Brunswick qui restent au Canada [66]. Ce document des archives canadiennes est particulièrement intéressant, puisqu'il nous rapporte une appréciation de l'homme et du métier qu'il exerce. En voici donc quelques extraits :

L'orthographe originale a été respectée.

Régiment	Noms	Remarques
Grenadiers	Loedel	Un très habile homme d'une conduite exemplaire, qui parle plusieurs langues et qui travaille dans l'hôpital à Montréal sous la direction de M. Black.
Pr. Frédéric	Just et Besseres	On peut vantés à leurs savoirs et l'habitude ayant donné à différents fois des preuves indubitable de l'un et l'autre.

64. Capitaine Maurice König, *La famille Koenig en Canada*, M.S.G.C.F. Vol. XVI, 1965, 269-270.
65. Raymond Gingras, *Liste annotée de patronymes d'origine allemande au Québec et notes diverses*, Schiller.
66. Archives du Canada, *MG21, Transcriptions*, collection Haldimand, série B, Vol. 173, 119. Liste des chirurgiens des troupes de Brunswick qui restent au Canada.

Pr. Frédéric Doeren et Diller		Ils ont de bonnes principes et ils n'ont jamais manqué de bonne volonté de sorte quand ils continuent à s'appliquer comme ils ont fait jusqu'ici, ils pourraient être aussi des sujets très utiles.
Riedesel	Henckel	Un très bon sujet d'une conduite irréprochable et toujours infatigable auprès de ses malades.
Grenadiers	Stein	Un jeune homme qui n'a pas encore beaucoup d'expérience mais qui promet par son application pour le futur.

Toujours dans le secteur des sciences, soulignons l'apport du fils d'un Brunswicker, Anthony von Iffland (1799-1876), qui fonda la première école d'anatomie de la ville de Québec, en 1822. Cette école est également la première du genre au Canada [67].

Une autre contribution d'un Brunswicker dans le domaine des sciences, et plus particulièrement en génie civil, est celle de Théodore de Pincier, surnommé l'ermite de Sorel en raison des mille et un déboires que connut ce fils naturel du prince de Brunswick. Sa destinée nous est racontée par M. l'abbé Couillard Després dans son *Histoire de Sorel, de ses origines à nos jours* [68]. «Il est né en Saxe, nous dit-il, le 8 juillet 1750. Sa mère, femme du capitaine de Martigny qui, dans un accès de jalousie, se suicida, convola en secondes noces, deux ans plus tard, avec George-Henri de Pincier, Français d'origine et

67. Herbert Wilhelm Debor, *The Cultural Contributions of the German Ethnic Group to Canada*, 1965, 38.
68. M. l'abbé Couillard Després, *L'histoire de Sorel, de ses origines à nos jours*, ch. IX, 144-145. Également aux archives du Canada, *MG24*, C 22, Papiers Théodore de Pincier, 22 p.

capitaine des grenadiers dans les troupes germaniques. Celui-ci adopta le fils du duc, lui donna son nom et l'indroduisit dans sa famille. Le futur arpenteur de Sorel dut à ce protecteur son éducation et son avancement. Il étudia l'histoire, la géographie, les mathématiques, la philosophie, le génie civil, le talmud, le sanscrit, l'anglais et le français. Ses études terminées, il entra dans l'armée en qualité de cadet dans le premier bataillon du régiment du prince Frédéric. Il fut créé enseigne le 26 mars 1767. Un jour, dans un moment d'épanchement inconsidéré, sa mère lui révéla le secret de sa naissance. Cet aveu le blessa au coeur. Il prit la résolution de la quitter et s'engagea dans les troupes qui faisaient voile vers l'Amérique. Non seulement il ne voulut plus revoir celle qui lui avait donné le jour, mais ainsi qu'il le déclare dans ses mémoires, il ne lui écrivit jamais. Il servit dans l'armée anglaise durant la guerre de l'Indépendance américaine.» On remarque dans un rôle d'appel fait aux Trois-Rivières, le 29 août 1779, le nom de Théodore von Pincier à titre de second lieutenant de la compagnie du capitaine de Plessen du bataillon d'infanterie du lieutenant-colonel Ehrenkrook [69]. «La paix conclue, poursuit Després, il se livre à l'exercice de son art. Le colonel McDonnell le recommanda à Sir John Johnson, «le seul Américain vraiment riche, dit-il, qui prit fait et cause pour le roi dans la guerre de la Révolution.»

«Fort de cette protection, il se met au service du gouvernement et arpente plusieurs cantons sur les bords du lac Ontario. En 1796, on le rencontre à Sorel. Robert Jones lui confie la tâche, et c'en est une, d'arpenter la seigneurie. Les terres boisées de Bellevue, de Hunterville, de Prescott, du Pot-au-Beurre, reçoivent tout à tour sa visite. Il vérifie les lignes tracées par Marcouillé, le 12 juin 1772, et celles de

---

69. Archives du Canada, *MG11, Colonial Office*, série Q, Vol. 16, 2e partie, 486. Liste nominale (muster roll) des troupes, 29 août 1779.

l'arpenteur Daly, le 4 septembre 1798. Dans les mémoires qu'il a laissés, se trouvent des détails importants qui font connaître les difficultés du métier. On y voit encore les noms de ses assistants et leur manière d'opérer...» Ces hommes partent de grand matin; ils emportent leur nourriture consistant en lard, pain et biscuits. Dans la journée du 5 novembre, ils n'arpentent que cinq arpents, car il leur faut abattre de gros arbres qui ferment la route. Le lendemain, au petit jour, ils prennent leur repas frugal et se mettent en besogne. «Il n'y a que trois haches, écrit de Pincier; nous traversons une savane remplie de ferdoches, d'épinettes rouges, malaisées à couper par leur petitesse, obéissant aux coups. Notre messager vient nous rejoindre dans l'après-midi ayant délivré cinq pains...» Il raconte, nous dit Després, comment il a découvert un lac d'environ deux arpents de largeur sur six de longueur. «C'est une eau libre, claire et transparente, sans jonc. Les bords de notre côté sont bas, garnis d'aulnages et d'une petite grève à gros foin; de l'autre côté il y a un côteau propice pour se bâtir. Les lots 38 et 39, que nous venons de borner, deviendront les deux terres les plus plaisantes des concessions de cette seigneurie.» «Il mentionne ensuite, poursuit Després, les difficultés de transport du camp, de la pluie, de la neige qui, tour à tour, les forcent à interrompre leurs travaux.»

«Robert Jones le charge, plus tard, de l'ouverture d'une route de communication entre la rivière Cibouette et le canton d'Acton. Cet homme avait reçu une éducation soignée, raconte Couillard-Després, aussi il pousse jusqu'à l'excès l'observance des règles de l'étiquette. Il trouve avec raison, que les notaires en général n'apportent pas assez de soins dans la rédaction des contrats.» Dans une lettre du 24 décembre 1806 : «il conseille à Robert Jones de s'attacher M. Henry Crebassa, notaire provincial, qui vient de s'établir à William-Henry [70]». Dans cette même lettre, «il trace tout un programme de

---

70. Ancien nom de la ville de Sorel.

colonisation. Il propose de demander aux curés de Sorel et de Berthier de faire la propagande parmi les Canadiens afin d'en attirer sur les terres non concédées...»

«De Pincier, nous dit Després, reconnaît les qualités des Canadiens comme défricheurs et colons de choix. De nos jours encore, les fils des pionniers du Canada ont conservé plus que tous les autres, ces vertus de patience, de courage, de persévérance qui distinguaient nos pères...» «Le successeur de Robert Jones, M. John Kent Welles, le protégea et lui fournit de l'emploi.» Un jour, de Pincier recommanda «de donner, en mémoire du roi, le nom de St-Georges au rang situé en arrière de celui appelé Hunterville». «Le gouverneur, ajoute-t-il, porte le même nom et les Canadiens préfèrent toujours vivre sous le patronage d'un saint. J'offrirai le cordon des Quatre-Vingts à son Excellence, le gouverneur Prescott et l'appelerai Prescottville...»

Les Anglais, sur la fin de ses jours, n'ont plus son admiration. Comme le gouvernement d'alors reste sourd à ses suppliques, il s'adresse au seigneur Cuthbert, de Berthier, et le prie d'intercéder pour lui en raison des services qu'il a rendus. Les secours ne viennent pas assez vite et, dans une lettre, il annonce qu'il a l'intention de mettre fin à sa misérable existence. Cette lettre fut, pour ainsi dire, le testament de celui qu'on a appelé l'ermite de Sorel. Sa dernière pensée fut pour sa mère. «Cet homme, nous dit Després, n'avait pas la foi, car autrement il eut supporté jusqu'à la fin le poids de ses épreuves. Il avait en lui de nobles sentiments, une fierté qui le faisait rougir d'avoir à mendier son pain. Au reste, accablé d'infirmités, en dépit des bons conseils de ses amis, dans un moment de découragement, il mit fin à ses jours. Il était âgé de 74 ans.»

Néanmoins, quelques amis surent reconnaître, en lui, des valeurs inestimables. À sa mort, l'un deux, le major Thomas Huxley, écrit avec fierté l'ordre suivant : «Le commandant de la garnison de William Henry est humblement prié de permettre que son détachement conduise au cimetière, avec les honneurs militaires, le cercueil d'un ancien lieutenant qui a servi l'Angleterre durant sept ans dans les toupes de Bruns-wick, pendant la guerre de la Révolution de 1783. En accordant cette requête, si le plus jeune des officiers se donne la peine de prendre, dans ses mains, l'épée nue, déposée sur la tombe, cette épée lui restera en souvenir de la catastrophe qui a terminé la triste vie de Théodore de Pincier, l'ermite de Sorel...» «L'inhumation, termine Després, eut lieu le 19 avril 1824 dans le cimetière anglican.»

En politique, peu de Brunswickers ou de leurs descendants s'illustrent. Cependant, Jean Joseph Troestler occupe un poste de député fédéral du comté de York de juin 1808 à octobre 1809 [71], alors que le fils de Jean Georges *Pozer* [72], Christian Henry Pozer, représente la Beauce à la Chambre des communes de 1867 à 1876 avant d'accéder à un poste de sénateur [73].

En ce qui a trait aux arts, Friedrich Heinrich Glackemeyer, maître de fanfare de la compagnie «colonel» du régiment Ehrenkrook des troupes brunswickoises, fit sa marque chez nous à titre de professeur, organiste et chef de musique. Plus tard, on le reconnaîtra comme étant le premier musicien professionnel du Canada.

Selon le dictionnaire bibliographique des musiciens cana-diens, «Il n'avait que cinq ans lorsque son père lui mit une viole dans les mains. Doué d'une remarquable finesse d'oreille et

71. Herbert Wilhelm Debor, *The Cultural Contributions of the German Ethnic Group to Canada*, 1965, 28-29.
72. Le nom s'écrivait originellement *Pfotzer* et s'est transformé au Québec en *Pozer*, *Pauzé*, *Pausé* ou encore : *Poser*. Bien que le nom de Jean Georges Pozer apparaisse dans la liste des soldats allemands qui ont immigré au Canada, telle que dressée par Madame De Marce, nous mettons en doute l'exactitude de cette information.
73. Extrait des *Rameaux de la famille canadienne*, chez l'imprimeur de la Reine, Ottawa, 6, par l'entremise de Roger Gauthier, membre de la S.G.C.F.

d'une merveilleuse mémoire du son, il devint, en peu de temps, capable d'exécuter sur sa viole tous les airs qu'il lui arrivait d'entendre ou de déchiffrer».

«Sa famille occupait une enviable position dans les rangs de la société hanovrienne; il y conquit vite la réputation d'enfant prodige comme musicien, et l'enfant-artiste se multipliait pour répondre aux désirs de tous ceux qui voulaient l'écouter. C'est ainsi qu'il passa ses premières années jusqu'à l'adolescence.» Engagé dans les troupes de Riedesel, il devint par la suite professeur de musique des filles du général. À la fin des hostilités, Riedesel lui accorda son licenciement en plus d'une importante somme d'argent, d'une excellente recommandation ainsi que le loisir de retourner en Allemagne occuper le poste d'organiste de Lauterbach. Il déclina l'offre généreuse du général et décida de s'établir au nouveau monde, plus précisément à Québec. «À son arrivée, la meilleure société québécoise lui fit un cordial accueil. Sans perdre de temps, il se livra sans retard à l'enseignement. Les élèves affluèrent chez lui. À part la viole et la basse de viole, enseigna le piano, mais en joua rarement.

«Fit dans l'intérêt de sa profession et de ses élèves l'importation d'oeuvres d'orchestre et d'instruments de musique. Au cours de l'année 1872, année qui suivit celle de sa fondation (le 21 août 1871), le Septuor Haydn réussit à réunir tous ces cahiers et en fit l'achat. Les pierres lithographiques qui avaient servi à l'impression de cette musique en Allemagne ayant été détruites, ces oeuvres sont aujourd'hui à peu près introuvables dans le monde entier excepté à Québec, à l'Université Laval, où, un jour, le Septuor Haydn les laissa en dépôt. Ces cahiers comptent actuellement au moins cent quarante ans d'existence.

«Organiste de la cathédrale de Québec et chef de musique en 1820, trouva le moyen de fonder une société musicale sous le titre de Société Harmonique de Québec; en fut le premier président et le directeur.

«Fut l'auteur de plusieurs compositions inédites : Marche en l'honneur de la bataille de Châteauguay qu'il dédia au colonel de Salaberry, etc.

«Luthérien de naissance, Glackemeyer avait embrassé le catholicisme pour épouser Mlle Marie-Anne O'Neil, en septembre 1784 [74].»

À l'instar de Friedrich Glackemeyer, Francis Vogeler, hautboïste du régiment du prince Frédéric, s'installe à Québec où il devient professeur et vendeur d'instruments de musique. En effet, l'on note qu'en 1789 il importe trois piano-forte qu'il offre à sa clientèle.

Mais il n'y a pas qu'en musique que des Brunswickers [75] font valoir leurs talents artistiques. La peinture est également une discipline qui en attire plus d'un. Louis Chrétien Heer, George Rush et le lieutenant Reineking sont de ceux-là [76]. Quant à Henry Ritter, ce fils de soldat allemand licencié qui vit le jour à Montréal et qui poursuivit plus tard des études en arts à Düsseldorf et Hambourg, il devint très populaire en Allemagne, grâce surtout à ses magnifiques marines [77].

À partir du XVIIᵉ siècle, les cartes géographiques du Canada et de l'Amérique du Nord furent imprimées en Allemagne [78]. Cet art de l'imprimerie moderne dont le père fut incontestablement l'Allemand Johann Gutenberg (1398-1468) fascina sans aucun doute le petit-fils d'un Brunswicker: William-Edmond Blumhart. «Autodidacte entreprenant et débrouillard comme pas un, à quarante ans, W.-E. Blumhart

---

74. Extrait du *Dictionnaire bibliographique des musiciens canadiens*, 122-123, Glackemeyer Frédéric-Henry (Hanovre 1751-Québec 1836).
75. Herbert Wilhelm Debor, *The Cultural Contributions of the German Ethnic Group to Canada*, 1965, 39.
76. Antoine Roy, *Rapport de l'archiviste de la province de Québec pour 1948-1949*, VG 1792 Reineking; Virginia de Marce pour Rush, 180; Raymond Gingras pour Heer.
77. Herbert Wilhelm Debor, *The Cultural Contributions of the German Ethnic Group to Canada*, 1965, 43.
78. *Ibid.*

225

était devenu le secrétaire — et le gendre — d'un homme fort important à Montréal à cette époque : Louis Adélard Sénécal[79].» En 1883, M. Blumhart est nommé correspondant de *l'Univers*, de Paris, et l'on dit que «ses lettres sur les affaires canadiennes» furent très appréciées[80]. Le 15 octobre 1884, William-Edmond fonde le journal *La Presse* qui commence à paraître dès le 20 octobre suivant. Au fil des ans, le journal connaît un énorme succès et devient le plus grand quotidien de langue française d'Amérique.

Dans le domaine des affaires, les soldats allemands tirent également leur épingle du jeu et Jean-Joseph Troestler[81], soldat du Corps des chasseurs de Hesse-Hanau, en est un bon exemple. Veuf de Marguerite Noël, le 18 juillet 1792, il acquiert de Charles Vallé et de Magdeleine Bourcier, son épouse, une terre de deux concessions couvrant 3 arpents de front sur 40 de profondeur, située à Quinchien. En 1794, le jeune commerçant allemand épouse Marie-Anne-Joseph Curtius, de onze ans sa cadette. «L'établissement de Troestler, nous raconte Robert Lionel Seguin, devient bientôt l'un des plus achalandés à l'ouest de l'île montréalaise. On y fait également le commerce lucratif des fourrures. Le 26 décembre 1800, Jean-Joseph se porte acquéreur de deux emplacements de Paul Petit, dit Lamarche, à Vaudreuil près de la pointe du moulin. Vers le même temps, il se construit une spacieuse demeure de pierres[82] à juste titre considérée comme la plus

---

79. Cyrille Felteau, *La Presse, cahier du centenaire*, Montréal, jeudi le 20 octobre 1983/ 100ᵉ année/ No 1, 3.
80. É.-Z. Massicotte, *Notes sur la famille W-E. Blumhart B.R.H.*, Vol. XXX, 1924, 182.
81. Robert Lionel Séguin, «L'apport germanique dans le peuplement de Vaudreuil et Soulanges», dans *le Bulletin des recherches historiques*, mars 1951, Vol. LVII, 56-58.
82. Cette spacieuse demeure agrémenta en 1980 la page couverture de l'annuaire téléphonique de la ville de Montréal.

belle de toute la région. Cette construction est encore parfaitement conservée de nos jours», et ce grâce à Louis et Judith Dubuc qui lui redonnèrent son allure d'antan. Située à Dorion, cette magnifique maison, classée monument historique en 1969 par le gouvernement canadien et en 1976 par celui du Québec, mesure 139' de façade par 40' de largeur. Elle compte trois corps de logis qui datent de 1798, 1805 et 1806. L'année même où Jean-Joseph termine cette splendide maison, son jeune fils Michel-Joseph se noie accidentellement près de la propriété familiale. Âgé de 9 ans seulement, il est inhumé à Vaudreuil le 8 août 1806. Après sa réussite en affaires, Jean-Joseph Troestler se découvre une vocation pour la politique et se fait élire par ses concitoyens à titre de député de York le 18 juin 1808, poste qu'il occupera jusqu'au 2 octobre 1809. Alors que le succès lui sourit, Seguin nous raconte que Jean-Joseph Troestler meurt à Vaudreuil le 7 décembre 1813 à l'âge de 56 ans.

Un autre exemple d'une réussite dans ce même milieu des affaires par un Brunswicker nous est révélé par M. Pierre Heynemand, descendant de Christian Friedrich Heinemann, dans le tome II du volume du curé sur la paroisse de Saint-Cuthbert, M. l'abbé Floriant Aubin [83]. Christian Friedrich occupe durant la Révolution américaine le poste de sergent-major dans la compagnie du capitaine Schlagenteuffel du régiment de Rhetz des troupes brunswickoises. Peut-être sur les lieux même d'un de ses quartiers d'hiver, Christian Friedrich joue alors un rôle de premier plan dans la paroisse de Saint-Cuthbert (comté de Berthier). Âgé de 25 ans, ce dernier s'associe à un autre militaire allemand, le caporal Ernst Harborth, de la même compagnie, et met sur pied un magasin général, connu sous le nom de Harborth et Heinemann. Dans *la Gazette de Québec* du 17 février 1785, un

---

83. M. l'abbé Florian Aubin, *La paroisse de St-Cuthbert, 1765-1980*, tome II, 113-117.

article signé par un autre Brunswicker, John Justus Diehl [84] nous apprend que le blé, l'avoine et le tabac leur servent alors de monnaie d'échange. Bien qu'il perde prématurément son associé (probablement à la suite de son décès), Christian Friedrich ne se laisse pas décourager et continue d'oeuvrer seul sous son unique nom. En 1787, son commerce est plus que florissant et des papiers retrouvés par M. Pierre Heynemand nous donnent une excellente idée de son volume d'affaires; une simple commande supplémentaire pour terminer une saison comprend alors une tonne de rhum, une barrique de vin rouge, une demi-caisse de pipes et cinquante minots de sel..., note le notaire Faribault. Ces quantités impressionnantes pour l'époque supposeraient, selon M. Pierre Heynemand, l'existence d'un réseau de commerce allemand dont fit assurément partie Christian Friedrich. Ce réseau commercial allemand, toujours selon M. Heynemand, dut faire suite naturellement au réseau de distribution des vivres, armements, vêtements, lequel dut être parfaitement organisé et rodé par les sergents-majors, caissiers, magasiniers et autres préposés aux tâches administratives de la logistique militaire allemande, pendant les sept années que dura cette guerre. «Le développement rapide de notre région, affirme M. le curé Aubin, de notre seigneurie de Berthier et de Saint-Cuthbert est dû en grande partie à des hommes expérimentés et doués comme Christian Friedrich Heinemann. Le seigneur de Berthier et ses héritiers lui confièrent à vie, l'administration, le développement et le peuplement de leurs territoires qui s'étendaient alors de Lanoraie à Maskinongé et du fleuve Saint-Laurent aux Laurentides. Aussi, dit-il, ne faut-il pas se surprendre qu'un rang de Saint-Félix-de-Valois porte aujourd'hui son nom : le rang Frédéric.»

---

84. Bien qu'aucune étude n'a encore été faite sur M. Diehl, tout semble indiquer qu'il fut très actif en son nouveau pays d'adoption.

D'autres Brunswickers contribuent, chacun à leur façon, à l'essor de notre pays. Albert Cleing/Kleing, Christian Cretschmann, Christophe Hartman, Adam Hoffman, John Iffland, Henry Riemenschneider et Conrad Weyand deviennent cabaretiers [85] alors que leur compagnon d'armes, Charles Schneider, un aubergiste de Lachine, s'amène en 1802 dans le Haut Vaudreuil et transforme sa grande maison de pierres en un site hôtelier [86]. Pour leur part, Caspar Discher, Christian Gundlach et Jean Spath optent pour le métier de boulanger [87]. Jacob Henckel/Inkel, lui, est cultivateur à Saint-Philippe de La Prairie tout comme Peter Pfeiffer, mais il occupe en plus les fonctions de huissier [88]. Carl Johann Ackermann, Jean Kielburg, Friedrich Lentze, Johann Christophe Müller et Michael Schloczmacher se consacrent au métier de cordonnier [89] alors qu'André Heinllen, Georges Rath et Christian Schumpff/Jomphe travaillent en leur terre d'adoption à titre de tailleurs [90]. Estimé de ses concitoyens, Conrad Christophe Beyer (Payeur) reçoit la charge de capitaine de milice de la compagnie Saint-Gilles, paroisse de Saint-Nicolas [91]. Quant à

85. Antoine Roy, *Rapport de l'archiviste de la province de Québec pour 1948-1949*, VG. 1792 et 1798.
86. Robert Lionel Seguin, *L'apport germanique dans le peuplement de Vaudreuil et Soulanges*, B.R.H., Vol. LXIII, No 1, 1957, 53.
87. Virginia Easley De Marce, *The Settlement of Former German...*, Discher, Gudlach et pour Spath voir R.A.P.Q., VG. 1792.
88. Roland Inkel, *Les familles Henckel-Inkel, 1378-1978*, édition de famille, 178 p. et pour Pfeiffer, Marcel Longpré de Saint-Jean-sur-Richelieu.
89. Antoine Roy, *Rapport de l'archiviste de la province...*, VG. 1792.
90. *Ibid.*, Rath, VG. 1792; Schumpff, VG. 1798; Heinllen, voir Virginia De Marce, *The Settlement of...*
91. Roland J.-Auger, «L'ancêtre Conrad-Christophe Payeur (Beyer)»,

Anthony Wolmand, il devient tanneur [92]; Augustus Welling, commis des douanes [93]; William Vondenvelden, imprimeur et arpenteur [94]; Henri Saillie, forgeron [95]; Jean Rullmann, boucher [96]; Friedrich Gründler et Christophe Kreger, menuisiers [97]; François Everhard, maître d'école [98]; Christophe Brandt, perruquier [99]; Henri Kremer/Cramer, charretier [100]; Georg Conrad, Christopher Schaeffer et Georges Teffner, maçons [101]. Enfin, l'on apprend par une lettre rédigée en octobre 1813 que Friedrich, baron Schaffalisky A. Mucadelle, seigneur de Freudenthal et lieutenant dans le Corps des Chasseurs de Hesse-Hanau, occupe les fonctions d'assistant «barrack master», en l'an de grâce 1812 [102].

Certes, nous n'avons retenu là que quelques exemples, mais ils nous aident, je pense, à mieux comprendre l'apport de ces Brunswickers à la population du Québec et du Canada. Beaucoup de travail reste à faire à cet égard et il ne nous reste plus qu'à espérer que des chercheurs réussiront à faire encore

dans *Mémoires de la Société généalogique canadienne-française,* 32.

92. Virginia De Marce, *The Settlement of Former German...,* Wolmand.
93. Antoine Roy, *R.A.P.Q.,* Welling VG. 1792.
94. *Ibid.,* Vondenvelden, VG. 1795.
95. Virginia De Marce, *The Settlement of Former German...,* Saillie.
96. Antoine Roy, *R.S.P.Q.,* Rullmann, VG. 1792.
97. Virginia De Marce, *The Settlement of Former German...,* Gründler, et pour Kreger, voir *M.S.G.C.F.,* 1980, 286, (4296).
98. *Ibid.,* Everhard.
99. *Ibid.,* Brandt.
100. Antoine Roy, *R.A.P.Q.,* Kremer/Cramer, VG. 1792.
101. *Ibid.,* Schaeffer, VG. 1792, Pour Conrad et Teffner, voir Virginia De Marce, *The Settlement of Former German...,*
102. É.-Z. Massicotte, *Le baron Schaffalisky,* B.R.H. Vol. XXIX, 1923, 134-136.

plus de lumière sur le rôle important que ces soldats mercenaires et leurs descendants ont joué chez nous.

Parmi les traditions les mieux enracinées au Canada, celle
d'illuminer un sapin au temps des Fêtes demeure, sans doute,
l'une des plus populaires. Or, bien que d'année en année, de
génération en génération, nous illuminions pour la plus
grande joie des petits mais aussi des plus grands, l'arbre de
Noël, combien d'entre nous en connaissent véritablement
l'origine et la façon dont s'est implantée cette tradition au
Canada? Récemment libérés par les rebelles, Riedesel et sa
famille viennent tout juste d'emménager dans leur nouvelle
demeure de Sorel, alors que le gouverneur lui a confié le poste
de «chef militaire» de cette région. En cette veille de Noël 1781,
les Riedesel ont pensé inviter quelques officiers anglais et amis
afin de renouer et de célébrer ensemble cette nuit de Noël. Bien
que par égard aux officiers anglais, l'on ait recours au fameux
«pudding anglais de Noël», la fête revêt d'abord et avant tout
un cachet typiquement allemand et un sapin illuminé décore
merveilleusement la pièce, au grand étonnement des invités.
Après les explications de Madame Riedesel, concernant le
symbole du sapin illuminé de bougies et de ses décorations de
fruits divers, on distribue aux convives biscuits et friandises
comme l'exige la coutume [103].

À l'insu des Riedesel et de leurs invités, vient de naître chez
nous l'une de nos traditions les mieux enracinées. Aussi, en
1981, année bicentenaire du premier sapin de Noël illuminé au
Canada, le gouvernement canadien, représenté par son
ministre responsable de la Société canadienne des postes,
M. André Ouellet, dévoile, en présence du consul allemand,
Madame Hélène Schoettle, du président du Conseil des Arts
germano-canadien, Monsieur Aksel Rink, de l'artiste respon-

_____

103. Le journal *La Presse*, le 30 novembre 1981, «L'origine du sapin
de Noël, un mystère qui reste à éclaircir», par Jean-Pierre
Wilhelmy.

sable des trois vignettes postales et de nombreux autres invités, dévoile donc, sur le site [104] même du premier arbre de Noël illuminé chez nous, trois nouveaux timbres canadiens.

Ces timbres, nous l'espérons, contribueront à mieux faire connaître l'apport allemand à notre pays et principalement celui des Brunswickers.

---

104. Cette demeure des Riedesel est connue aujourd'hui sous le nom de «maison des gouverneurs de Sorel».

Day of Issue
Canada Post Office

Jour d'émission
Postes canadiennes

Lancement Officiel
Sorel, (Qué.)
16 Novembre 1981
BICENTENAIRE - ARBRE DE NOEL ILLUMINE
1781 - 1981
ILLUMINATED CHRISTMAS TREE
BICENTENNIAL
Sorel, (Que.)
November 16, 1981
Official Launching

Day of Issue
Canada Post Office

Jour d'émission
Postes canadiennes

Lancement Officiel
Sorel, (Qué.)
16 Novembre 1981
BICENTENAIRE - ARBRE DE NOEL ILLUMINE
1781 - 1981
ILLUMINATED CHRISTMAS TREE
BICENTENNIAL
Sorel, (Que.)
November 16, 1981
Official Launching

Day of Issue
Canada Post Office

Jour d'émission
Postes canadiennes

Lancement Officiel
Sorel, (Qué.)
16 Novembre 1981
BICENTENAIRE - ARBRE DE NOEL ILLUMINE
1781 - 1981
ILLUMINATED CHRISTMAS TREE
BICENTENNIAL
Sorel, (Que.)
November 16, 1981
Official Launching

Courtoisie de Postes Canada

CONCLUSION

Dès leur arrivée en 1776, les mercenaires allemands contribuent à débarrasser le Canada de ses envahisseurs. Certes, tous les soldats allemands ne sont pas directement impliqués dans les affrontements armés; néanmoins leur nombre à lui seul justifie leur emploi. Durant la campagne de 1777, ils forment près de la moitié de l'armée de Burgoyne (ce dont d'ailleurs fort peu d'historiens font mention) et sont à la hauteur des performances que l'on attend d'eux. Pendant qu'un nombre imposant de leurs compatriotes mercenaires s'exécutent sur les champs de bataille plus au sud, d'autres assurent la surveillance et la défense du Canada. Cette participation prend, à un moment donné, une importance telle qu'Haldimand dans sa correspondance, souligne à Lord Germain que son armée anglaise est alors composée en majeure partie d'Allemands. Cette situation prévaudra pendant plus de deux années.

À l'heure des premiers quartiers d'hiver, quelques difficultés surviennent entre civils et militaires. Carleton et les hautes autorités anglaises ne sont pas étrangers à ces problèmes et se servent du billetage chez les habitants pour mater ceux qui n'ont pas soutenu le roi anglais. Heureusement, avec l'arrivée du nouveau gouverneur Haldimand, la situation s'améliore jour après jour, et de nombreuses amitiés entre soldats et habitants voient le jour. Cette nouvelle vie communautaire avec les Canadiens et Canadiennes devient si agréable aux soldats allemands que lorsqu'est donné l'ordre du retour en Allemagne, nombreux sont ceux qui ont déjà pris épouse et qui ont décidé de faire souche au pays.

Durant ces années passées en nos murs, les mercenaires allemands jouent également des rôles de policiers et d'agents de contre-espionnage. Ce travail ingrat les conduit à l'arrestation de nombreux sympathisants canadiens et américains, et les expose aux foudres de certains historiens qui, influencés par l'Église ou autres, les accablent d'expressions telles que : «armée d'occupation» ou encore «pressurant les paysans». Expressions qui, malheureusement encore de nos jours, faute de recherches exhaustives, sont trop souvent citées en référence.

Pendant que certains jouent ces rôles ingrats, d'autres travaillent à la reconstruction des fortifications à travers le pays, alors que d'autres encore assurent la garde des nombreux postes frontières. Participant à d'incalculables escarmouches avec les Américains, ils contribuent à garder l'envahisseur hors de nos murs.

La guerre terminée, plusieurs choisissent de demeurer chez nous et, malgré leur nombre relativement important, ils sont assimilés très rapidement. Leurs noms subissent alors des transformations incroyables et s'amalgament si bien aux patronymes canadiens qu'aujourd'hui bien peu de leurs descendants soupçonnent leurs origines ou même simplement le passage chez nous de leurs ancêtres. Plusieurs de ces Brunswickers, de par leur expérience militaire, connaissent une vie de Canadien actif et contribuent ainsi à l'essor de notre pays. D'autres nous laissent des traditions si profondes, que beaucoup de nos contemporains les croient purement canadiennes. Mais leur véritable apport, c'est d'abord et avant tout leurs fils et leurs filles, leurs petits-fils et leurs petites-filles qui sont devenus des Canadiens et des Canadiennes.

Ils sont trente mille à être venus en Amérique, plus de dix mille à avoir vécu parmi les nôtres durant les sept années que dura cette guerre et deux mille quatre cents à avoir choisi le Canada comme terre où pourraient s'épanouir, en toute liberté, leurs enfants et leurs petits-enfants. Et pourtant, combien d'entre nous et même, combien de leurs descendants, ignorent-ils jusqu'à leur simple venue?

Ainsi passent les générations, emportant avec elles, dans l'oubli, les souvenirs de misères, d'espoirs et de liberté de leurs pères, et ne laissant comme seul héritage, aux nouvelles générations, que des noms dont le temps a plus d'une fois refaçonné l'orthographe, camouflant ainsi à ceux-là mêmes qui les portent, le pays de leurs ancêtres et de leurs origines.

APPENDICE A

Le corps militaire allemand au Canada, 1776-1783 [1]

Comme le voulait la coutume à cette époque, les régiments de l'Empire germanique se différenciaient non seulement par des numéros, mais également par des noms. Ces noms qu'on leur attribuait se voulaient à l'honneur de celui que l'on désignait alors comme le «chef» du régiment. Puisque ce dernier occupait fréquemment diverses fonctions d'importance au sein de son régiment et parfois même hors des activités de celui-ci, il lui arrivait, à l'occasion, d'être dans l'impossibilité de toutes les assumer. Aussi, face à une telle éventualité, l'on avait recours aux services d'un «commandant», lequel prenait alors en charge la responsabilité du régiment. Lorsque, à son tour, le commandant était retenu et se voyait dans l'impossibilité de répondre aux exigences d'une situation donnée (ex. : sur un

---

1. Charles M. Lefferts, *Uniforms of the 1775-1783, American British, French and German Armies in the War of the American Revolution*, Alexander J. Wall, 264, (276 à 278).

239

champ de bataille) l'on faisait appel à un autre officier (ex. :
«Field Commander ou commandant de campagne»), lequel
prenait alors la succession et la conduite du régiment.

BRUNSWICK [2]

I - ÉTAT-MAJOR GÉNÉRAL

L'état-major général, comme son nom l'indique, avait la responsabilité de tous les régiments.
Liste d'officiers qui servirent cet état-major général :

1. Major général (commandant) *Riedesel*, Frederic Adolphus, décédé le 6 janvier 1800, à titre de lieutenant général
   et commandant du Brunswick.
2. Capitaine (quartier-maître général) *Gerlach*, Heinrich
   Jan., décédé le 29 septembre 1798, à titre de lieutenant
   général et commandant de l'artillerie à Brunswick.
3. Capitaine *O'Connel*, Laurentius, décédé en 1819, comme
   lieutenant-colonel retraité en Irlande.
4. Lieutenant *Cleve*, Frederic Christian, décédé le 6 janvier
   1826, comme major général retraité au Brunswick.
5. Le trésorier, *Godeck*, Johann Conrad, décédé le 25
   décembre 1782 en Amérique.

II - LE RÉGIMENT DU PRINZ LUDWIG

(DRAGONS)

Mis sur pied en 1698, il est désigné régiment de dragons en
1772. Arrivé le 1er juin 1776, il participe à la campagne de
Burgoyne en 1777. À Bennington, il subit de lourdes pertes.

---

2. Max von Eelking, *Memoirs and Letters and...*, Vol. II, 265-273.

Photo: Jean-Pierre Wilhelmy.

- DEMEURE DES RIEDESEL DE SOREL.

- "LA MAISON DES GOUVERNEURS DE SOREL".

- SITE DU PREMIER ARBRE DE NOËL
  ILLUMINÉ AU CANADA.

Officier d'artillerie de la Hesse-Cassel réalisé par Jean-Pierre Wilhelmy d'après EMBLETON/OSPREY.

Les survivants retournent alors au Canada où le régiment est remis sur pied à l'aide de nouvelles recrues européennes.

LE CHEF :
Prinz Ludwig, jeune frère du duc de Brunswick
LE COMMANDANT :
le colonel Friedrich Adolphus von Riedesel
LE COMMANDANT DE CAMPAGNE :
Le lieutenant-colonel Friedrich Baum
Liste des officiers qui servirent ce régiment :

1. Lieutenant-colonel *Baum*, Frederic, blessé à la bataille près de Bennington le 16 août 1777 et décédé deux jours plus tard.
2. Major *von Maibom*, Just. Christoph, décédé le 17 février 1804, comme major retraité à Wolfenbüttel.
3. Capitaine de chevaux, *Schlagenteuffel III*, Carl, démissionné du service en 1788.
4. Capitaine de chevaux, *Fricke*, Heinrich Christian, décédé le 3 juillet 1808, à titre de major retraité.
5. Capitaine de chevaux *Reinking*, Carl Friedrich, tué le 16 août 1777 dans la bataille de Bennington.
6. Capitaine de chevaux *Schlagenteuffel IV*, Adolph, congédié par requête de l'armée en 1783 comme major.
7. Lieutenant *Breva*, August Wilhelm, décédé le 16 août 1790 comme capitaine de la compagnie d'invalides à Blankenburg.
8. Lieutenant *von Sommerlatte*, Otto Arnold, devenu aveugle en 1783 et placé dans une maison de pension.
9. Lieutenant *Reckrodt*, Carl Friedrich, déserté de Wolfenbüttel le 13 août 1784.
10. Lieutenant *von Bothmer*, Friedrich, Wilhelm Dietrich, démissionné en 1783, avec le rang de dompteur de chevaux.
11. Lieutenant *Bornemann*, August Friedrich Heinrich, congédié en 1788, entre alors au service de la Hollande et décède en Inde.
12. Étendard *Gräfe*, August Ludwig Lucas, demeuré en Amé-

rique en 1783 avec autorisation puis retourne l'année suivante en Allemagne et décède comme gouverneur de Mecklenburg-Strelitz.

13. Étendard *Stutzer*, Johann Balthasar, décédé le 29 novembre 1821, à titre de lieutenant-colonel retraité au Brunswick.
14. Étendard *Schönewald*, Johann Friedrich, décédé le 5 juillet.
15. Aumônier *Melsheimer*, Carl, déserte de son régiment le 11 mai 1779.
16. Auditeur *Thomas*, demeure en 1783 avec permission en Amérique.
17. Aumônier de régiment *Vorbrodt*, retraité en 1783.

III- LE RÉGIMENT PRINZ FRIEDRICH (OU PRINCE FRÉDÉRIC)

(MOUSQUETAIRES)

Mis sur pied en 1683, le régiment est scindé en deux bataillons en 1770. Le second bataillon prend alors, en 1776, le nom de régiment Prinz Friedrich. Puis il arrive à Québec, au soir du 1er juin 1776, et demeure quelque temps, durant la campagne de Burgoyne, au Fort Ticonderoga. Il retourne par la suite en garnison au Canada. Pendant ce temps, un petit détachement de ce régiment accompagne Burgoyne à Saratoga.

LE CHEF :
le lieutenant général Prinz Friedrich August, le plus jeune frère de Carl Wilhelm Ferdinand
LE COMMANDANT :
le major général Eckhard H. von Stammer
LE COMMANDANT DE CAMPAGNE :
le lieutenant-colonel Christian Julius Prätorius
Liste des officiers qui servirent ce régiment :

1. Lieutenant-colonel *Prätorius*, Christian Julius, décédé le

10 avril 1794, à titre de lieutenant-colonel retraité à Holzminden.

2. Major *Hille*, Friedrich Wilhelm, décédé le 29 avril 1805 comme major général, il fut nommé auparavant commandant à Wolfenbüttel près de Brunswick.

3. Capitaine *Dietrich*, Adolph Lorenz, décédé le 10 mars 1794 comme lieutenant-colonel à Wolfenbüttel.

4. Capitaine *Tunderfeld*, Carl August Heinrich, décédé le 4 juin 1802 comme chambellan de Brunswick.

5. Capitaine *Sander*, Jacob Christian, décédé le 14 mars 1799 comme lieutenant-colonel à Wolfenbüttel.

6. Capitaine *Rosenberg*, Friedrich Albrecht, congédié à sa propre requête en 1788 comme major.

7. Capitaine *Zielberg*, George Ernst, décédé hors du service à Horter le 23 février 1797 comme capitaine.

8. Lieutenant *Schröder*, Ernst Christian, retraité en 1783 et décédé la même année.

9. Lieutenant *Knesebeck*, Friedrich, congédié en 1783.

10. Lieutenant *Volkmar*, Friedrich Wilhelm, congédié en 1783.

11. Lieutenant *Harz*, Johann Friedrich, succède en 1787 au poste du secrétaire des archives monastiques.

12. Lieutenant *Wolgart*, I, Johann Friedrich, décédé le 2 octobre 1825 comme lieutenant-colonel retraité à Brunswick.

13. Lieutenant *Reitzenstein*, Gottlieb Christian, resté par permission, en 1783, en Amérique.

14. Lieutenant *Burghoff*, Johann Friedrich Heinrich, congédié en 1780 en Amérique et décédé la même année.

15. Lieutenant du Roi *August*, Wilhelm, après avoir servi fidèlement la maison de Brunswick durant plus de cinquante ans, il se noie dans un élan de mélancolie, le 23 mars 1814. Au moment de sa mort, il est commissionnaire général et lieutenant-colonel de l'état-major.

16. Lieutenant *Wiesener*, Christian Friedrich, libéré en 1783.

17. Lieutenant von *König*, Edmund Victor, resté en 1783 par permission en Amérique.

18. L'enseigne *Langerjahn*, Siegfried Christian, déserte de son régiment en 1780.
19. L'enseigne *Adelsheim*, Carl Friedrich Christian, déserte de son régiment en 1780.
20. L'enseigne *Sternberg*, Johann Christian, décédé le 16 novembre 1799 comme secrétaire d'approvisionnement à Wolfenbüttel.
21. L'enseigne *Reinerding*, Carl Wilhelm, décédé le 14 mars 1815 comme chambellan en chef dans le service du Blankenburg.
22. L'enseigne *Kolte*, Friedrich, resté par permission en Amérique en 1783.
23. Aumônier *Fügerer*, Friedrich August, congédié en octobre 1779.
24. Aumônier *Schrader*, Friedrich Wilhelm Conrad, envoyé, en avril 1779, en Amérique avec un transport de nouvelles recrues; décédé le 19 décembre 1792 comme pasteur de Beierstedt.
25. Auditeur *Wolpers*, Paul Gottfried Franz, décédé le 11 mai 1802 comme commis de la chancellerie à Wolfenbüttel.
26. Aumônier de régiment *Bernt*, Johann August, décédé le 27 février 1807 comme médecin de ville à Holzminden.

IV - LE RÉGIMENT VON RIEDESEL

(MOUSQUETAIRES)

Mis sur pied en 1683, il est redésigné sous le nom de régiment von Riedesel en 1776. Arrivé à Québec le 1er juin 1776, il participe par la suite aux affrontements de Ticonderoga, Hubbardton, Freeman's Farm, Bemis Heights et Saratoga.

LE CHEF :
le major général Friedrich A. von Riedesel
LE COMMANDANT DE CAMPAGNE :
le lieutenant-colonel Ernst Ludwig W. von Speth
Liste des officiers qui servirent ce régiment :

1. Lieutenant-colonel *Speth*, Ernst Ludwig Wilhelm, décédé le 27 octobre 1800 comme major général et commandant à Wolfenbüttel.
2. Major *Mengen*, Otto Carl Anton, décédé le 18 mai 1797 comme lieutenant-colonel (retraité du service) à Lüneburg.
3. Capitaine *Pöllnitz*, Julius Ludwig August, décédé le 29 mars 1805 comme major général et commandant à Wolfenbüttel.
4. Capitaine *Murgenstern*, Carl Friedrich, reçu sa libération comme major en 1817.
5. Capitaine *Bartling II*, Carl Friedrich, décédé en 1783 à Munster peu de temps après son retour de Brunswick.
6. Capitaine *Harbord*, Gottlieb Benjamin, décédé à titre de capitaine retraité.
7. Capitaine *Girsewald*, Ernst Heinrich Wilhelm, décédé le 16 janvier 1818, en temps de paix, comme major général à Brunswick.
8. Lieutenant *Hoyer*, Wilhelm, décédé en 1782 en Amérique.
9. Lieutenant *Morgenstern*, Johann Carl, décédé le 8 décembre 1787 à Brunswick comme capitaine.
10. Lieutenant *Reinking*, Friedrich Carl, décédé comme capitaine dans le régiment.
11. Lieutenant *Burgdorff*, Ludwig Traugott, congédié en 1786.
12. Lieutenant *Wolgart II*, August Theodore Gottfried, décédé le 4 mars 1821 comme major retraité à Brunswick.
13. Lieutenant *Freyenhagen*, Heinrich Julius, décédé en 1777.
14. Lieutenant *Pincier*, Christian Theodore, reçoit sa libération en 1784 et retourne en Amérique.
15. Lieutenant *Cramm*, Heinrich Wilhelm Gottfried, décédé le 3 février 1784 à Mästricht.
16. Lieutenant *Meyern*, Ludwig Gottlieb, décédé en 1781 en Amérique.
17. L'enseigne *Brander*, Ernst Christian Heinrich, congédié en 1786.

18. L'enseigne *Unverzagt*, Ludwig, décédé en 1776 en Amérique.
19. L'enseigne *Maibom*, Carl Christoph, décédé le 26 avril 1794 au retour de voyage entre Mästricht et Holzminden.
20. L'enseigne *Häberlin*, Raimund Gottlieb, décédé le 6 octobre 1796 à Helmstedt comme capitaine.
21. L'enseigne *Andree*, Carl Conrad, décédé comme lieutenant de régiment.
22. L'enseigne *Denecke*, Friedrich Ludwig, inconnu.
23. L'enseigne *Forstner*, Heinrich Friedrich, congédié en 1794.
24. Aumônier *Milius*, Johann August, décédé le 17 janvier 1819 comme pasteur à Salder.
25. Auditeur général *Zinken*, Carl Friedrich Wilhelm, décédé dans la nuit du 3 août comme conseiller et maire de Seefen.
26. Aumônier de régiment *Pealle*, décédé comme chirurgien de campagne à Jerrheim.

V - LE RÉGIMENT VON SPECHT

(MOUSQUETAIRES)

Mis sur pied en 1714, il devient en 1770 le régiment von Specht suite à la séparation en deux bataillons du régiment von Rhetz. Le régiment arrive à Québec en septembre 1776 et participe par la suite aux affrontements de Ticonderoga, Hubbardton, Freeman's Farm, Bemis Heights et Saratoga.

LE CHEF :
le colonel Johann Friedrich von Specht
LE COMMANDANT :
le major Carl Friedrich von Ehrenkrook
Liste des officiers qui servirent ce régiment :

1. Colonel *Specht*, Johann Friedrich, décédé le 24 juin 1787 à Brunswick comme colonel retraité.
2. Major *Ehrenkrook*, Carl Friedrich, décédé le 17 juillet

1797 comme major retraité à Brunswick.
3. Capitaine *Plessen*, Leopold Franz Friedrich Balthasar, décédé le 6 février 1808 comme capitaine (retraité du service) à Gandersheim.
4. Capitaine *Lutzow*, August Conrad, décédé le 26 novembre 1799 à Brunswick comme colonel.
5. Capitaine *Dehlstirna*, Bernhard Rich, blessé le 7 octobre 1777 dans la bataille de Freeman's Farm et décédé l'année suivante en la ville d'Albany.
6. Capitaine *von Schlagenteuffel II*, George, décédé le 15 août 1818 comme haut intendant à Schoppenstedt.
7. Capitaine *Yäger*, Heinrich, décédé en 1782 en Amérique.
8. Lieutenant *Meyer*, Johann Heinrich, décédé le 23 octobre 1800 comme capitaine en chef à Helmstedt.
9. Lieutenant *Hertel*, Daniel Arnold, décédé le 1er août 1799 comme lieutenant retraité à Königslutte.
10. Lieutenant *Papet I*, August Wilhelm, décédé le 25 juillet 1808 à Brunswick comme colonel.
11. Lieutenant *Dove*, Heinrich Anton David, décédé en 1780 en Amérique.
12. Lieutenant *Milkau*, Christian Friedrich, libéré en 1783.
13. Lieutenant *Oldekopf*, Friedrich Ernst, fait secrétaire du bureau de la poste en 1784 et décédé peu de temps après sa nomination.
14. Lieutenant *Anniers I*, Heinrich Daniel, libéré en 1783.
15. Lieutenant *Kellner*, Johann Friedrich Julius, décédé le 30 novembre 1808 comme commissionnaire du monastère à Brunswick.
16. Lieutenant *Roi II*, Anton, Adoph Heinrich, décédé le 19 août 1823 à Brunswick comme colonel retraité.
17. Lieutenant *Unger II*, Friedrich Bodo, décédé le 11 novembre 1819 comme magistrat à Salzgitter.
18. L'enseigne *Bernewitz*, Johann Heinrich Carl, décédé le 13 décembre 1821 comme lieutenant général et commandant à Brunswick.
19. L'enseigne *Redeken*, Friedrich, décédé en 1777 en Amérique.

20. L'enseigne *Fromme*, Johann Edmund, décédé le 8 mai 1822 à Wolfenbüttel comme major retraité.
21. L'enseigne *Ulmenstein*, Samuel Jacob Anton, décédé le 9 juillet 1793 comme lieutenant retraité.
22. L'enseigne *Grimpe*, décédé comme collecteur de la consigne publique à Brunswick.
23. Aumônier *Kohle*, inconnu.
24. Aumônier *Münchhoff*, inconnu.
25. Auditeur *Bähr*, inconnu.
26. Aumônier de régiment *Bause*, Johann Carl, décédé le 15 décembre 1814 à Brunswick comme chirurgien général, retraité du service.

VI - LE RÉGIMENT VON RHETZ

(MOUSQUETAIRES)

Mis sur pied en 1748, il est réorganisé en deux bataillons en 1770. Le premier porte alors le nom du régiment von Rhetz tandis que le second portera celui de von Specht. Arrivé également en septembre 1776 à Québec, il est impliqué dans les affrontements de Ticonderoga, Hubbardton, Freeman's Farm (deux compagnies), Bemis Heights et Saratoga.

LE CHEF :
le major général August Wilhelm von Rhetz
LE COMMANDANT DE CAMPAGNE :
le lieutenant-colonel Johann G. von Ehrenkrook
Liste des officiers qui servirent ce régiment :

1. Lieutenant-colonel *Ehrenkrook*, Johann Gustavus, décédé le 22 mars 1783 à Trois-Rivières au Canada.
2. Major *Lucke*, Balthasar Bogislaus, décédé comme major retraité.
3. Capitaine *Schlagenteuffel I*, Ludewig, placé en pension en 1783 et décédé la même année à Calvörde.
4. Capitaine *Alers*, Conrad Anton, décédé le 17 octobre 1810

comme major (retraité du service) à Brunswick.

5. Capitaine *Arend*, George Philipp, décédé le 10 décembre 1803 comme lieutenant-colonel (quoique retraité du service) et haut intendant a K1. Biewende.
6. Capitaine *Cleve*, Heinrich Urban, décédé le 2 janvier 1808 comme lieutenant-colonel (retraité du service) à Salzgitter.
7. Capitaine *Fredersdorff*, Wilhelm Ludwig, blessé le 7 octobre 1777 dans la bataille de Freeman's Farm et décédé l'année suivante en la ville d'Albany.
8. Lieutenant *Bodemeyer*, George, décédé en 1793 à Maestricht comme capitaine.
9. Lieutenant *Papet II*, Friedrich Julius, décédé le 5 avril 1793 comme capitaine à Maestricht.
10. Lieutenant *Hessler*, Curt, libéré en 1783 avec le rang de capitaine.
11. Lieutenant *Meyer*, Friedrich Leopold Engelhard, décédé le 6 décembre 1802 comme inspecteur de régie à Seefen.
12. Lieutenant *Bielstein*, Thedel Wilhelm, resté par permission en Amérique en 1783.
13. Lieutenant *Conradi*, Carl Friedrich, suite à sa libération en 1783, il retourne en Amérique.
14. Lieutenant *Dobeneck*, Hans Philipp Heinrich, décédé en 1796 comme capitaine de régiment à Holzminden.
15. Lieutenant *Petersen*, Carl Ludwig, décédé le 7 mai 1814 comme magistrat civil.
16. Lieutenant *Modrach*, Christian Heinrich, décédé le 18 août 1803 comme capitaine de régiment à Bevern.
17. Lieutenant *Unger I*, Johann Ludwig, décédé le 2 mai 1805 comme conseiller de mines à Salzliebenhalle.
18. Lieutenant *Feichel*, Friedrich Wilhelm, décédé le 29 mai 1793 à Brunswick comme capitaine.
19. L'enseigne *Bandel*, Friedrich, déserte de son régiment en 1779.
20. L'enseigne *Frich*, Bernhard, reçoit sa libération en 1783.
21. L'enseigne *Bode*, Johann Friedrich, décédé le 19 septembre 1783 à Stade peu après son retour d'Amérique.
22. L'enseigne *Gödecke*, Johann Heinrich, transféré du régi-

ment en 1788.
23. Aumônier *Tögel*, Christian Timotheus, décédé le 1er octobre 1797 comme pasteur à Great Twülpstedt.
24. Auditeur *Schmidt*, transféré en 1783 du régiment Riedesel.
25. Aumônier de régiment *Schrader*, Johann Friedrich, décédé le 16 décembre 1804 à Brunswick.

VII - LE RÉGIMENT VON BREYMANN

(GRENADIERS)

Mis sur pied en 1776, il est composé d'une des compagnies de chacun des régiments de l'infanterie. Il arrive au Canada, plus précisément à Québec, le 1er juin 1776 et participe dans les mois qui suivent aux affrontements de Ticonderoga, Hubbadton, Bennington, Freeman's Farm, Bemis Heights et Saratoga.

LE CHEF :
aucun
LES COMMANDANTS :
le lieutenant-colonel Heinrich C. von Breymann
le lieutenant-colonel Otto C.A. von Mengen
Liste des officiers qui servirent ce régiment :

1. Lieutenant-colonel *Breymann*, Heinrich Christoph, tué le 7 octobre 1777 dans la bataille de Freeman's Farm.
2. Capitaine *Bärtling I*, Ernst August, décédé le 1er janvier 1793 comme lieutenant-colonel et commandant du bataillon à Maestricht.
3. Capitaine *Löhneysen*, Albrecht Daniel, décédé le 2 mai 1820 en la cité de Nemlingen.
4. Capitaine *Shick*, Gottlob Dietrich, tué le 16 août 1777 dans la bataille près de Bennington.
5. Capitaine *Hambach*, August Wilhelm, congédié en 1783.
6. Lieutenant *Uhlig*, Heinrich Wilhelm, monté en grade de capitaine et transféré au régiment en 1783.

7. Lieutenant *Gebhard*, Theodore Friederich, décédé le 2 juin 1810 à Brunswick comme lieutenant-colonel retraité.
8. Lieutenant *Helmecke*, August Wilhelm, congédié en 1783.
9. Lieutenant *Trott*, Christian Wilhelm également congédié en 1783.
10. Lieutenant *Rudolphi*, Otto Heinrich, décédé le 3 juin 1810 à Burnswick comme lieutenant-colonel retraité.
11. Lieutenant *Wallmoden*, Gebhard Thedel Friedrich, décédé le 2 septembre 1807 comme major mais retraité du service.
12. Lieutenant *Muzell*, Ludwig Casimir, décédé le 28 juillet 1814 comme colonel retraité de la cavalerie de son Altesse Sérénissime Prince George de Brunswick à Glücksburg.
13. Lieutenant *Meyer*, Johann Andreas, inconnu.
14. Lieutenant *Meyern*, Johann Jacob, décédé le 3 juillet 1802 comme capitaine et chef de la compagnie d'invalides à Blankenburg.
15. Lieutenant *D'Anniers II*, Carl Franz, décédé en 1777 pendant sa détention à Bennington.
16. Lieutenant *Winterschmidt*, Gottfried Jul, déserte de son bataillon en 1779.
17. Lieutenant *Balke*, Johann Casper, décédé en Amérique en 1777.
18. Aumônier de régiment *Henkel*, décédé en Amérique en 1778.

VIII - LE BATAILLON D'INFANTERIE LÉGÈRE VON BARNER

Mis sur pied en 1776, il comprend alors le premier bataillon de chasseurs de Brunswick en plus des compagnies d'infanterie légère de chacun des autres régiments de Brunswick. Il arrive à Québec en septembre 1776 et participe également aux affrontements de Ticonderoga, Hubbardton, Freeman's Farm, Bemis Heights et Saratoga.

LE CHEF :
aucun
LE COMMANDANT :
le major Friedrich Albrecht von Barner
Liste des officiers qui servirent ce bataillon :

1. Major *Barner*, Ferdinand Albrecht, décédé le 2 octobre 1797 comme colonel retraité.
2. Capitaine *Thomä*, George Ludewig, décédé le 10 janvier 1800 à Wolfenbüttel comme capitaine, retraité du service.
3. Capitaine *Geyso*, Carl, libéré en 1783 comme major.
4. Capitaine *Dommes*, August Friedrich, décédé dans la nuit du 5 janvier 1807 comme commissaire en chef à Blankenburg.
5. Capitaine *Schottelius*, Maximilian Christoph Ludwig, décédé le 3 décembre 1807 au poste de capitaine à Holzminden.
6. Capitaine *Gleissenberg*, Gottlieb Joachim, décédé le 20 février 1801 comme colonel et commandant à Wolfenbüttel.
7. Lieutenant *Hannemann*, Johann Caspar, décédé comme officier garde-forestier.
8. Lieutenant *Cruse*, Philipp Sigesmund, décédé comme capitaine.
9. Lieutenant *Kotte*, Johann Gottfried, décédé en 1776 à Québec.
10. Lieutenant *Rabe*, Albrecht Christian, décédé le 18 octobre 1806 comme lieutenant à Königslutter, retraité du service.
11. Lieutenant *Gladen*, Johann Gottlieb, décédé le 14 décembre 1827 à Wolfenbüttel comme major retraité.
12. Lieutenant *Mühlenfeldt*, Carl Anton Ludwig, tué le 16 août 1777 dans l'engagement près de Bennington.
13. Lieutenant *Pflüger*, Johann Friedrich, décédé en 1777 en Amérique.
14. Lieutenant *Meyer*, Andreas, décédé le 7 décembre 1795 au château du duc de Salzdahlum.
15. Lieutenant *Fricke*, George Friedrich Gebhard, décédé le

19 novembre 1807 au poste de capitaine à Goslar.

16. Lieutenant *Bode*, Johann Andreas, tué le 7 octobre 1777 dans la bataille de Freeman's Farm.

17. Lieutenant *Rohr*, Caspar Friedrich, libéré en 1783.

18. L'enseigne *Rhenius*, Wilhelm Lucas, décédé le 30 septembre 1783 à Drangstedt à son retour d'Amérique.

19. L'enseigne *Specht*, Johann Julius Anton, resté par permission en Amérique en 1783.

20. L'enseigne *Begert*, Johann, noyé en 1777 en Amérique.

21. L'enseigne *Hagemann*, George Leopold, tué le 16 août 1777 dans l'engagement près de Bennington.

22. L'enseigne *Count von Rantzau*, noyé dans la cour de l'école pendant sa captivité.

23. Aumônier de régiment *Kunze* décédé comme pensionné.

IX - LE RÉGIMENT VON EHRENKROOK

Mis sur pied en 1778 avec les survivants de la campagne de Saratoga, le régiment est démantelé en novembre 1781 lorsque les hommes qui le composent retournent à leurs régiments respectifs.

LE CHEF :
aucun
COMMANDANT :
le colonel Johann Gustavus Ehrenkrook

X - LE RÉGIMENT VON BARNER

Mis sur pied, également en 1778, avec les survivants de Saratoga auxquels on ajoute les nouvelles recrues européennes, le régiment demeure en garnison au Canada et ce, jusqu'à la fin des hostilités.

LE CHEF :
aucun

LE COMMANDANT :
le lieutenant-colonel Ferdinand A. von Barner

XI - LE BATAILLON DU MAJOR DE LUCKE

Mis sur pied à New York avec les survivants des régiments de Brunswick en 1781, il est démantelé à son arrivée en novembre 1781.

LE CHEF :
aucun
LE COMMANDANT :
la major De Lucke

HESSE-HANAU [3]

I - LE PREMIER BATAILLON DU RÉGIMENT ERB-PRINZ

(GRENADIERS)

Le premier bataillon du régiment prince héritier doit son nom au prince Wilhelm de Hesse-Hanau qui est, à la fois le fils aîné du landgrave de Hesse-Cassel et le légitime héritier de ce trône. Arrivé au Québec, au soir de 1er juin 1776, le régiment participe aux affrontements de Ticonderoga, Freeman's Farm, Bemis Heights et Saratoga. Accompagne ce régiment, une compagnie d'artillerie de Hesse-Hanau qui s'illustre à la bataille du lac Champlain. Après la défaite de Saratoga un détachement sous les ordres du capitaine Schoell retourne au

---

3. *Archives allemandes, anglaises, américaines et canadiennes.*

Canada, puis en 1782 le comte Wilhelm de Hanau en fait le bataillon de Hesse-Hanau [4].

LE CHEF DU RÉGIMENT :
le comte de Hesse-Hanau (Wilhelm IX)
LE COMMANDANT :
le colonel Wilhelm R. von Gall
LE COMMANDANT DE CAMPAGNE :
le lieutenant-colonel Johann Christophe Lentz
LE COMMANDANT DE L'ARTILLERIE :
le capitaine Georg Pausch
Liste des officiers qui servirent ce régiment :

1. le major Luis von Passern
2. le major Heinrich Martens
3. le capitaine Friedrich August von Schacht
4. le capitaine August Friedrich von Germann
5. le capitaine Carl August Scheel
6. le capitaine Friedrich Ludwig von Schoell
7. le capitaine von Buttlar
8. le capitaine Friedrich von Geismar
9. le capitaine George von Schoell

II - LE CORPS LIBRE DES CHASSEURS DE HESSE-HANAU

Recruté dans les forêts européennes, ce corps d'élite jouit d'un statut particulier en raison d'une forte demande. Déjà mieux payés que la plupart des soldats allemands, les chasseurs de Hanau sont exempts des tâches para-militaires. Le corps de 4

---

4. Archives du Canada, *MG21, Transcriptions*, collection Haldimand, série B, Vol. 81, PT II, 86. Lettre du 9 juillet 1782, adjudant-général à Loos.

compagnies arrive au Canada à la fin du printemps 1777 [5] et est dirigé vers le fort Stanwick. En 1779, une autre compagnie vient s'ajouter aux précédentes [6]. Leur régime de vie s'apparente si bien à celui des habitants et des Indiens du Canada, que près de la moitié de ces hommes immigrent au pays à la fin des hostilités.

LE CHEF :
aucun

LE COMMANDANT :
le lieutenant-colonel Carl A. von Kreutzbourg

Liste de quelques officiers qui servirent ce régiment :

1. le capitaine Hermann Albrecht von Francken
2. le capitaine Philipp Jacques Hildebrand
3. le capitaine Ludwig Carl comte von Wittgenstein
4. le capitaine Sigmund Hugget
5. le capitaine Carl Wilhelm Castendyck
6. le capitaine Adolph Neuburg von Leth
7. le capitaine Caspar Heinrich Kornrumpff
8. L'enseigne Friedrich von Schaffalisky
9. le lieutenant Wilhelm von Denvelden (auteur de la pétition de 1800)

N.B. Pour une liste complète des officiers voir Marburg Rep. 15 A, no. 205. Library of Congress.

---

5. La compagnie du lieutenant Hildebrandt devance de plusieurs mois le reste de ce corps de chasseurs.
6. Celle du capitaine Hugget.

ANHALT-ZERBST [7]

LE RÉGIMENT DE LA PRINCESSE D'ANHALT

Le régiment arrive à Québec à la fin mai 1778 et doit passer trois mois sur ses vaisseaux avant de mettre pied à terre, les autorités du Canada n'ayant pas été officiellement informées de son arrivée. Les hommes de ce régiment ne participent, au Canada, à aucun engagement d'importance et y demeurent en garnison jusqu'au jour du retour en Allemagne, soit à l'été 1783.

LE CHEF :
la princesse d'Anhalt
LE COMMANDANT :
le colonel Friedrich von Rauschenplatt

AUTRES OFFICIERS :
le major Johann Georg von Rauschenplatt
le capitaine Carl Friedrich von Piquet
le capitaine Zacharias Keppenau
le capitaine Joseph Gogel
le capitaine Prince August Wilhelm von Schwarzenburg-Son-dershausen
le capitaine Adolph von Wietersheim
le lieutenant Jaritz
l'adjudant de l'état-major de l'artillerie - le lieutenant von Möhring
l'adjudant du premier bataillon - le lieutenant Littchau
l'adjudant du second bataillon - le lieutenant Vierermal
le quartier-maître Pahnier
le chirurgien du régiment - Dr. Pakendorff
aumôniers : 1. Braunsdorf 2. Naumann 3. Backer

---

7. Max von Eelking, *The German Allied Troops...*, 237- 238. Archives allemandes et canadiennes.

HESSE-CASSEL [8]

I - LE RÉGIMENT (ALT) VON LOSSBERG

(FUSILIERS)

Ce régiment est d'abord envoyé aux État-Unis en août 1776 (New York) et se bat à Fort Washington et à White Plains. Surpris par les rebelles à Trenton, les survivants sont regroupés dans le régiment combiné von Loos pour la campagne de Philadelphie en 1777. Divisé en deux bataillons, en décembre 1777, il retrouve son ancien nom à son retour à New York en 1778. En septembre 1779, il est envoyé à Québec. Toutefois, au cours du voyage, une tempête le décime et il doit rentrer à New York. En mai 1780, le régiment est à nouveau envoyé au Canada où il demeure jusqu'à la fin des hostilités et son retour en Allemagne.

LE CHEF :
aucun
LE COMMANDANT :
le colonel Johann August von Loos

AUTRES OFFICIERS :
le lieutenant-colonel Franciscus Scheffer
le major Ludwig August von Hanstein
le capitaine Ernst Eberhard von Altenbockum
le capitaine Johann Caspar Reitz
le capitaine Friedrich Wilhelm von Benning
le capitaine Adam Christoph Steding
le capitaine Constantin von Wurmb
le lieutenant Friedrich Wilhelm Krafft
le lieutenant Georg Christoph Kimm
le lieutenant Georg Wilhelm Hille
le lieutenant Ludwig Wilhelm Keller

---

8. Otta Frölich, *programme Hetrina*, Vol. II, Marburg 1974.

le lieutenant Ernst Christian Schwabe
le lieutenant Ernst Wilhelm von Wintzingerode
le lieutenant Jacob Piel
le lieutenant Hermann Henrich Georg Zoll
le lieutenant Wilhelm Christian Moeller
le lieutenant Christian August von Hoben
le lieutenant Henrich Reinhard Hille
le lieutenant Ludwig von Gluer
le cadet Franz Friedrich Grebe
le cadet Henrich Carl von Zengen
le cadet Friedrich Christoph Hendorff
le cadet Christian von Waldschmidt
le cadet Georg Henrich Kress
le cadet Johann Henrich Rathmann
le cadet Erns Christian von Hoenningen

II - LE RÉGIMENT VON KNYPHAUSEN

(FUSILIERS)

Ce régiment a le même historique que le régiment (Alt) von Lossberg sauf que celui-ci retourne aux États-Unis en octobre 1781. Cependant, il doit passer l'hiver à Halifax, Nouvelle-Écosse, avant de rentrer à New York.

LE CHEF :
le lieutenant général W. von Knyphausen
LE COMMANDANT :
le colonel Heinrich von Borck

AUTRES OFFICIERS :

le lieutenant-colonel Friedrich Ludwig von Minnigerode
le major Carl Friedrich von Dechow
le major Johann Friedrich von Stein
le capitaine Georg Wilhelm von Loewenstein
le capitaine Berthold Helfrich Schimmelpfennig
le capitaine Jacob Baum

le lieutenant Christoph Philipp Reuffurth
le lieutenant Andreas Wiederholk
le lieutenant Johann Nicolaus Vaupel
le lieutenant Henrich Friedrich Zinck
le lieutenant Christian Sobbe
le lieutenant Johann Friedrich Wilhelm Briede
le lieutenant Wilhelm Ludwig von Romrodt
le lieutenant Joachim Hieronymus von Bassewitz
le lieutenant Ernst Philipp Wilhelm Heymel
le lieutenant Carl Ernst Fuehrer
le lieutenant Wener von Ferry
le lieutenant Ludwig Ferdinand von Geysow
le cadet Carl Friedrich Fuehrer
le cadet Anthon Adolph August von Lutsow
le cadet Wilhelm von Drach
le cadet Henrich Christoph Zimmerman
le cadet Henrich Ritter

III - LE RÉGIMENT VON STEIN/SEITZ/PORBECK

(GARNISON) [9]

Comme on peut le remarquer, ce régiment change de nom à trois reprises au cours de cette guerre. Arrivé à New York, en octobre 1776, il se bat à Fort Washington puis est envoyé par la suite à Halifax en septembre 1778, où il demeure jusqu'à son retour en Allemagne en 1783.

LES CHEFS :
le colonel F.C.E. von Seitz
le colonel F. von Porbeck

---

9. Virginia Easley de Marce, *The Settlement of Former German Auxiliary Troops in Canada after the American Revolution*, 1982, 2,8.

LES COMMANDANTS :
le colonel Ludwing von Schallern
le lieutenant-colonel Arnold Schlemmer
le lieutenant-colonel C. von Kitzel

AUTRES OFFICIERS :
le major Carl Wilhelm Graff
le capitaine Friedrich Platte
le capitaine Johannes Neumann
le capitaine Johann Christoph von Ende
le capitaine Johann Georg Langenschwartz
le capitaine Andreas Sandrock
le capitaine Wilhelm Bode
le lieutenant Carl von Romrodt
le lieutenant Christian Jacob Muench
le lieutenant Perter Bruebach
le lieutenant Johann Erich Vilmar
le lieutenant Wilhelm Justi
le lieutenant Andreas Oelhans
le lieutenant Johann Henrich Henckelmann
le lieutenant Engelbrecht von Freyden
le lieutenant Arnold von Lahrbusch
le lieutenant Johannes Knies
le cadet Berhard Stunz
le cadet Georg Albus
le cadet Georg Henrich Fenner
le cadet Reinhard Jungk
le cadet Adolph Christoph Vieth

IV - DIVERS RÉGIMENTS DE HESSE-CASSEL

(RECRUES 1781-1783) [10]

Plusieurs recrues destinées aux colonies du sud des États-Unis demeurèrent, pour différentes raisons, en permanence à Halifax et aux environs durant les deux dernières années de cette guerre. Elles furent, alors, sous les ordres du colonel Hatzfeld et du capitaine von Münchausen.

---

10. Virginia Easley de Marce, *The Settlement of Former German Auxiliary Troops in Canada after the American Revolution*, 1982, 2,8.

APPENDICE B

Noms de compagnies des régiments du corps allemand [1]

I - BRUNSWICK

1. RÉGIMENT PRINZ LUDWIG

A- Compagnie colonel du Prinz Ludwig
B- Compagnie major-général von Riedesel
C- Compagnie lt-col. Baum
D- Compagnie major von Meibom

2. RÉGIMENT PRINZ FRIEDRICH

A- Compagnie colonel du major-général de Stammer
B- Compagnie lt-col. Praetorius
C- Compagnie major de Hille
D- Compagnie cap. Dieterichs
E- Compagnie cap. Tunderfeld

---

1. Archives allemandes, anglaises, américaines et canadiennes.

3. RÉGIMENT VON RIEDESEL

A- Compagnie colonel du major général von Riedesel
B- Compagnie lt-col. Speth
C- Compagnie major von Mengen
D- Compagnie cap. von Pölnitz
E- Compagnie cap. Morgens

4. RÉGIMENT VON SPECHT

A- Compagnie colonel du colonel Specht
B- Compagnie major Ehrenkrook
C- Compagnie cap. de Plessen
D- Compagnie cap. von Lutzow
E- Compagnie cap. von Dahlstierna

5. RÉGIMENT VON RHETZ

A- Compagnie colonel du major général von Rhetz
B- Compagnie lt-col. von Ehrenkrook
C- Compagnie major von Lucke
D- Compagnie cap. von Schalenteuffel
E- Compagnie cap. Alers

6. RÉGIMENT VON BREYMANN

A- Compagnie lt-col. Breymann
B- Compagnie cap. von Bartling
C- Compagnie cap. von Lohneissen
D- Compagnie cap. von Schieck

N.B. Au début de cette guerre, on remarque que quelques officiers seulement portent le « von », titre de noblesse; toutefois, à la fin du conflit, leur nombre augmente sensiblement.

7. RÉGIMENT D'INFANTERIE LÉGÈRE VON BARNER

A- Compagnie colonel du major von Barner
B- Compagnie chasseurs du cap. Schottelius
C- Compagnie chasseurs de Ewald Richzet
D- Compagnie cap. Thomae
E- Compagnie cap. Geisau
F- Compagnie cap. Dommes

8. RÉGIMENT VON EHRENKROOK

A- Compagnie colonel
B- Compagnie cap. Zielberg
C- Compagnie cap. von Schlagenteuffel
D- Compagnie cap. von Plessen

9. RÉGIMENT VON BARNER

A- Compagnie colonel
B- Compagnie cap. von Hambach
C- Compagnie cap. von Rosenberg
D- Compagnie cap. Thomae

HESSE-HANAU

1. PREMIER BATAILLON DU RÉGIMENT ERBPRINZ (PRINCE HÉRITIER)

A- Compagnie colonel du colonel von Gall
B- Compagnie lt -col. Lentz
C- Compagnie major Martens
D- Compagnie cap. von Buttlar
E- Compagnie cap. von Passern
F- Compagnie cap. von Schachten
G- Compagnie cap. von Schöll
H- Compagnie cap. Schell

I- Compagnie major von Germann
J- Compagnie lt-col. prince Friedrich
K- Compagnie d'artillerie cap. Georg Paush

2. LE CORPS LIBRE DE CHASSEURS

A- Compagnie colonel du lt-col. von Kreutzbourg
B- Compagnie major von Franken
C- Compagnie cap. comte de Wittgenstein
D- Compagnie cap. Hugget
E- Compagnie cap. Kastendyck
F- Compagnie cap. Hildebrandt

ANHALT-ZERBST

1. RÉGIMENT DE LA PRINCESSE D'ANHALT-ZERBST

A- Compagnie colonel du colonel von Rauschenplatt
B- Compagnie major von Rauschenplatt
C- Compagnie major von Piquet
D- Compagnie capitaine von Wietersheim
E- Compagnie capitaine Prinz August Schwartzburg-Sondershausen
F- Compagnie capitaine Gogel
G- Compagnie d'artillerie
H- Compagnie de chasseurs, capitaine Nuppenau
I- Compagnie de chasseurs, lieutenant Jaritz

HESSE-CASSEL

1. RÉGIMENT (ALT) VON LOSSBERG

A- Compagnie gardes du corps
B- Compagnie lieutenant-colonel [2] / colonel Franziscus Scheffer

2. Le symbole « / » signifie un changement du responsable de la compagnie, de son grade, ou encore du nom de cette compagnie.

C- Compagnie capitaine / major Ernst Eberhard von Alten-bockum
D- Compagnie major August von Hanstein, capitaine Frie-drich Wilhelm Kraftt
E- Compagnie Heinrich Anton von Heringen, colonel / m.g. Johann August von Loss

2. LE RÉGIMENT VON KNYPHAUSEN

A- Compagnie gardes du corps
B- Compagnie colonel David Ephraim von Gose, colonel Karl Philipp Heymel
C- Compagnie colonel Karl Philipp Heymel, major Karl von Wurmb
D- Compagnie major / colonel Erasmus Ernst Hinte
E- Compagnie capitaine / major Christian Mortiz von Kutzle-ben

3. LE RÉGIMENT VON STEIN / VON SEITZ / VON PORBECK

A- Compagnie gardes du corps
B- Compagnie colonel Franz Karl Erdm von Seitz, ma-jor / lieutenant-colonel Ludwig von Schallern
C- Compagnie colonel Arnold Schlemmer, lieutenant-colo-nel / colonel Karl von Kitzel
D- Compagnie colonel August Ernst Wilhelm von Schreyvo-gel, lieutenant-colonel Karl von Kitzel, capitaine Friedrich Platte, capitaine Johann Christoph von Ende, capitaine / ma-jor Johann Georg Langenschwartz
E- Compagnie lieutenant-colonel Wilhelm Graf, major Jo-hannes Neumann

APPENDICE C

Partie en même temps que la première division de Bruns-wickers, celle des Hessois (Hessians) à destination des États-Unis, passe devant Sandy Hook le 15 août 1776 et débarque huit mille hommes, à Staten Island le 22 suivant. Sous les ordres du lieutenant général Philip von Heister, elle se com-pose alors comme suit [1] :

Commandant de la première division de Hessois :
le lieutenant général Philip von Heister

1. Régiment fusiliers du corps (Leib), Col. F. W. von Wurmb
2. Régiment fusiliers prince héritier (Erbprinz), Col. F. von Hachenberg
3. Régiment mousquetaires prince Charles (Prinz Carl), Col. J.W. Schreiber
4. Régiment mousquetaires von Dittfürth, Col. von Bose
5. Régiment mousquetaires von Donop, Col. D. von Gosen

---

1. Charles M. Lefferts, *Uniforms of the 1775-1783...*, 263.

6. Régiment fusiliers von Lossberg, Col. von Lossberg
7. Régiment fusiliers von Knyphausen, Col. von Borke
8. Régiment mousquetaires von Trümbach, Col. E. von Bischhausen
9. Régiment mousquetaires von Mirbach, Col. Loos
10. Régiment grenadiers von Rall (Rhall), Col. von Rall
11. 1er bataillon de grenadiers von Linsingen, Lieut.-col. von Linsingen
12. 2e bataillon de grenadiers von Block, Lieut.-col. von Block
13. 3e bataillon de grenadiers von Minnigerode, Lieut.-col. von Minnigerode
14. 2 compagnies de chasseurs
15. 3 compagnies d'artillerie, Col. Hans H. von Eitel

Quant à la seconde division, 3 997 hommes commandés par le lieutenant général Wilhelm von Knyphausen, elle débarque près de New-Rochelle et se compose de la façon suivante [2] :

Commandant de la seconde division de Hessois :
le lieutenant général von Knyphausen

Première brigade
colonel von Lossberg

Régiments :
von Huyn
von Stein
von Knyphausen
Bataillon de grenadiers Köhler

Deuxième brigade
Major général Schmidt

---

2. *Ibid.*, 263-264.

Régiments :
von Lossberg
von Wissenbach
von Bünau
Bataillon de grenadiers Köhler

Cette deuxième division de Hessois avait quitté la Hesse-Cassel tôt au mois de mai, accompagnée du régiment de Waldeck (670 hommes) et de la seconde compagnie de chasseurs commandée par le capitaine Ewald.

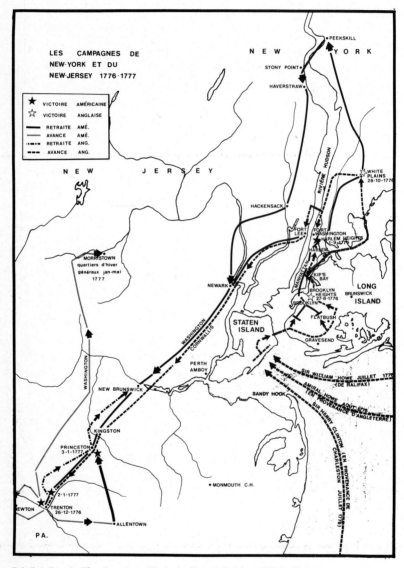

Réalisé d'après *The American Heritage Pictorial Atlas of U.S. History.*

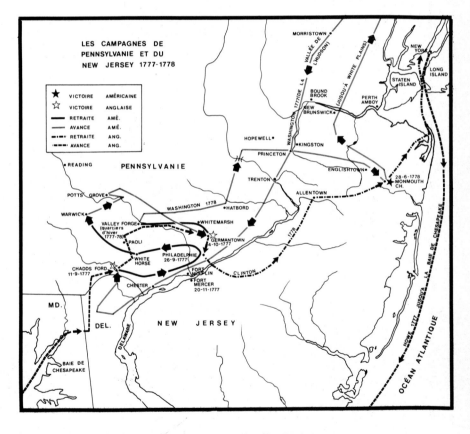

LES CAMPAGNES DE
PENNSYLVANIE ET DU
NEW JERSEY 1777-1778

★	VICTOIRE	AMÉRICAINE
☆	VICTOIRE	ANGLAISE
▬▬	RETRAITE	AMÉ.
—	AVANCE	AMÉ.
▬·▬·	RETRAITE	ANG.
▪▪▪▪	AVANCE	ANG.

Réalisé d'après *The American Heritage Pictorial Atlas of U.S. History.*

273

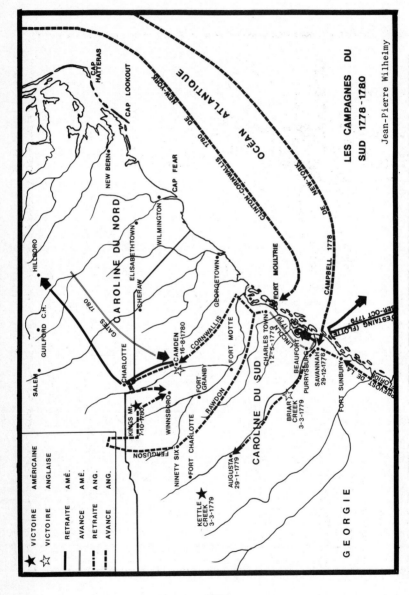

LES CAMPAGNES DU SUD 1778-1780

Jean-Pierre Wilhelmy

Réalisé par Jean-Pierre Wilhelmy d'après "THE AMERICAN HERITAGE PICTORIAL ATLAS OF U.S. HISTORY".

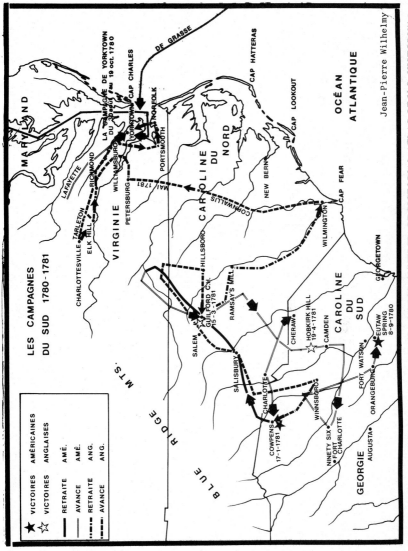

LES CAMPAGNES
DU SUD 1780-1781

VICTOIRES AMÉRICAINES
VICTOIRES ANGLAISES

RETRAITE	AMÉ.
AVANCE	AMÉ.
RETRAITE	ANG.
AVANCE	ANG.

Réalisé par Jean-Pierre Wilhelmy d'après "THE AMERICAN HERITAGE PICTORIAL ATLAS OF U.S. HISTORY".

Jean-Pierre Wilhelmy

275

APPENDICE D

Liste des professions [1]
(L'orthographe originale a été conservée.)

Négociant
Apoticaire
Chirurgien
Méchanique
Horlogier
Orfèvre
Peintre
Imprimeur
Sculpteur
Masson

Tailleur de pierre
Maréchal
Forgeron
Cloutier
Poillier
Potier d'étain
Charpentier
Charron
Menuisier
Tonnelier

---

1. Archives du Canada, *MG21, Transcriptions*, collection Haldimand, série B, Vol. 151, 4. Liste des professions qui se trouvent dans le régiment de son Altesse Sérénissime Madame la Princesse d'Anhalt-Zerbst à Québec, le 12 septembre 1778.

Tourneur
Couvreur
Poudrier
Chasseur
Vitrier
Tapizier
Caroïeur
Aigulliettier
Drapier
Lengier
Tiséran
Chapellier
Papetier
Bouttonnier
Cordier

Chemiseur
Faiseur de peignes
Peruquier
Potier
Cordonnier
Tailleur
Boucher
Jardinier
Munier
Boulanger
Teinteur
Brossier
Filleur de tabac
Émoleur
Rammonneur

APPENDICE E

Liste des pays d'où viennent les mercenaires [1]

Autriche
Belgique
   (Pays-Bas autrichiens)
Brandebourg
   (hors de R.D.A.)
Canada
Danemark
Espagne
France
Grande-Bretagne
Hongrie
Irlande
Islande

Italie
Luxembourg
Norvège
Hollande
Pologne
Poméranie
   (hors de R.D.A.)
Portugal
Prusse Orientale
République démocratique allemande
République fédérale allemande
Silésie
Suède

---

1. Cette liste a été empruntée au programme HETRINA réalisé par Otto Fröhlich, Marburg 1974.

Suisse

Tchécoslovaquie
   (Bohème et Moravie)

U.R.S.S.

États-Unis

Indes occidentales (Antilles)

APPENDICE F

Description générale des uniformes allemands en Amérique du Nord de 1776 à 1783 [1]

Les soldats des régiments allemands portaient des manteaux fabriqués à partir d'une laine bleue, épaisse et rude, qui empêchait le vêtement de rétrécir, tandis que la doublure était fabriquée d'une laine rouge, plus légère. Ils étaient conçus habituellement sans collet; les manchettes, l'unique patte d'épaule sur l'épaule gauche et les revers étaient faits de tissus de couleurs rouge, jaune, blanc, noir ou orangé. Les boutons étaient de laiton uni ou encore d'étain. Les régiments de garnison, dont quatre furent envoyés par la Hesse-Cassel, n'avaient pas de revers mais de petits cols rabattus de la couleur des parements. Les collets et les manchettes des régiments réguliers étaient dessinés de façon à bien les différencier

---

1. Philipp Katcher, *Armies of the American Wars, 1753-1815*, Hasting House Publishers, New York, Germans and Provincials 1775-1783, 65-69.

d'un État à l'autre. Le galon de laine, quelquefois uni ou encore tissé d'un motif, n'était pas utilisé par tous les régiments. L'une des caractéristiques de ces manteaux allemands voulait que les manches soient tellement courtes, qu'il était possible d'apercevoir une grande partie de la manche de chemise, (Frédéric de Prusse [2] croyait ainsi donner l'illusion que ses hommes étaient plus grands qu'ils ne l'étaient en réalité.)

La chemise de lin blanc n'avait pas de collet. Le collet roulé, noir ou rouge, aux couleurs du régiment, avait une lisière blanche en sa partie supérieure de façon à donner la même apparence qu'un collet de chemise. Les gilets et les culottes étaient faits de laine jaune pâle ou blanche, toujours selon les couleurs du régiment. Quant aux culottes, elles étaient attachées au bas au lieu d'être bouclées ou boutonnées, comme c'était le cas de celles portées par les Anglais.

Les Allemands en campagne au Canada se découpèrent, dans de vieilles tentes, des pantalons-guêtres, ces derniers étant beaucoup plus confortables que les culottes. À New York, durant l'hiver, les soldats allemands et britanniques reçurent des pantalons-guêtres identiques, faits de laine bleue, verte, rouge ou brune ou encore des pantalons-guêtres noirs, serrés, attachés à l'aide de boutons de cuivre unis, lesquels étaient alors portés par-dessus les culottes, bas et chaussures.

Les sergents portaient des galons d'argent à leurs uniformes ainsi qu'à leurs hallebardes; des espotons, analogues à ceux des Britanniques mais sculptés de façon plus élaborée, étaient portés par les officiers. Ces derniers se différenciaient également par leurs hausse-cols souvent émaillés de différentes couleurs, lesquels étaient habituellement portés en dessous de leurs manteaux. Les officiers portaient également des écharpes de différentes teintes, souvent rayées aux couleurs de leur État, et semblaient alors préférer le port des bottes à celui des

---

2. L'armée de Frédéric II de Prusse était l'exemple militaire le plus suivi de l'Empire germanique.

guêtres (fort probablement en raison de leur prestige). Le mousquet allemand, copie du prussien, était également de calibre 0.75 « pin fastened », enjolivé d'un fini cuivré. Les ceintures étaient de cuir, de couleur rouge, bouclées aux deux extrémités. Contrairement à ceux des troupes anglaises, tous les gradés des régiments allemands portaient de petites épées suspendues, similaires au modèle anglais de 1742. Elles étaient portées dans des fourreaux noirs et retenues à une ceinture blanche, laquelle s'attachait à l'aide d'une boucle de cuivre. Les boucles étaient souvent fausses puisque c'est le fermoir à l'intérieur de la boucle qui retenait réellement la ceinture. Les gourdes étaient les mêmes que celles des Britanniques. Quant à la boîte de cartouches, elle était munie d'une très large courroie faite de cuir blanc et qui était portée à l'épaule. La boîte était suffisamment grosse et pouvait ainsi recevoir les armoiries du prince, lesquelles étaient gravées sur une grosse plaque ovale en étain, fixée au centre du rabat. Une petite poche, à une extrémité, contenait le bâton à mousquet. Le havresac était porté à l'autre épaule (il était fait d'une sorte de peau de vache) et il se refermait à l'aide de trois boucles et courroies de cuir. Grâce à cette courroie, (d'un brun uni avec boucle de cuivre), le soldat allemand pouvait en ajuster la longueur.

Les hommes de troupes portaient des chapeaux ceinturés d'un ruban de laine blanche comme les Britanniques, mais avec des pompons de couleurs différentes portés au-dessus de la cocarde noire et près du rebord gauche du chapeau. De petits casques recouverts d'étain ou encore de cuivre, comme ceux de l'infanterie légère britannique, aux armoiries du prince, étaient portés par les soldats allemands dans les régiments de fusiliers. Les grenadiers, pour leur part, arboraient des casques dont la partie avant était recouverte de métal surmontée d'un gland enrobé d'étain en sa partie supérieure ainsi qu'un sac dont la devanture affichait les couleurs du régiment. En corvée, il semble qu'ils portaient des bonnets de laine presque similaires à ceux portés par les Français durant la dernière guerre (i.e.: la guerre de Sept Ans).

Bien que les uniformes allemands fussent généralement de bonne qualité, les troupes, lorsqu'elles servirent aux côtés des Britanniques, furent équipées d'uniformes de qualité inférieure. Par exemple, les revers étaient souvent de simples morceaux de laine colorés et cousus, contrairement à ceux des Anglais, lesquels pouvaient alors être boutonnés et ainsi recouvrir la poitrine procurant beaucoup plus de chaleur. Plusieurs problèmes d'approvisionnement chez les Allemands furent également la cause des nombreux mécontentements et, même, d'accidents tragiques comme celui du lac Saint-Pierre, en janvier 1779, où quatorze Brunswickers moururent de froid alors que trente de leurs compagnons souffrirent d'engelures dues à des vêtements inappropriés.

CHASSEURS DE HESSE-HANAU [3]

Les chasseurs de Hesse-Hanau, comme d'ailleurs ceux des différentes principautés qui participèrent à la guerre de l'Indépendance américaine, furent recrutés dans les forêts allemandes. Gardes-chasse, forestiers ou simples chasseurs, ils eurent, au même titre que les autres chasseurs, l'honneur de faire partie de l'élite de l'armée britannique en Amérique du Nord.

Les chasseurs des États allemands employaient de courts fusils européens, tous différents les uns des autres, chacun ayant acheté ou fait fabriquer son arme chez son propre armurier. En général, l'arme avait une longueur de près de 4' et ne comportait aucune bayonnette, alors remplacée par une courte épée retenue par un cordon.

Leurs vêtements, peut-être par tradition, étaient dans l'ensemble de couleur verte. Toutefois, les couleurs des gilets,

3. Philip Katcher, *Armies of the American Wars, 1753-1815*, Hasting House Publishers, New York, Germans and Provincials 1775-1783, 65-69.

culottes et guêtres variaient d'un État à l'autre. Leurs manteaux, vert foncé, avaient des revêtements et des doublures
rouges, bien que ceux de Hesse-Cassel et de Hesse-Hanau
furent cramoisis, tandis que ceux de Brunswick étaient d'un
rouge uni agrémenté d'une doublure verte. La coupe était la
même que chez les autres soldats des régiments allemands qui,
eux-même s'inspiraient fortement de l'armée prussienne.

Curieusement, leurs chapeaux à cornes avaient un rebord
plus large que ceux portés par les soldats des autres bataillons,
bien qu'ils eussent à évoluer dans les bois.

Ordinairement, les chasseurs, tant montés qu'à pied, portaient de longues bottes. Cependant, dans cette guerre américaine, les chasseurs à pied trouvèrent très inconfortable
l'usage de celles-ci et la plupart d'entre eux optèrent pour de
longues guêtres brunes ou grises et même pour le pantalon-
guêtre conçu souvent à même les vieilles tentes.

Les sergents portaient des galons en or aux manches ainsi
qu'une plume blanche à bout rouge à leur chapeau; les officiers, pour leur part, portaient leurs galons couleur or aux
revers de leurs manteaux et à leurs manches en plus d'une
plume blanche unie, les jours d'apparat.

LES UNIFORMES ALLEMANDS DURANT LA RÉVOLUTION AMÉRICAINE
(Canada et États-Unis)

Hesse-Cassel [1]

	Manteau	Collet et manchettes	Revers	Boutons	Boutonnières	Gilet et culotte	Chapeaux et capes
Du Corps	bleu	jaune	jaune	blanc	blanc	jaune	Cape argentée
Erb Prinz	bleu	cramoisi	cramoisi	blanc	clair	blanc	Cape argentée
Prinz Carl	bleu	rouge	rouge	doré	jaune	blanc	Chapeau à bord blanc
Dittfurth	bleu	jaune	jaune	blanc	blanc	blanc	Chapeau à bord blanc
Donop	bleu	paille	paille	doré	clair	paille	Chapeau à bord blanc
Lossberg	bleu	orange	orange	doré	clair	blanc	Cape cuivrée
Knyphausen	bleu	noir	noir	doré	clair	paille	Cape cuivrée
Trümbach	bleu	blanc	blanc	doré	clair	blanc	Chapeau à bord blanc
Mirbach	bleu	rouge	rouge	blanc	blanc	blanc	Chapeau à bord blanc
Rall	bleu	rouge	rouge	doré	clair	paille	Cape cuivrée
Wutgenau	bleu	rouge	aucun	doré	clair	paille	Chapeau à bord blanc
Wissenbach	bleu	blanc	blanc	blanc	clair	blanc	Chapeau à bord blanc

1, 2, 3, 4, 5 et 6 : Ces tableaux proviennent du lieutenant Charles M. Lefferts, *Uniforms of th 1775-1783 American, British, French and German Armies in the War of the American Revolutior* Bicentennial Edition, 1776-1976, pp. 252-268.

uyne	bleu	jaune	jaune	blanc	clair	bleu	Chapeau à bord blanc
ıneau	bleu	cramoisi	cramoisi	blanc	clair	bleu	Chapeau à bord blanc
ein	bleu	orange	orange	blanc	clair	bleu	Chapeau à bord blanc
ıasseurs à pied	vert	cramoisi	cramoisi	doré	clair	vert	Chapeau à bord noir
ıasseurs montés	vert	cramoisi	cramoisi	doré	clair	vert	Chapeau à bord noir
ırps d'artillerie	bleu	cramoisi	cramoisi	doré	clair	paille	Chapeau à bord blanc

Hesse-Hanau [2]

	Manteau	Collet et manchettes	Revers	Boutons	Boutonnières	Gilet et culotte	Chapeaux et capes
ég. Erprinz	bleu	rouge	rouge	blanc	clair	jaune	Cape argentée
orps d'artillerie	bleu	rouge	rouge	doré	clair	blanc	Chapeau à bord blanc
ırps de chasseurs	vert	cramoisi	cramoisi	doré	clair	vert	Chapeau à bord noir

287

Ansbach-Bayreuth [3]

	Manteau	Collet et manchettes	Revers	Boutons	Boutonnières	Gilet et culotte	Chapeaux et capes
1er régiment	bleu	rouge	rouge	blanc	clair	blanc	Chapeau à bord blanc
2e régiment	bleu	noir	noir	blanc	clair	blanc	Chapeau à bord blanc
Corps de chasseurs	vert	rouge	rouge	doré	clair	blanc	Chapeau à bord noir
Corps d'artillerie	bleu	cramoisi	cramoisi	doré	clair	blanc	Chapeau à bord blanc

Waldeck [4]

	Manteau	Collet et manchettes	Revers	Boutons	Boutonnières	Gilet et culotte	Chapeaux et capes
3e d'infanterie	bleu	jaune	jaune	doré	clair	blanc	Dentelure jaune

288

Anhalt-Zerbst [5]

	Manteau	Collet et manchettes	Revers	Boutons	Boutonnières	Gilet et culotte	Chapeaux et capes
Régiment d'inf.	blanc	rouge	rouge	doré	clair	blanc	Chapeau à bord blanc

Brunswick [6]

	Manteau	Collet et manchettes	Revers	Boutons	Boutonnières	Gilet et culotte	Chapeaux et capes
Dragons	bleu	jaune	jaune	blanc	clair	jaune	Chapeau à plume
Bat. de grenadiers	bleu	jaune	aucun	blanc	clair	blanc	Cape argentée
Reg. Pr. Friedrich	bleu	jaune	aucun	blanc	clair	blanc	Chapeau à bord blanc
Rf. de von Riedesel	bleu	jaune	jaune	blanc	clair	blanc	Chapeau à bord blanc
Rf. de von Specht	bleu	rouge	rouge	doré	clair	blanc	Chapeau à bord blanc
Rf. de von Rhetz	bleu	blanc	blanc	doré	clair	blanc	Chapeau à bord blanc
Bat. Inf. v. Barner	bleu	noir	aucun	doré	clair	blanc	Chapeau à bord blanc
Corps de chasseurs	vert	rouge	rouge	blanc	clair	vert	Chapeau à bord noir

BIBLIOGRAPHIE
(avec notes complémentaires)

A - SOURCES MANUSCRITES

I - Sources d'origine britannique et canadienne

1. Sources générales

a) *MG11, Colonial Office (London)*
Ce groupe est composé de copies (transcriptions et micro-films) de documents du Colonial Office, 1580-1922.
Table analytique des classes consultées :
  C.O.5, America and West Indies, 1638-1807
  C.O.42, Canada, Original Correspondence. Ottawa possède une transcription classée dans la série Q. On en retrouve un inventaire dans les rapports des archives publiques du Canada, 1890. Papiers d'État.

b) *MG13, War Office (London)*
Ce groupe comprend des transcriptions, des photocopies et des micro-films de documents du War Office conservées au Public Record Office, datés de 1755 à 1913.

291

Table analytique des classes consultées :
   W.O.10, Muster Book and Pay Lists : Artillery
   W.O.12, Muster Book and Pay List : General
   W.O.17, Monthly Returns
   W.O.28, Headquarters Records

c) *MG14, Audit Office (London)*
Ce groupe comprend des transcriptions, des photocopies et des micro-films de papiers (1749 à 1837) provenant de divers bureaux qui ont englobé finalement l'Exchequer Department et le Audit Department.

Table analytique des classes consultées :
   A.O.12, Réclamations des Loyalistes - Série I
   A.O.13, Réclamations des Loyalistes - Série II

d) *MG21, Transcriptions du British Museum.*
Ce groupe contient des copies de manuscrits du British Museum. Les papiers de Sir Frederic Haldimand ont été copiés intégralement dans 232 volumes classés à Ottawa sous la série B, 1 à 232. On en retrouve l'inventaire dans : *Rapports sur les archives publiques du Canada*, de 1884 à 1889. Nous avons consulté principalement les volumes suivants : 39, 40, 45, 56, 62, 80, 81, 82, 83, 84, 86-1, 86-2, 86-3, 87, 111, 117, 129, 130, 131, 133, 136, 137, 138, 139, 147, 148, 151, 152, 153, 162, 164, 171, 173, 174, 177-2, 178, 189, 191, 196, 204, 207, 217, 218.

e) *MG23, Documents de la fin du XVIIIe siècle.*
Ce groupe contient principalement des papiers des chefs politiques et militaires ainsi que des administrateurs coloniaux.

Tableau analytique des classes consultées :
   B - Révolution américaine
   B-1 : British Headquarters Papers ou Carleton's Papers ou Dorchester's Papers. Similaire à la collection Haldimand; comprend de la correspondance avec les Bruns-

Archives du Canada, collection Haldimand, add. Mss. 21811
(M.G. 21, Reel A-743).

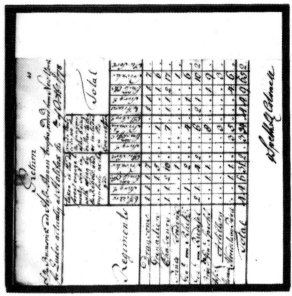

Exemple d'un recensement (return) oct. 1778.

Archives du Canada, collection Haldimand, add. Mss. 21811
(M.G. 21, Reel A-743).

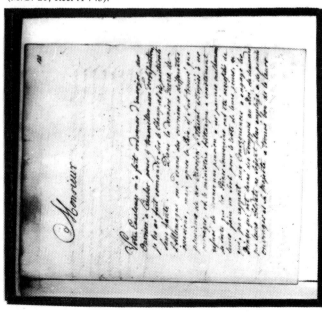

Exemple d'une correspondance allemande (en français).
La collection Haldimand contient des milliers de lettres
du genre de celle-ci mais également en langue anglaise.

293

qickers ainsi que des listes nominales dans plusieurs volumes. Les originaux sont conservés à Londres (61 volumes). Ottawa possède une transcription manuscrite partielle en 12 volumes datant de la Première Guerre mondiale.

B-42 : Journaux d'officiers non publiés. Journal du C. de Kreutzbourg, 1777-1783, en allemand, avec caractères gothiques; 199 pages doubles. L'original est conservé aux archives départementales de Narburg.

B-44 : Journaux d'officiers non publiés. Journal de J.H.C. von Benewitz, 1776-1783. Transcription d'un document appartenant à A.V. Koch; 25 pages.

f) *RG1 - Conseil exécutif, 1764-1867*
Les archives du conseil exécutif de Québec, du Bas-Canada et du Haut-Canada ainsi que de la Province du Canada sont réparties en deux collections principales : « E » pour les questions d'État, « L » pour les questions territoriales. Nous avons principalement consulté le tome 108 concernant les activités du 17 août 1775 au 5 février 1783, ainsi que les documents 94 203 à 94 221 dans les papiers territoriaux (*RG1-L-3L*, Vol. 199, demandes de terres.)

g) *RG8 - Archives militaires et navales britanniques.*
Ce groupe contient les archives des forces militaires et navales britanniques au Canada, dont la série C.

h) Les archives nationales du Québec possèdent des manuscrits contenant lettres, mémoires et autres documents historiques relatifs à la Nouvelle-France et couvrant la période de 1492 à 1789.

i) Les archives du Séminaire de Québec ont en leur possession le fonds *Viger-Verreau*, dans lequel on retrouve au carton 17 no. 28, *Informations et procédés de la milice de Berthier (en haut),* portant sur les troupes allemandes, ainsi que les papiers d'Arnold, de septembre 1775 à octobre 1776. De plus, les cartons 9-39 et 9-49 présentent quelque intérêt en ce qui concerne les Brunswickers.

2. Sources relatives aux individus.

Badeaux, Jean-Baptiste, notaire. Journal. Voir Invasion du Canada.

Burgoyne, John, *A State of the Expedition from Canada,* Londres, 1780, VIII-140 LXII p.

Carleton, Guy. Voir la *collection Haldimand* ainsi que plusieurs volumes de la série Q.

Haldimand, Frederick. Voir la *collection Haldimand* dans *MG21, Transcriptions,* du British Museum.

Invasion du Canada, *Collection de mémoires recueillis et annotés,* par M. l'abbé Verreau, ptre, Montréal, 1873. Contient les journaux de Badeaux, Sanguinet et de Lamier ainsi que les lettres qui furent écrites durant l'invasion américaine.

Sanguinet, M. Journal. *Le témoin oculaire de l'invasion du Canada par les Bastonnais.* Voir *Invasion du Canada.*

Verreau, Hospice-Anthelme. Voir *Invasion du Canada.*

II - Sources d'origine allemande et américaine

1. Anhalt-Zerbst (Allemagne)

Staatsarchiv Magdeburg.
  a) Liste des déserteurs de la marche vers Philipsburg.
  b) Recrues envoyées.
  c) Soldats dont les femmes et les enfants se trouvaient à Zerbst, Coswig, Rosslau et Jever et qui ont reçu des subventions (blé, bois, seigle ou argent).
  d) Officiers établis.
  e) Morts sur les bateaux de Stade à Québec.
  f) Rapports des régiments à Québec et des recrues commandées de Jever.
  g) Troupes commandées vers l'Amérique.

h) Hommes, femmes et enfants morts depuis le départ de la marche en provenance de Zerbst.

i) Sous-officiers et simples soldats se trouvant à Québec, qui ont versé de l'argent pour leurs parents.

j) Recrues qui s'embarquèrent à Stade.

k) Troupes, garnisons et régiments d'infanterie avec indications des endroits où ils ont servi.

2. Brunswick (Allemagne)

Akten und Briefschaften Riedesels aus dem amerikanischen Kriege, 1776-1783, Niedersächsisches Staatsarchiv, Wolfenbüttel.

Amerikanische Briefe an des Herrn Erbprinzen Hochfürstl. Durchl. 1776-1777. Niedersächsisches Staatsarchiv, Wolfenbüttel.

Amerikanischer Feldzug, 1776-1779, Niedersächsisches Staatsarchiv, Wolfenbüttel.

Aufzeichnungen des Feldschers Julius Friedrich Wasmus, Niedersächsisches Staatsarchiv, Wolfenbüttel.

Briefe von meinen Bruder J.C.C. Dehn un zwar von der Abfahrt von Porsmouth und seinen Aufenhalt in Nord Amerika bis de Jahren 1782. Stadtarchiv Braunschweig.

Journal der Seereise nach Nord Amerika wie auxh von denen darin gemachten Campagnen... aufge zeichnet von Friedrich Julius von Papet jun: Premier Lieutenant. Stadtarchiv Braunschweig.

March Route von Braunschweig bis Amerika. Nebst den vornehmsten Gegebenheiten der Nerzoglichen Braunschweigischen Truppen. Die 1ste Division. Von Johann Bense. Niedersächsisches Staatsarchiv, Wolfenbüttel.

Nachrichten und Tagebuch des Regiments-Adjutanten Anton Adolf Heinrich du Roi, 1776. Niedersächsisches Staatsarchiv, Wolfenbüttel.

Tagebuch des in Herzogl. Brschw. Diensten Stehenden Lieutenants und Adjutanten du Roi des ätteren, 1776-1777. Stadtarchiv Braunschweig.

Tagebuch über den Feldzug der Brauschw. Truppen in Amerika vom 29. Aug. 1777 bis zum 15. Jan. 1779 von dem Hauptmann (nachmals Generalmajor) Cleve. Stadtarchiv Braunschweig.

Tagebuch von Braunschweig bis America von Johan Conrad Ruff. Stadtarchiv Braunschweig.

3. Hesse-Cassel (Allemagne)

Americana im Staatsarchiv Marburg, Allgemeine Aktenverzeichnisse, Verz. 9. Hessisches, Staatsarchiv, Marburg.

Auerbach, Inge, et Frölich, Otto, *Hessische Truppen in Amerikanischen Unabhängigkeitskrieg (Hetrina),* 4 Bde. Veröffentlichungen der Archivschüle Marburg, Nr. 10, Marburg, 1974-1976.

—, *Waldecker Truppen im Amerikanischen Unabhängigkeitskrieg (Hetrina),* Veröffentlichungen der Archivschule Marburg, Nr. 10, Bd. V. Marburg.

Journal des Grenadier Bataillons Block nachher Lengercke, Hessisches Staatsarchiv, Marburg.

Journal des Hochfürstl. Hessischen Grenadier-Bataillon von Bischhausen, Hessisches Staatsarchiv, Marburg.

Journal des Hochlöbl. Fuselier Regiments v. Alt Lossberg, Hessisches Staatsarchiv, Marburg.

Journal des Leib-Inf. Rgts von Kospoth, Hessisches Staatsarchiv, Marburg.

Journal Geführt Bey dem Hochlöblich Hessischen Feld-Jäger Corps während denen Campagnen der Königl. Brittanischen Armee in North-America, Hessisches Staatsarchiv, Marburg.

Journal Regiment von Knyphausen, Hessisches Staatsarchiv, Marburg.

Journal über die merkwürdigen Vorfälle bey dem Hochlöbl. Leib Infantrie Regiment modo Erbprinz, Hessisches Staatsarchiv, Marburg.

Journal vom Hochfürstlich Hessischen Grenadier-Bataillon Platte, Hessisches Staatsarchiv, Marburg.

Journal vom Hessischen Corps in Amerika unter dem General von Heister, 1776-1777, Hessisches Staatsarchiv, Marburg.

Journal vom Hochlöbl. Regiment Prinz Carl, 1776-1784, Hessisches Staatsarchiv, Marburg.

Journal vom Jäger Corps Hanauisches Jäger Corps, Hessisches Staatsarchiv, Marburg.

Journal vom Löbl. Garnisons-Regiment von Huyn nachher von Benning, Hessisches Staatsarchiv, Marburg.

Journal von dem Hochfuerstlich-Hessischen Hochlöbl. Infanterie Regiment von Trumbach modo General-Lieutenant von Bose, Hessisches Staatsarchiv, Marburg.

Journal vom dem Hochfürstlich Hessischen des General Major von Knoblauxh Löbl. Garnisons Regiment, Hessisches Staatsarchiv, Marburg.

Journal vom dem Hochlöbl. Hessischen Grenadier Bataillon olim von Minnigerode modo von Löwenstein, Hessisches Staatsarchiv, Marburg.

Journal von dem Hochlöbl. Regiment von Donop modo v. Knyphausen, Hessisches Staatsarchiv, Marburg.

Journal von der Campagne in Amerika. Tome I-VIII, Hessisches Staatsarchiv, Marburg.

Journal von Sr. Hochfürstl. Durchlaucht Prinz Friedrichs Hochlöblichen Infanterie Regiment von 1776 bis Ende 1783, Hessisches Staatsarchiv, Marburg.

Militärberichte une Relationen von den Operationen der Hessischen Korps im Amerikanischen Kriege, 1776-1782, Hessisches Staatsarchiv, Marburg.

Ordre Buch vom Hochlöbl. Regiment von Mirbach, Hessisches Staatsarchiv, Marburg.

Relationen vom Artilleriekorps 1776-1784, Hessisches Staatsarchiv, Marburg.

Relationen vom Nord-Amerikanischen Kriege, Vol. I-V, Hessisches Staatsarchiv, Marburg.

Tagebuch eines Teilnehmers am Feldzug des General Burgoyne in Albany, 1776, Museumsverein Lüneburg.

Tagebuch des Friedrich Wilhelm von der Malsburg, Regiment von Dittfurth, Hessisches Staatsarchiv, Marburg.

Tagebuch des Hauptmans Wiederhold, 1776-1780, Landesbibliothek Kassel.

Tagebuch des Regiments Jung von Lossberg antea von Mirbach, Landesbibliothek Kassel.

4. Hesse-Hanau (Allemagne)

Diarum aller Mir Ernst Philipp Theobald bey dem Hochfürstl. Hesse Hanauischen Infanterie Regiment Erbprinz, Feldprediger, vom 15ten Mertz bis den 10ten Aug. 1776 auf meiner americanischen Reise vorgefallenen, und von mir beobachteten merkwürdigkeiten, Landesbibliothek Kassel.

Journal über die merkwürdigen Vorfälle bey dem Hochlöbl. Leib Infanterie Regiment modo Erbprinz, Hessisches Staatsarchiv, Marburg.

Journal vom Jäger Corps (Hanauisches Jäger Corps), Hessisches Staatsarchiv, Marburg.

Ordres für das Hessen-Hanauische Feld-Jäger-Korps, Hessisches Staatsarchiv, Marburg.

Tagebuch eines Grenadiers vom Fürstlich Hessen Hanauischen Infanterie Regiment Erbprinz, Compagnie des Obrist-Lieutenants Lenz, Burschen beim Stabs Capitän späteren Brigade Major Friedrich Wilhelm von Geismar, Hessisches Staatsarchiv, Marburg.

5. Ansbach-Bayreuth (Allemagne)

Anspach Papers, 1776-1785, New York Public Library, New York.

Döhla, Johann Konrad, *Amerikanische Feldzüge, 1777-1783; Tagebuch von Johann Konrad Döhla.*

Tagebuch des Markgräflichen Jäger-Lieutenants Carl Philipp von Frelitzsch Historischer Verein für Oberfranken, Bayreuth.

Wörtgetreue Abschrift des Tagebuchs eines Markgräflichen Soldaten über den Aufenhalt in Amerika, 1777-1781. Historischer Verein für Mittelfranken. Ansbach.

6. Waldeck (Allemagne)

Curtze, L., *Geschichte und Beschreibung des Fürstenthums Waldeck.* Arolsen Speyer'sche Buchhandling 1850 XIII, (2) 664S.

Waldeck, A., *Waldeck's Diary of the Revolution, 1776-1780.* Ed. M.D. Learned and Rudolph Cronau.

7. États-Unis

Jungkenn Paper, 1775-1784. William L. Clements Library, Michigan University, Ann Arbor, Michigan.

Peter Force Papers, *Letters of Heinrich Urba Cleve, 1777-1778.* Library of Congress, Washington, D.C.

—, *Orderly Book of Frederick Baum, 1777*. Library of Congress, Washington, D.C.

Public Library of Congress. Contient de nombreuses photocopies (doubles) de documents des archives allemandes.

B - IMPRIMÉS

Anburey, Thomas, *With Burgoyne from Quebec*. Toronto Macmillan, 1963, 220 p.

Arndt, Karl, J.R., *The Voyage of the First Hessian Army from Portsmouth to New York in 1776 (A. Pfister's Report)*, German-Canadian Yearbook III, Toronto, Historical Society of Mecklenburg Upper Canada Inc., 1976, pp. 129-139

Apel, Karl, *Regiment Prinz Karl in Amerikanischen Unabhängigkeitskrieg, 1776-1783, Mein Heimatland (Monatsbeilage zur Hersfelder Zeitung)*, XVII, Nr. 6, 23 août 1956, pp. 21-23.

Atwood, Rodney, *The Hessians, Mercenaries from Hessen-Kassel in the American Revolution*, Cambridge, Mass., 1980.

Aubin, Florian ptre., *La paroisse de St-Cuthbert*, 1776-1980, Vol. 2, 113-117.

Bardeleben, Heinrich von, *Tagebuch eines Hessischen Offiziers, Heinrich von Bardeleben*, Hrsg. von Julius Göbell, Deutsch-Amerikanische Geschichtsblätter, XVII-XVIII, 1927-1928, pp. 7-119.

Benoît, Pierre, *Lord Dorchester*, Montréal 1961, 203 p.

Bezzel, Oskar, *Ansbach-Bayreuther Miettruppen im Nordamerikanischen Freiheitskrieg, 1777-1783*, Zeitschrift für bayerische Landesgeschichte, VIII (1935), pp. 185-214 et 377-424.

Bowie, Lucy Leigh, *The German Prisoners in the American Revolution*, Maryland Historical Magazine, XL, 1945, pp. 185-200.

Brown, Marvin L., *Baroness von Riedesel and the American Revolution*, Chapel Hill, University of Carolina Press, 1965.

Butterfield, Lyman H., *Psychological Warfare in 1776 : The Jefferson-Franklin Plan to Cause Hessian Desertions*, American Philosophical Society Proceedings, XCIV, 1950, pp. 233-241.

Canniff, William, *History of the Province of Ontario*. Toronto, 1872.

Caux, Arthur M.D., *Les colons de Saint-Gilles et leurs descendants dans Lotbinière*. Bulletin des Recherches Historiques. Volume LVII, No. 1, 1951, 50-60.

Carrington, Henry B., *Battles of the American Revolution, 1775-1781*, New York 1877. Réédité par le New York Times en 1968.

Charland, Thomas (M.O.I.), *Histoire de St-François-du-Lac*, Ottawa 1942, 132-149.

Chittenden, Hon. Lucius Eugène, *The Capture of Ticonderoga*, Discours annuel devant le Vermont Historical Society, Vermont Rutland, 1872, 127 p.

Collins, Varnum Lansin, Hrsg., *A Brief Narrative of the Ravages of the British and Hessians at Princeton in 1776-1777*, Princeton, N.J., 1906.

Couillard, Després, Abbé Azaire-Etienne, *Histoire de Sorel, de ses origines à nos jours*, Montréal, 1926, 343 p.

Cruicskshank, Ernest Alexander, *The Settlement of the United Empire Loyalists on the Upper St-Lawrence and Bay of Quinte in 1784*, A documentary record, Toronto, Ontario Historical Society, 1934 (reprint 1966), 188 p.

Debor, Herbert Wilhelm, *Deutsche Jäger in Kanada*, Der Nordwestern (Winnipeg), 19 mai 1966.

— , *Das Regiment Prinz Friedrich*, Der Nordwestern, 31 mars 1966.

—, *Deutsche in der Stadt und Festung Quebec*, Der Nordwestern, 8 août 1966.

—, German Regiments in Canada, 1776-1783, German-Canadian Yearbook II, Toronto, Historical Society of Mecklenburg Upper Canada Inc., 1975, pp. 34-49.

—, *German Soldiers of the American War of Independence as Settlers in Canada*, German-Canadian Yearbook III, Toronto, Historical Society of Mecklenburg Upper Canada Inc., 1976, pp. 71-93.

De Marce, Virginia Dr., *The Settlement of Former German Auxiliary Troops in Canada after the American Revolution*, Édition de famille, Arlington 1982, 223 p.

—, *The Anhalt-Zerbst Regiment in the American Revolution*, « Musters Rolls », 18 sept. 1982. 60 p.

Dippel, Horst, *Germany and the American Revolution, 1770-1800 : A Sociohistorical Investigation of Late Eighteenth-Century Political Thinking*, Translated by Bernhardt A. Uhlendorf, Chapel Hill, University of North Carolina Press, 1977.

—, *Sources in Germany for the Study of the American Revolution*, Quarterly Journal of the Library of Congress, XXXIII, 1976, pp. 199-217.

Döhla, Johann Konrad, *Tagebuch eines Bayreuther Soldaten aus dem Nordamerikanischen Freiheitskrieg, 1777-1783*, Archiv für Geschichte und Altertumskunde von Oberfranken, XXV, 1912-1914, Nr. 1, pp. 81-202; Nr. 2, pp. 107-224.

Döllner, Max, *Erlebnisse der ansbach-bayreuthischen Hilfstruppen im Kriege Grossbritanniens gegen die Vereinigten Staaten von Nordamerika (1777-1783)*, Neusdadt an de Aisch, 1933.

Donne, W. Bodham, *The Correspondence of King George the Third with Lord North from 1768 to 1783*, 2 vol., Londres, 1867.

Dörnberg, Karl Ludwig, Freiherr von, *Tagebuchblätter eines hessischen Offiziers aus der Zeit des nordamerikanischen Unabhängigkeitskriege, 1779-1781*, Hrsg. von Gotthold Marseille, Pyritz : Backesche Buchdruckerei, 1899-1900.

Dufebvre B. (Emile Castonguay), *La baronne de Riedesel ou le modèle des épouses*, Dans Cinq femmes et nous, Québec 1950, 59-110.

Du Roi, August Wilhelm, *Journal of Du Roi the Elder, Lieutenant and Adjutant in the Service of the Duke von Brunswick, 1776-1778*, translated by Charlotte S.J. Epping, Americana Germanica XV, New York, D. Appleton & Co., 1911.

Du Roy, Anton Adolf, *Tagebuch der Seereise von Stade Nach Quebec in Amerika, 1776*. Deutsch und Englisch Übertragen und Herausgegeben von Gerhart Teuscher, German-Canadian Historical Association, Toronto, 1983.

Eelking, Max von, *Leben und Wirken des Herzoglich Braunschweig'schen General-Lieutenants Friedrich Adolph Riedesel, Freiherrn zu Eisenbach, nebst Original-Correspondenzen und historischen Aktenstücken aus dem siebenjährigen Kriege, dem nordamerikanischen Freiheits-Kampfe und granzösischen Revolutions-Kriege*, Bd. II und III, Leipzig, Verlag Otto Wigand, 1856.

— , *The German Allied Troops in the American War of Independence, 1776-1783*, traduit et abrégé par J.G. Rosengarten, Albany N.Y. 1893.

— , *Memoirs and Letters and Journals of Major-General Riedesel during His Residence in America*, 2 vol., translated by William L. Stone, Albany, J. Munsell, 1868.

Ehlers, Karl, *Der Soldatenverkauf Karl Wilhelm Ferdinands von Braunschweig während des nordamerikanischen Freiheitskrieges*, Niedersachsen XXXI, 1926, pp. 601-604.

Eisentraut, G., *Johan Gottfried Seume's Rekruntenzeit, 1781-1783*, Hessenland, XXV, 1910, pp. 57-59, 89-91, 107-109 et 122-124.

Elster, O., *Geschichte der stehenden Truppen im Herzogtum Braunschweig-Wolfenbüttel. Zweiter Band, von 1714-1806*, Leipzig, 1901.

Elting, John R., *The Battles of Saratoga*, Monmouth Beach, Philip Freneau Press, 1977.

Ewald, Johann, *Diary of the American War: A Hessian Diary*, Translated and edited by Joseph P. Tustin, New Haven and London, Yale University Press, 1979.

Ferron, Madeleine, Les Beaucerons, ces insoumis. Petite histoire de la Beauce, 1735-1867, Montréal, 1974.

Fortescue, John, *The Correspondence of King George the Third, from 1760 to December 1783*, London, 1927-1928.

Friedrich II und die neuere Geschichtsschreibung, Ein Betrag zur Wiederlegung der Märchen über angeblichen Soldaten-Handel hessischer Fürsten, 2 vol. Melsungen, W. Hopf, 1879.

Fritsch, W.A., *Stimmen deutscher Zeitgenossen über den Soldatenhandel deutscher Fürsten nach Amerika, Deutsch-Amerikanisches Magazin, I, 1887, pp. 589-593.*

Gilroy, Marion, *Loyalists and Land Settlement in Nova Scotia*, Publication no. 4 of the Genealogical Committee, Royal Nova Scotia Historical Society, 1980.

Gingras, Raymond, *Liste annotée de patronymes d'origine allemande au Québec et notes diverses*, 1975.

Gradish, Stephen Francis, *The German Mercenaries in Canada, 1776-1783*, thèse M.A., Western University London Ontario, septembre 1964, 174 p.

— , *The German Mercenaires in North America during the American Revolution: A Case Study*, Canadian Journal of History, IV, 1969, pp. 23-46.

Green, Samuel, Abbott, éd. et trad., *My Campaigns in America: A Journal Kept by Count William de Deux-Ponts, 1780-1781*, Boston, J.K. Wiggin & Wm. Parsons Lunt, 1868.

Greenwodd, Murray F., *Oliva Friedrich Guillaume*, dans le dictionnaire bibliographique du Canada, volume 4, Oliva.

Handlow, Hermann, et Carl Kämpe, *Braunschweigische Offiziere als Freimaurer in Nordamerika und Holland*, Braunschweig, 1931, Sonderdruck aus dem « Freimaurer-Museum », Bd.6, Seulenroda, o.I.

Heintz, G., *German Immigration into Upper Canada and Ontario from 1783 to the Present Day*, thèse, Queen University 1938, 147 p.

Hess, Anna K., *A Voyage of Duty : The Riedesels in America*, German-Canadian Yearbook I, Toronto, Historical Society of Mecklenburg Upper Canada Inc., 1973, pp. 131-139.

Herrmann, Friedrich, *Die Deutschen in Nordamerika. In drey Schulderungen entworten*, Lübben, 1806.

Hudleston, F.V., *Gentleman Johnny Burgoyne. Misadventures of an English General in the Revolution*, Indianapolis, 1927.

Huth, Hans, *Letters from a Hessian Mercenary*, Pennsylvania Magazine of History and Biography, LXII, 1938, pp. 488-501.

Janssen-Sillenstede, Georg, *Eine Verlustliste verkaufter deutscher Soldaten während des nordamerikanischen Freiheitskrieges, 1778-1783*, Oldenburger Jahrbuch, XLIV / XLV, 1940-1941, pp. 102-114.

Jantz, Harold, et Yorck Alexander Haase, *Die Neue Welt in den Schätzen einer alten europäischen Bibliothek*, Ausstellungskatalog der Herzog August Bibliothek, Nr. Vorwort von H. Jantz, Braunschweig, 1976.

Jones, Charles Henry, *History of the Campaign for the Conquest of Canada in 1776. From the Death of Montgomery to the Retreat of the British Army under Sir Guy Carleton*, Philadelphie 1882. 234 p.

Jones, Kenneth S., *Johannes Scwalm, the Hessian*, Lyndhurst, Ohio, Johannes Schwalm Historical Association, 1976.

Kapp, Friedrich, *Der Soldatenhandel deutscher Fürsten nach Amerika*, 2 vol., Aufl. Berlin, Julius Springer, 1874.

— , *The Life of Frederick William von Steuben, Major General in the Revolutionary Army,* Introduction by George Bancroft, New York, Mason Brothers, 1859.

Kipping, Ernst, The Hessian View of America, 1776-1783, M. Beach N.J. 1971, 49 p. D'une série de 14 volumes sur la Révolution américaine, basée sur 17 journaux inédits d'officiers hessois.

— , *Die Truppen von Hessen-Cassel in Amerikanischen Unabhängigkeitskrieg, 1776-1783,* Darmstadt, Wehr und Wissen Verlagsgesellschaft, 1965.

Kipping, Ernst, et Samuel Stelle Smith, trad. et annoté, *At General Howe's Side, 1776-1778 : The Diary of General William Howe's Aide de Camp, Captain Friedrich von Münchhausen,* Monmouth Beach, N.J., Philip Freneau Press, 1974.

Krafft, John Charles Philip von, *Journal of Lieutenant John Charles Philip von Krafft of the Regiment von Bose, 1776-1784,* Collections of the New York Historical Society, XV, 1882, pp. 1-202.

Kröger, Alfred, *Geburt der U.S.A. : German Newspaper Accounts of the American Revolution, 1763-1783*, Madison, Wisc., 1962.

Kümmel, Heinrich, *Aus dem Tagebuch eines hessischen Feldpredigers im amerikanischen Krieg*, Hessenland VIII, 1894, pp. 72-76 et 87-91.

Lafue, Pierre, *La vie quotidienne des Cours allemandes au XVIIIe siècle*, Hachette 1963. Chapitre X intitulé « Les Cours du milieu du siècle ».

Lanctot, Gustave, *Le Canada et la Révolution américaine*, Montréal 1965, 330 p.

— , *Le Québec et les colonies américaines, 1760-1820*, Troisième chapitre intitulé « Les Canadiens français et leurs voisins du sud». Montréal, Toronto et New Haven, 1941, IX, 322 p.

Lapalice, Ovid, M.H., *Histoire de la seigneurie Massue et de la paroisse de Saint-Aimé*, 1930, pp. 120-123.

Larter, Col. Harry C., *The German Troops with Burgoyne, 1776-1777*, The Bulletin of the Fort Ticonderoga Museum, IX, no. 1, 1952, pp. 13-24.

Learned, Marin Dexter, *Gesang nach Amerika Anno 1777*, Americana Germanica, I, 1897, pp. 84-89.

— , *Guide to the Manuscript Materials Relating to American History in the German State Archives*, Publications of the Carnegie Institution, no. 150, Washington, Carnegie Institution, 1912 (1965).

Learned, Marion D., et C. Grosse, *Tagebuch des Capitains Wiederholdt*, Americana Germanica, IV, 1902, pp. 1-93.

Lith, Friedrich, Freiherr von der, *Wilhelm, Freiherr von Knyphausen*, Hessische Denkwürdigkeiten, III, 1802, pp. 442-446.

Loewe, Victor, *Bibliographie der Hannoverischen und Braunschweigischen Geschichte*, Posen 1908.

Losch, Philip, *Soldatenhandel*, Kassel, Bärenreiter Verlag, 1933, Neudruck, Kassel, Horst Hamecher, 1974.

Lowell, Edward Jackson, *The Hessians and the Other German Auxiliaries of Great Britain in the Revolutionary War*, New-York, 1884. Réédition Williamstoun Mass. 1975, 328 p.

Lutz, Henry F., *The Germans, Hessians and Pennsylvania Germans*, Pennsylvania-German, X, 1909, pp. 435-443.

Lübbing, Herman, *Deutsche Soldaten unter anhalt-zerbstischer Fahne im englischen Solde*, Oldenburger Jahrbücher, XLIV / XLV, 1940-1941, pp. 82-101.

Mander, Eric, I., *The Battle of Long Island*, Monmouth Bay, Philip Freneau Press, 1978.

May, Robin, *The British Army in North America, 1775-1783*, Norwich 1974, 40 p.

Melsheimer, Friedrich Valentin, *Journal of the Voyage of the Brunswick Auxiliaries from Wolfenbüttel to Quebec*, Translated by William Wood and William L. Stone, Québec, dans *Transactions of the Literary and Historical Society of Quebec*, 1891, no. 2, pp. 133-178. Réédité par le journal « Le Soleil » en 1927.

Meyer, Christian, *Soldatenhandel deutscher Fürsten nach Amerika*, Meyer, « Biographische und Kulturgeschichtliche Essays », Leipzig, 1901, pp. 381-394.

Mirabeau, Honoré Gabriel, *Avis aux Hessaus et Autres Peuples de l'Allemagne vendus par leurs Princes à l'Angelterre*, Hrsg. von J.G. Rosengarten, Proceedings of the American Philosophical Society, XXXIX, April 1900, pp. 150-154.

Mockler, Anthony, *Histoire des mercenaires*, Stock, 1969, 284 p.

Mollo, John, et Malcolm Mac Gregor, Uniformen des Amerikanischen Unabhängigkeits Kriege, Übersetz von Egbert von Kleist, München, Heyne Verlag, 1975.

Monarque, Georges, *Un général allemand au Canada: le baron Friedrich Adolphus von Riedesel*, Montréal, E. Garand, 1927, 151 p.

Münchausen, Friedrich von. *At General Howe's Side, 1776-1778 : The Diary of General Howe's Aide de Camp, Captain Friedrich von Muenchhausen*, übers. v. Ernst Kipping, u.m. Anmerkungen v. Samuel Smith, Monmouth Beach, N.J., 1974.

Nadeau, Gabriel, *L'apport germanique dans la formation du Canada français*, dans Mémoires de la Société généalogique canadienne française, juin 1945, Volume I, no. 4, 274-277.

Nickerson, Hoffman, *The Turning Point of the Revolution or Burgoyne in America*, Boston 1928, X, 500 p.

Päusch, Georg, *Journal of Captain Pausch, Chief of the Hanau Artillery during the Burgoyne Campaign*, übers. u. Hrsg. von William L. Stone, mit ein Einführung v. Edward J. Lowell, Albany, N.Y., 1886, 185 p.

Pettengill, Ray W., trad., *Letters from America, 1776-1779 : Being Letters of Brunswick, Hessian, and Waldeck Officers with the British Armies During the Revolution*, Boston and New York, Houghton Mifflin Co., 1924.

Popp, Stephan, *A Hessian Soldier in the American Revolution : The Diary of Stephen Popp*, traduit par Reinhart J. Pope, Racine, Wisc., private printing, 1953.

Preser, Carl, *Der Soldatenhandel in Hessen. Versuch einer Abrechnung*, Marburg, N.G. Elwertsche Verlagsbuchhandlung, 1900.

Radloff, Herman et Alexander Coyle, *Hessians in the Revolution, 1776-1783*, Members of the St-Louis Genealogical Society, June 1975.

Rainsford, Charles, *Transactions as Commissary for Embarking Foreign Troops in the English Service from Germany with Copies of Letters Relative to it. For the Years 1776-1777*, Collections of the New York Historical Society, XII, 1879, pp. 313-543.

Reinhardt, Max, *Aus dem Tagebuch eines hessischen Feldpredigers in amerikanischen Freiheitskrieg, 1776-1783*, Nachrichten der Gesellschaft für Familienkunde in Kurhessen und Waldeck, XVI, 1941, Nr. 1, pp. 1-16.

Reuber, Johannes, *Tagebuch des Grenadiers Johannes Reuber aus Niedervellmar vom amerikanischen Feldzug*, hrsg. v.

F.W. Junghaus, Hessenland, VIII, 1894, pp. 155-157, 167-168 et 183-186.

Riedesel, Friederike Charlotte Louise, Freifrau von, *Die Berufsreise nach Amerika*, Berlin, Haude und Spener, 1800.

— , *Baroness von Riedesel and the American Revolution: Journal and Correspondence of a Tour of Duty, 1776-1783*, edited and translated by M.L. Brown Jr. and Martha Huth, Chapel Hill, University of North Carolina, 1965.

— , *Letters and Journals Relating to the War of the American Revolution and the Capture of the German Troops at Saratoga*, translated by William L. Stone, Albany, Joel Munsell, 1867; reprint by Arno Press, New York, 1968.

Rosengarten, Joseph G., *A Defence of the Hessians*, Pennsylvania Magazine of History and Biography, XXIII, 1899, pp. 157-183.

— , *American History from German Archives, with Reference to the German Soldiers in the Revolution and Franklin's Visit to Germany*, Lancaster, Press of the New Era Printing Company, 1904.

— , *Popp's Journal, 1777-1783*, Pennsylvania Magazine of History and Biography, XXVI, 1902, pp. 25-41 et 245-254.

Roy, Josep,Edmond - *Histoire de la Seigneurie de Lauzon*, Lévis, 1900, Vol. III, 65-75 et Vol. III, 159-164.

Roy, Pierre Georges, *Toutes petites choses du régime anglais*, Québec 1946. Première série, volume I, 57-58 et 72-73.

Roy, Raoul, *Les Canadiens français et les indépendantistes américains, 1774-1783*, Une occasion manquée. Montréal, Franc Canada, Les Cahiers de la décolonisation du franc-canada, No. 7, 1977, 64 p.

Sachse, Julius F., *Extracts from the Letter-Book of Captain Johan Heinrichs of the Hessian Jäger Corps, 1778-1780*, The Pennsylvania Magazine of History and Biography, XXII, no. 2, 1898, pp. 137-170.

Savory, Sir Reginald, *His Britannic Majesty's Army in Germany during the Seven Years War*, Oxford, 1966.

Schlözer, August Ludwig, *Briefwechsel meist historischen und politischen Inhalts*, Göttingen, Verlag der Vandenhoek-schen Buchhandlung, 1777-1782.

— , *Vertrauliche Briefe aus Kanada une NeuEngland vom J., 1777 und 1778*, Göttingen Verlag der Wittwe Vandenhoeck, 1779.

Schmidt, H.D., *The Hessian Mercenaries : The Career of a Political Cliché*, History, XLIII, 1958, pp. 207-212.

Seguin, Robert Lionel, *L'apport germanique dans le peuplement de Vaudreuil et Soulanges*, Dans le bulletion des recherches historiques, Vol. 63, No. 1, janv.,fév., mars, 1957, pp 42 à 58.

Seume, Johan Gottfried, *Schrieben aus Amerika nach Deutschland (Halifax, 1782). Neue Litteratur und Völkerkunde. Für das Jahr 1789*, 2 vol., juin-décembre. Herausgegeben von J.W. v. Archenholtz, S.362, 381. Leipzig, 1789. Prosaschriften, Darmstadt, Melzer Verlag, 1974, pp. 51-154.

Singer, Ernst, *Der Soldatenhandel deutscher Fürsten im 18. Jahrhundert in der schönen Literatur*, Unveröffenlitche Dissertation, Universität Wien, 1935.

Sintenis, Friedrich Wilhelm, *Sinteni's Chronik der Stadt Zerbst, 1758-1817, Mitgeteilt von Reinhold Specht.* In Zebster Jahrbuch. Jg. XV. Zerbst 1930. S.92ff (über den amerikanischen Subsidienvertrag und den Feldzug des Zerbster Regiments S. 115ff.).

Slage, Robert Oakley, *The Von Lossberg Regiment : A Chronicle of Hessian Participation in the American Revolution*, Ph. D. Dissertation, American University, Washington, D.C.

Smith, Samuel S., *The Battle of Trenton*, Monmouth Beach, N.J., Philip Freneau Press, 1965.

Smith, Clifford Neal, et Anna Piszczanczaja-Smith, *German American Genealogical Research*, New-York et Londres, 1976.
1. Monograph no.1 : *Brunswick Deserter : Immigrants of the American Revolution*, Thomson Il., Heritage House, 1973.
2. Monograph no. 2 : *Mercenaires from Ansbach and Bayreuth, Germans who Remained in America after the Revolution*, Thomson Il., Heritage House, 1974. Réédité chez McNeal, Ag., Westland Publications, 1979.
3. Monograph no. 3 : *Muster Rolls and Prisonner-of-War List in American Archival Collections Pertaining to the German Mercenary Troops who served with the British Forces during the American Revolution*, De Kalb, Il., Westland Publications, 1974, 1976 (En trois parties).
4. Monograph no. 5 : *Mercenaires from Hessen-Hanau who Remained in Canada and the United States after the American Revolution*, De Kalb, Il., Westland Publications, 1976.

Stanley, George F.G., *Canada Invaded*, traduit par Marguerite MacDonald : *L'invasion du Canada, 1775-1783*. Dans les Cahiers d'histoire, No. 28 de la Société historique de Québec, Québec 1975, 240 p.

Städler, Erhard, *Die Ansbach-Bayreuther Truppen in Amerikanischen Unabhängigkeitskrieg, 1777-1783*, Neustadt / Aisch, Schmidt-Druck, 1955.

Stevens, Benjamin F., HRSG., *Facsimiles of Manuscripts in European Archives relating to America, 1773-1783. With Descriptions, Editorial Notes, Collations, References and Translations*, 4 Bde., London, 1889-1895.

Stone, William L., trad., *Letters of Brunswick and Hessian Officers during the American Revolution*, Albany, N.Y., Joel Munsell's Sons, 1891. Reprint ed., New York, Da Capo Press, 1970.

— , *Journal of Cpt. Pausch, Chief of the Hanau Artillery during the Burgoyne Campaign*, Albany, N.Y., Joe Munsell's Sons, 1886. Reprint ed., New York, Arno Press, 1971.

Sutherland, Maxwell, *Case History of a Settlement*, Dalhousie Review, XLI, no. 1, Printemps 1961, pp. 65-74.

Tharp, Louise Hall, *The Baroness and the General*, Boston, Little, Brown & Co., 1962.

Trudel Marcel, *La Révolution américaine. Pourquoi la France refuse le Canada, 1775-1783*, Québec, Le Boréal Express, 1976, 291 p. Édition remaniée de *Louis XVI, le Congrès américain et le Canada*, 1949, 259 p.

Uhlendorf, Bernhard A., trad., *Revolution in America: Confidential Letters and Journals, 1776-1784, of Adjutant General Major Baurmeister of the Hessian Forces*, New Brunswick, N.J., Rutgers University Press, 1957.

— , *The Siege of Charleston. With an Account of the Province of South Carolina. Diaries and Letters of Hessian Officers from the von Jungken Papers in the William L. Clements Library*, Ann Arbor, University of Michigan Press, 1938.

Voisine, Nive, *Histoire de l'Eglise catholique au Québec, 1608-1970*.

Waldeck, Philipp, *Philipp Waldeck's Diary of the American Revolution. With Introduction and Photographic Reproduction of the List of Officers by Marion Dexter Learned*, Philadelphia, Americana Germanica Press, 1907.

Walz, John A., *The American Revolution and German Literature*, Modern Language Notes, XVI, 1901, pp. 336-351, 411-418 et 449-462.

Wertheim, Ursula, *Der amerikanische Unabhängigkeitskampf im Spiegel der zeitgenössischen deutschen Literatur*, Weimarer Beiträge, III, 1957, pp. 429-470.

Wiederholdt, Andreas, *Tagebuch des Capt. Wiederholdt vom 7. Oktober 1776 bis 7. Dezember 1780*, Hrsg. v. M.D. Learned und C. Grosse, Americana Germanica Press, IV, 1901, pp. 1-93.

Woelfel, Margarete, et al., *Memoirs of a Hessian Conscript : J.G. Seume's Reluctant Voyage to America*, William and Mary Quarterly, 3rd series, V, 1948, pp. 553-670.

Woringer, August, *Zwei Briefe Hessischer Offiziere (Johann Heinrich Henkelmann und Philipp Schirmer)*, Hessenland, XX, 1906, pp. 349-341.

— , *Auszüge aus Tagebüchern und Aufzeichnungen hessischer Offiziere und Regiments-Chroniken im Amerikanischen Befreiungskrieg*, Deutsch-Amerikanische Geschichtsblätter / German-American Historical Review, XX-XXI, 1920-1921, pp. 251-280.

Wright, J, et W. Cobbet, *The Parliamentary History of England from the Earliest Period to the Year 1803*, London, 1806. (Les débats parlementaires paraissent au volume XVIII.)

Zimmermann, Lothar, Hrsg., *Vertrauliche Briefe aus Kanada und NeuEngland vom J. 1777 und 1778. Aus Hern Prof. Schlözers Briefwechsel*, Toronto, 1981.

C - REVUES ET JOURNAUX

I - Bulletin des recherches historiques

1. 1896 volume XXXI, 85-91.
2. 1914 volume XX, 230 et 353-355.
3. 1915 volume XXI, 146-147.
4. 1915 volume..., 221.
5. 1916 volume VII, 46.
6. 1916 volume XVII, 3.

7. 1916 volume XIX, 3-23.
8. 1916 volume XXII, 195-205.
9. 1916 volume XXIII, 30-31 et 316-318.
10. 1916 volume XXX, 213-217.
11. 1923 volume XXIX, 134-136.
12. 1924 volume XXX, 182-183.
13. 1928 volume XXXIV, 690.
14. 1939 volume XLV, 287.
15. 1939 volume XLVII, 95.
16. 1942 volume XLVIII, 99.
17. 1943 volume XLIX, 14 et 44.
18. 1945 volume I, 274-277.
19. 1950 volume LVI, 78-89.
20. 1951 volume LVII, 50-60.
21. 1951 volume LXIII, 42-58.
22. 1961 volume LXVII, 82-83.

II - Gazette de Québec (salle Gagnon, bibliothèque centrale de Montréal)

1. Bobine No.2, 4 octobre 1770 à 1776.
2. Bobine No.3, 2 janvier 1777 au 1er août 1782.
3. Bobine No.4, 1er août 1782 à 1787.

Historical Society of Mecklenburg Upper Canada Inc.
German-Canadian Yearbook, ed. par Hartmuth Froeschle, Toronto.

Vol. I, 131-139, Anna K. Hess, 1973.
Vol. II, 34-49, Herbert Wilhelm Debor, 1975.
Vol. III, 71-93, Herbert Wilhelm Debor, 1976.
Vol. IV, 129-139, Dr. Karl J.R. Arndt, 1976.
Vol. V, 57-63, John Irwin Cooper, 1978.

Journal of the Society for Army Historical Research

1. Haarman, A.W.; Notes on the Brunswick Troops in British Service during the American War of Indepen-

dence, 1776-1783. Volume XLVIII, No. 195, 140-143.
2. Haarman, A.W.; The 3rd Waldeck Regiment in British Service, 1776-1783, Volume XLVIII, No 195, 182-185.

La Presse

1. Article de Pierrette Champoux sur le sapin de Noël paru samedi le 21 décembre 1974.
2. Article de Jean-Pierre Wilhelmy, le 30 novembre 1981, L'origine du sapin de Noël, un mystère qu'il reste à éclaircir.
3. Article de Cyrille Felteau, dans le cahier du centenaire, Montréal, jeudi le 20 octobre 1983/100ᵉ année/No. 1,3.

Quebec Literary and Historical Society

1. Haarman, A.W.; British, German and Provincial Uniforms in the Revolution. Some Notes from Revington's North America List for 1783. Volume XIV, 113-120.
2. Haarman, A.W. et Holst, D.W.; The Hesse-Hanau Free Corps of Light Infantry, 1781-1785. Volume XV, 40-42.
3. Haarman, A.W. et Holst, D.W.; The Friedrich von German Drawing of Troops in the American Revolution. Volume XVI, 1-9.
4. Haarman, A.W.; The Army of Brunswick and the Corps in North America, 1776-1777. Volume XVI, 76-78.
5. Haarman, A.W.; The Ansbach-Bayreuth Troops in North America, 1777- 1783. Volume XIX, 48-49.
6. Knötel, H. et Tood, F.-P.; Hesse-Cassel Field Jaeger Corps, 1776-1783. Volume VII, 46.
7. Knötel, H. et Elting, J.R.; Hesse-Cassel Fusilier Regiment (1780 Musketeer Regt.) Erbpring. Volume XII, 42-44.

8. Ray, F.E. et Elting J.R.; The Brunswick Infantry Regiment von Rhetz. Volume XVII, 49.

Les Cahiers de la décolonisation du franc-Canada

Cahier No 7, 1977, 64 p.

Le Boréal Express

Journal d'histoire du Canada, volume 2, 1760-1810, 301-326-327.

Le Soleil

Article de Monique Duval intitulé : «10 000 Canadiens français descendent d'Allemands», paru le samedi 9 mai 1964, 19.

Les Cahiers des Dix

1. Volume 4, 119-120.
2. Volume 20, 220.
3. Volume 22, 137-162.

Mémoires de la Société généalogique canadienne-française

1. 1945, volume I, No 4, 274-280.
2. 1946, volume II, No 1, 58-62.
3. 1952, volume V, 30-35 et 59-62.
4. 1964, volume XV, 169.
5. 1965, volume XVI, 269-270.
6. 1966, volume XIII, 66.
   1966, volume XVII, 156-161.
7. 1980, volume..., 286.
   1980, volume..., 150, 199.
8. 1981, volume XXXII, No. 4, 302.
   1981, volume..., 238.

Mémoires de la Société Royale du Canada

1. 1941 section I, 91-111.
2. 1950 section I, 33-53.

Military Collector & Historian

1. Chapman, F.T. et Elting, J.R.; The Brunswick Regiment of Dragons, 1776-1783. Volume XII, 17.
2. Chartrand, René; Uniforms of the Hesse-Cassel Troops Sent to America in 1776. Volume XXIII, 90-91.
3. Haarmann, A.W.; The Hessian Army and the Corps in North Carolina, 1776-1783. Volume XIV, 70-75.
4. Haarmann, A.W. et Peter F. Copeland; The Provisional Chasseur Companies of Hesse-Cassel During the Revolutionary War, XVIII, 11-13.

Nos Racines

1. Volume 36, 170-175.
2. Volume 37, 730-731, 739.
3. Volume 38, 753.
4. Volume 39, 767.

Proceeding and Transactions of the Royal Society of Canada

1. 1888, 1re série, 100.
2. 1892, 1re série, 22.
3. 1906, 1re série, 20.
4. 1900, 2e série, 55.
5. 1930, 3e série, 189-210.

Revue d'histoire de l'Amérique française

1. Juin 1948, volume 2, 133-134.
2. Septembre 1962, volume 16, 278-281.

3. Mars 1972, volume 25, 581.

Revue trimestrielle canadienne

1. Juin 1925, 190-213.
2. Septembre 1936, 287-299.

Royal Nova Scotia Historical Society

   Publication No 4, 1980.

The American Historical Review

   Avril 1920, volume 25, 551-552.

The Archival Publications of the Literary and Historical Society of Quebec

1. Melsheimer's Journal No.20.
2. Brunswick Letters D.11, 135.
3. Riedesel Memoirs of Madame D.11, 135.

The Bulletin of the Fort Ticonderoga Museum

1. Volume 1, 1927-1929, No 2, juillet 1927, 2-5.
2. Volume 3, 1933-1935, No 4, juillet 1934, 171-188.
3. Volume 8, 1948-1951, No 1, janvier 1948, 16-22.
4. Volume 9, 1952-1956, No 1, hiver 1952, 13-24.
5. Volume 11, 1962-1965, No 5, décembre 1964, 234-269.
6. Volume 12, 1966-1968, No 1, mars 1966, 4-62.

The Canadian Antiquarian and Numismatic Journal

1. Avril 1877, volume 5, 165-168.
2. Avril 1962, volume 2, 54-60.

The Canadian Historical Review

Volumes 1 à 10, 1920-1929 :
1. Volume 1, 339.
2. Volume 5, 77.
3. Volume 6, 164 et 277.
4. Volume 8, 364.
5. Volume 10, 352-355.
Volumes 11 à 20, 1930 à 1939 :
1. Volume 11, 371.
2. Volume 14, 189-198.
3. Volume 16, 476.
4. Volume 17, 360 et 472.
5. Volume 19, 101.
Volumes 21 à 30, 1940 à 1949 :
1. Volume 21, 229 et 459.
2. Volume 24, 331-332.
3. Volume 27, 1-18.
4. Volume 30, 88.

The Canadian Magazine of Politics, Arts and Literature

1. Avril 1914, 229-238.
2. Avril 1920, 290-296.

The Dalhousie Review

Volume XLI, printemps 1961, 65-74.

The Ontario Historical Society

Volume XX, 159-261.

The Pennsylvania Magazine of History and Biography

Papet, Frederick Julius von, *The Brunswick Contingent in America, 1776-1783*, The Pennsylvania Magazine of History and Biography, XV, 1891, pp. 218-224.

D - ÉTUDE SONORE

Film sur la Révolution américaine, produit par Time-Life Film, réalisé par la B.B.C. Londres et présenté à Radio-Québec dans le cadre de l'émission « America, America », le 31 janvier 1981.

E - ICONOGRAPHIE

Toutes les cartes sont des reproductions (à main levée) de l'auteur. L'illustration de la page 96-A ainsi que les dessins des uniformes allemands et ceux de la page couverture sont également des réalisations de l'auteur d'après des illustrations de volumes américains. (Pour la Québécoise de la page couverture : *The Picture Gallery of Canadian History*, Vol. 2, 11.)

F - RENSEIGNEMENTS UTILES

I - Pour information sur un soldat allemand, écrire à :

A - Jean-Pierre Wilhelmy
1425, Jacques Lemaistre
Montréal, P. Québec
H2M 2C3

B - On pourra également s'adresser à deux experts-conseils, dont l'expérience est reconnue des habitués de la salle « Gagnon » de la bibliothèque centrale de la ville de Montréal: messieurs Alfred Bérubé et Gilles Byrtz.

C - Johann Historical Association Inc.
4983 South Sedyewick Road
c/o Mark A. Schwamm Secretary
Lyndhurst, Ohio, U.S.A. 44124

D - On pourra également écrire, concernant les troupes de :

1. Brunswick

a) Niedersächsisches Staatsarchiv Forstweg 2,
3340 Wolfenbüttel, Allemagne de l'Ouest
a/s Dr Lent

b) Westland Publications Post Office, Box 117
McNeal, Arizona 85617, U.S.A.
c/o Clifford Neal Smith.
Monograph no. 1 : *Brunswick Deserter — Immigrants of the American Revolution*, 10,00 $.
Monograph no. 3 : Muter Rolls and Prisonner-of-War List in American Archival Collections Pertaining to the German Mercenary Troops who served with the British Forces during the American Revolution, en trois volumes de 10,00 $ chacun.

c) Public Record Office, Kew Richmond Surrey TW9-4DU. Néanmoins, à cet endroit, il est nécessaire de posséder les cotes exactes si l'on veut recevoir une réponse positive. Ces cotes sont disponibles aux Archives publiques du Canada.

2. Hesse-Cassel

a) Hessisches Staatarchiv, 3550 Marburg, Den
Postfach 540, Allemagne de l'Ouest
a / s Dr. Klubendorf.
À cet endroit, on peut faire faire des recherches dans le programme Hetrina pour une somme d'environ 15,00 $. On obtient généralement de 5 à 7 informations sur son ancêtre. Aussi, il est possible d'acheter le programme en totalité ou en partie de la façon suivante :
Vol. I; 14 D.M.
Vol. II; 20 D.M.

Vol. III; 25 D.M.
Vol. IV; 15 D.M.
Voir Bibliographie à : Froehlich, Otto.

b) St. Louis Genealogical Society, Room 203,
1695 So Brentwood Blvd., St-Louis, Missouri
63 / 23, U.S.A.
c/o Herman Radloff.
À cet endroit, on peut se procurer les mêmes volumes
qu'à Marburg pour :
Vol. I : épuisé
Vol. II : 10,50 $
Vol. III : 15,25 $
Vol. IV : 11,15 $
Frais de poste inclus.

c) On peut consulter ces volumes au Centre canadien des
Recherches Généalogiques qui possède les 5 volumes. Pour
plus d'informations on peut écrire à

Acadian Genealogical Review,
Haute Ville,
Québec, G1R 4S7

Metropolitan Library,
789 Yonge Street,
Toronto, Ontario
(Vol. II, III et IV)

3. Hesse-Hanau

a) Hessisches Staatarchiv,
3550 Marburg, Den Postfach 540
R.F.A.
On nous dit que le volume VI consacré aux troupes de
Hesse-Hanau devrait être prêt pour l'année 1985.

b) Westland Publications
(Voir Brunswick no 1b pour l'adresse)

Monograph no. 5 : « Mercenaries from Hessen-Hanau Who Remained in Canada and the United States after the American Revolution ». (10,00 $)

4. Waldeck

a) Hessisches Staatarchiv,
(Voir Hesse-Cassel no 2a pour l'adresse)
Volume V : 20 D.M.

b) St. Louis Genealogical Society,
(Voir Hesse-Cassel no 2b pour l'adresse)
Volume V : 13,25 $

5. Ansbach-Bayreuth

a) Erhard Staedtler, *Die Ansbach-Bayreuth Truppen in Amérikannischen Unabhaenigkeitskrieg, 1777-1783*.
Schriftenfolge des Gesellsschaft fuer Familienforschung in Franken Band 8 (Nuernberg, Archivstrasse 17).

b)Westland Publications,
même adresse.
Monograph no. 2 : « Mercenaries from Ansbach and Bayreuth, Germany who Remained in America after the Revolution ». (10,00 $)

6. Anhalt-Zerbst

a) Staatarchiv Magdeburg,
DDR-3010 Magdeburg Hegelstrasse 25-PF92.
64 pages de listes nominales.

b) Virginia Easley De Marce, *The Anhalt-Zerbst Regiment in the American Revolution*, Septembre 1982.

c) Landesarchiv Oranienbaum,
Anhalt,
R.F.A.
Cote : F 135 / I et F 136 / I.

d) Les Archives du Canada possède quelques listes telles MG13, W.O. 28, volume 10 (B-2867) Rivière Ouelle, le 22 janvier 1782.

e) Max von Eelking, *The German Allied Troops...*, pages 236-239 et 350-351.

II - Pour information concernant les uniformes allemands on pourra consulter :

A. Lefferts, Charles M., *Uniforms of the 1775-1783. American, British, French and German Armies in the War of the American Revolution*, publié par W.E. Inc. Old Greenwich, Conn. –

B. May, Robin, *The British Army in North America, 1775-1783*, Publié chez Osprey Publishing Limited dans Men-at-Arms Series.

C. Katcher, Philip, *Armies of the American Wars 1753-1815*, Hastings House, Publishers, New-York.

D. Funcken, Liliane et Fred, *Les costumes et les armes des soldats de tous les temps*, Casterman, Vol. 2, de Frédéric II à nos jours.

E. Chalmann G.F., *Fahnen and Uniformen der Landgraflich Hessen; Kassel'schen Truppen in Amerikanischen Wuabhangigfeitsfrieg, 1776-1783*.

F. Mollo, John, *Uniforms of the American Revolution (in color)*, Macmillan Publishing Co. Inc., New York.

G. Lezius, Martin, *Das Chrenfleid des Soldaten*, Im Deutschen Verlag, Berlin.

TABLE DES ILLUSTRATIONS ET DES CARTES

TABLE DES MATIÈRES

la politique, des arts et des affaires. Des contributions aussi variées que leurs métiers. L'arbre de Noël : l'une de nos traditions les mieux enracinée mais la plus mal connue chez nous quant à son origine.

Achevé d'imprimer
en mai mil neuf cent quatre-vingt-quatre
sur les presses de l'Imprimerie Gagné Ltée
Louiseville - Montréal.
Imprimé au Canada